O PASSARINHO DO CONTRA

UMA BIOGRAFIA DE

MARIO QUINTANA

O PASSARINHO DO CONTRA

GUSTAVO GRANDINETTI

TORDSILHAS

Rio de Janeiro, 2024

O passarinho do contra

ISBN: 978-65-5568-237-3.

Impresso no Brasil — 1ª Edição, 2024 — Edição revisada conforme o Acordo Ortográfico da Língua Portuguesa de 2009.

Dados Internacionais de Catalogação na Publicação (CIP)
(BENITEZ Catalogação Ass. Editorial, MS, Brasil)

G779p
1.ed. Grandinetti, Gustavo
O passarinho do contra : biografia de Mario Quintana / Gustavo Grandinetti. – 1.ed. – Rio de Janeiro : Tordesilhas, 2024.
256 p.; 15,7 x 23 cm.

Bibliografia.
ISBN 978-65-5568-237-3

1. Escritores brasileiros. 2. Literatura brasileira – História. 3. Quintana, Mário, 1906-1994 – Biografia. 3 . Quintana, Mário, 1906-1994 – Crítica e Interpretação. I. Título.

09-2024/98 CDD B869.8

Índice para catálogo sistemático:
1. Escritores brasileiros : Biografia B869.8
Aline Graziele Benitez – Bibliotecária – CRB-1/3129

Produção Editorial: Grupo Editorial Alta Books
Diretor Editorial: Anderson Vieira
Editor da obra: Rodrigo de Faria e Silva
Vendas Governamentais: Cristiane Mutüs
Gerência Comercial: Claudio Lima

Produtoras Editoriais: Caroline David e Mariana Portugal
Revisão: Cecília Madarás e Susane Schmieg
Diagramação: Joyce Matos
Capa: Karma Brandão
Foto da capa: Dulce Helfer

ALTA BOOKS
GRUPO EDITORIAL

Rua Viúva Cláudio, 291 — Bairro Industrial do Jacaré
CEP: 20.970-031 — Rio de Janeiro (RJ)
Tels.: (21) 3278-8069 / 3278-8419
www.altabooks.com.br — altabooks@altabooks.com.br
Ouvidoria: ouvidoria@altabooks.com.br

Editora
afiliada à:

ASSOCIADO

Para

Armindo Trevisan
Dulce Helfer
Liane dos Santos
Sandra Ritzel e
Sérgio Faraco,
todos amigos de Mario Quintana e que se tornaram meus amigos também.

Agradeço especialmente a Liane dos Santos por sugerir o título do livro. Agradeço também a Dulce Helfer por ceder a foto de Mario Quintana usada na capa.

Agradecimentos

Academia Brasileira de Letras
Casa de Cultura Mario Quintana
Correio do Povo
Instituto Moreira Salles
Rede Bandeirantes
Rede Record
Secretaria Municipal de Educação e Cultura de Alegrete
Tribunal de Justiça do Rio Grande do Sul

Ana Leães Dorneles
Ana Maria Vaz Monteiro de Castro
Angela Vieiro
Antonio Vinicius Amaro da Silveira
Armindo Trevisan
Catarina Petter da Silva, *in memoriam*
Celso Gutfreind
Ciro Motta Leães
Cris Barros
Daniel Nogueira Pereira
Diogo de Oliveira Biazus
Dulce Helfer
Fábio Berti
Geraldinho Carneiro
Gustavo Paulus
Iris Helena Medeiros Nogueira
José Carlos Tedesco
Liane dos Santos
Lucia Riff
Luiz Eduardo Robinson Achutti
Marcelo Dantas
Marta Santiago
Paula Quintana de Oliveira Biazus
Paulo Gasparotto
Ramon Castro Reis
Roberto D'Ávila
Rodolfo Schneider
Rodrigo de Faria e Silva
Rogério Gesta Leal
Sandra Ritzel
Sérgio Faraco
Sérgio Ricardo Maciel de Souza

Sumário

Prefácio

Caro Gustavo Grandinetti

Li sua biografia sobre Mario Quintana com a atenção devida a uma pesquisa *tão cuidadosa e tão documentada.* Confesso-lhe que não a imaginava tão ampla, nem tão minuciosa.

Admirei-me, principalmente, por você ter ido diretamente às fontes originais, algumas de difícil acesso. Admiro-me de as ter analisado com simpatia, porém, sempre com espírito crítico. Algumas – diria muitas – dessas informações não estavam divulgadas. Eram mantidas em sigilo ou, ao menos, em discreto silêncio.

Felicito você por não ter poupado esforços para certificar-se do que efetivamente aconteceu em determinados episódios da vida do poeta.

Fiquei impressionado com as informações que você obteve sobre a família de Quintana, em especial, sobre um de seus avôs, o capitão-médico Cândido Mariano de Oliveira Quintana, um dos heróis da *Retirada da Laguna*, que o Visconde de Taunay imortalizou em seu livro.

Seria exagero tentar comentar todos os trechos de sua biografia que me impressionaram por sua abordagem serena, de uma honestidade invulgar, até mesmo se preocupando em revelar aos leitores sua atitude perante o trabalho:

> O trabalho foi realizado com muita reverência e respeito à privacidade do poeta e de seus amigos, e apoiado em documentos. (...) Na verdade, não encontramos nada que seja um grave incômodo, nada que não esteja dentro da normalidade da vida de um verdadeiro gênio das palavras.

Comento, por assim dizer, informalmente, o que mais me impressionou e agradou em sua biografia. Haveria outros capítulos e parágrafos que mereceriam também ser comentados. Estão à mesma altura, ou quase, dos trechos que citarei. Antes de mencionar pontos específicos, destaco seu esforço por *contextualizar* as épocas de vida do poeta, seus diferentes períodos de inovações ideológicas, políticas e sociológicas, de modo a fornecer aos leitores "molduras de compreensão", à maneira de quadros ilustrativos do momento histórico. O leitor fica conhecendo aspectos interessantes sobre Alegrete, a cidade em que o poeta nasceu, e acaba "visitando" – como você fez pessoalmente – locais sugestivos, como o ambiente em que ele nasceu e se criou. Qual leitor brasileiro, mesmo culto, saberia definir um "maragato" ou um "chimango", grupos de revolucionários comandados na Revolução de 1923, respectivamente, pelo general Honório Lemes e pelo general Flores da Cunha? Tudo isso tem relevância quando se recorda uma afirmação do próprio poeta: "Naquele tempo, já se nascia maragato". Mesmo admitindo que os leitores tenham uma ideia genérica sobre o Modernismo, você fez bem em explicar-lhes o que foi o Modernismo no Rio Grande do Sul.

Creio que você trouxe subsídios esclarecedores notáveis nos seguintes trechos de seu trabalho:

I. Nas páginas sobre *Solteirice, amores, mulheres*

Felicito-o por ser objetivo, respeitoso, diria, de uma admirável precisão no tocante aos fatos. Sua *finesse* nessa temática me encantou. Demonstrou uma vontade implícita e explícita de não faltar à verdade, e também de não "esticá-la", de não a puxar para nenhum dos lados como, por vezes, tentam os biógrafos, ávidos de hipóteses interpretativas.

II. Nas páginas sobre *O ser social e político*

Tema que, na vida de Quintana, sempre ficou envolto numa sorte de nebulosidade; no entanto, você tratou-o com imparcialidade. Forneceu subsídios aos leitores para uma aproximação mais cautelosa da realidade biográfica.

III. Nas páginas sobre *A fama e as frustrações*

Nada a objetar. Ao contrário, texto excelente!

IV. Nas páginas sobre as *Correspondências*

Uma surpresa para mim. Os leitores de Quintana vão agradecer-lhe por trazer a "intimidade" do poeta e de suas amigas. Há nesta seção momentos de poesia e humor.

V. Nas páginas sobre *As derrotas nas eleições para a Academia Brasileira de Letras*

A melhor coisa que li a respeito: uma seleção de cartas e depoimentos de alto nível que procuram explicar uma rejeição tão catastrófica! Só sei de outra catástrofe pior que a dele: a de Jorge de Lima, que tentou quatro vezes o ingresso na Academia de Letras! Tais fatos atingem, indiretamente, a memória de insignes vultos literários de nossa história, como Machado de Assis, Manuel Bandeira, Guimarães Rosa, Cabral de Melo Neto. É evidente que eles não tiveram nenhuma influência retrospectiva em semelhante rejeição! Mas o fato de pertencerem a tal sodalício poderia tê-los entristecido, imaginando-os a conversarem entre si no além-túmulo!

VI. Nas páginas sobre *A celeuma sobre a entrevista ao Canal Livre da TV Bandeirantes*

O episódio não foi muito divulgado no Rio Grande do Sul. Penso que Quintana não tinha condições psicológicas para enfrentar um debate televisivo desse tipo, no qual as perguntas, segundo os entrevistadores, *nunca são indiscretas*. Os jornalistas, ao que parece, só consideram *indiscretas as respostas dos entrevistados!* A ressalva maliciosa não é de minha autoria.

VII. Nas páginas sobre os *Elementos das obras*

Gostei muito de sua abordagem: pessoal, lírica, ampla, com seleção de sugestivos poemas de apoio.

Destacaria, igualmente, os temas dos três capítulos finais:

- Sobre a obra;
- Sobre o envelhecimento e a morte;
- Quem foi Mario de Miranda Quintana.

Meu caro Grandinetti, sua biografia é um sucesso! E tenho certeza de que será lida como um romance. Seu texto possui verve, riqueza de pontos de vista, abundância de citações oportunas e variedade de subsídios.

Aprecio seu estilo de escritor: é ágil e até sedutor!

No que me diz respeito, fiz duas leituras de seu trabalho: a inicial, de forma dinâmica, e a segunda, mais pausada e reflexiva.

Penso que você fará um favor à Cultura Brasileira publicando essa vida e obra de Quintana. Os que tiverem a curiosidade – e a felicidade – de lerem sua biografia, amarão o poeta e – mais do que isso – talvez tenham a felicidade de amarem a poesia, o que pode fazê-los mais felizes.

Armindo Trevisan, escritor, doutor em Filosofia,
professor aposentado da UFRGS

Apresentação

O contador de histórias[1]
Tudo que sei, não sei sozinho
Palavra por palavra – cantou
um passarinho...

ESTE LIVRO FOI escrito na terceira pessoa do plural. Há, nisso, uma simbologia: todos os leitores e admiradores de Mario Quintana sabem um pouco sobre sua vida, seu cotidiano, suas poesias, seus bons e maus humores... são todos seus biógrafos. Se não escreveram a biografia dele, é porque são biógrafos *inéditos* que se esqueceram *de escrever*[2].

E ele também construiu um pouquinho da biografia dos seus leitores e admiradores. Porque não há como sair imune de suas poesias: são um *soco na alma*[3], ainda que não se perceba o golpe, ainda que a leveza e o humor de suas palavras o embalem como um bombom de licor e o iluminem com *a mágica presença das estrelas*[4].

Nem a sua cidade adotiva escapou de seu toque de anjo depois que ele mandou aquela *nuvenzinha que está sonhando, agora, em pleno azul*[5], *porque os anjos dão tudo de si sem jamais se despirem de nada*[6].

Mas não é que *o destino abusou, de fato, de seu direito de cometer absurdos*[7] e pregou no poeta uma peça? Mandou-lhe um biógrafo que nada sabe, em primeira mão, de sua vida e teve que ficar perguntando a

1 Autoria do biógrafo.
2 ...É apenas um poeta inédito/ Que se esqueceu de escrever..., *Batalhão das letras*.
3 Capricho e cautela, *Da preguiça como método de trabalho*.
4 Das utopias, *Espelho mágico*.
5 Carta, *A cor do invisível*.
6 If, *Apontamentos de história sobrenatural*.
7 A sétima personagem, *Da preguiça como método de trabalho*.

quem sabe. E ainda por cima não é porto-alegrense, nem sequer gaúcho. Um carioca!

Um mistério! Mas, Poeta, a poesia não *é o mistério evidente... que traz sempre o imprevisível*[8]?

O evidente é que Mario Quintana saiu de Alegrete e de Porto Alegre para conquistar brasileiros em todos os cantos do país com suas *armadilhas imprevistas*[9]. E aqui estamos nós contando algumas delas.

Rio de Janeiro, 19 de outubro de 2023.

8 Poesia, *Porta giratória.*
9 O apanhador de poemas, *Da preguiça como método de trabalho.*

1.

Um homem sem reversos

"30 de julho de 1906, Alegrete."

FOI ASSIM QUE o poeta Mario de Miranda Quintana respondeu quando Nelson da Lenita Fachinelli, do *Jornal de Letras*, indagou-o como ele iniciaria uma autobiografia, em agosto de 1976.

Como se sabe, a autobiografia não foi escrita. E, conhecendo o poeta, dificilmente ele a escreveria. Quintana gostava de se expor através de seus poemas, e não por narrativas de sua vida pessoal, as quais evitava. Mais de uma vez ele se recusou a ser exposto além do que sua poesia já o expunha. Certa vez, comentou: "Não gosto de estar em evidência, de estar sendo exibido, o poeta não é essa coisa saltitante que chamam de relações públicas. O poeta é relações íntimas". E complementou: "Creio que a minha vida íntima nem a mim interessa. Quando a gente fala sobre si mesmo é para se gabar ou para se queixar. No primeiro caso, ainda passa. Mas, no segundo, ninguém gosta de despertar piedade". Em outra ocasião, ele pontuou: "Tudo o que um poeta tem a dizer está nos seus poemas".

Ele também resistia a dar entrevistas:

> Uma entrevista é feita de muitas perguntas e por isso ela parece um interrogatório. A gente tem a impressão de que está sendo julgado, que está dando satisfações. Acho a entrevista uma conversa pouco natural. Sempre duram demais e tiram – ou procuram tirar – tudo do camarada... Acho desnecessário que o poeta se explique, parece que está se des-

> culpando. Os que gostam dos versos de determinado poeta e da poesia em geral, esses não precisam de explicação. Quanto aos outros, os que não gostam de poesia, não adianta explicar.

Para uma jornalista, ele disse: "Vocês vivem perguntando tudo sobre tudo e isso às vezes me aborrece. Escreves o que quiseres, podes até inventar, que é melhor do que eu ficar sofrendo um interrogatório".

Certa vez, solicitado a dar detalhes pessoais de sua vida, ele respondeu com um texto manuscrito em seis laudas – sem detalhes pessoais – acompanhado de algumas crônicas do *Caderno H* e explicou: "Eu não tenho reversos, só versos".

Além disso, Mario demonstrou uma certa descrença nas biografias dos grandes vultos, porque considerava que elas davam mais importância ao aspecto externo: "As biografias dos grandes homens são feitas de absurdos, estão cheias de acontecimentos incômodos que atravancam tudo. A vida deles lhes acontece de fora para dentro..."[1]. Ele escreveu isso no *Caderno H*, seu livro de prosas poéticas curtas e diretas, máximas da experiência, onde o poeta se despiu da transfiguração dos poemas, das entrelinhas enigmáticas.

Do mesmo modo, o poeta jamais escreveria um livro de memórias. Ele mesmo o disse em entrevista:

> Se você conhecesse o meu eletroencefalograma... Bem, temo o perigo das falsas recordações. Embora não acredite na observação direta, acontece que tenho tal poder de visualização que às vezes não sei se aquilo que evoco eu vi mesmo ou foi algo que me contaram, ou apenas imaginei. Mas há muito descobri que a mentira é uma verdade que se esqueceu de acontecer. Como vê, nada disto leva a um livro de memórias, só pode levar a um livro de poemas.

Na mesma resposta, ele citou uma poesia[2] sua para se explicar melhor:

> O poema,
> Essa estranha máscara,
> Mais verdadeira do que a própria face...

1 Heróis, *Caderno H*.
2 O poema, *A cor do invisível*.

Em outra entrevista ele decretou: "Umas coisas me aconteceram. Umas boas, outras más – essas eu não digo".

Para quem acredita que seus poemas dizem tudo o que é preciso dizer, uma biografia não faz sentido mesmo. Ele considerava a sua dispensabilidade: "A minha biografia está implícita nos meus poemas. Toda confissão não transfigurada pela arte é uma falta de linha, uma presunção. O que é que os outros têm a ver com isso?".

Enfim, o poeta era cioso de sua privacidade. Não desejava compartilhá-la com ninguém. Irritava-se quando percebia que as perguntas que lhe eram feitas nas entrevistas caminhavam para invadi-la. Só pretendia se mostrar em forma de versos.

Um episódio marca muito bem isso. Certa vez, em julho de 1976, o cineasta Antônio Jesus Pfeil procurou-o no Hotel Majestic e solicitou uma entrevista, filmada, sob suposta encomenda da TV Guaíba. Mario concedeu a entrevista, enquanto era filmado. Em dado momento, Pfeil pediu autorização para filmar o interior do seu quarto, o que foi negado. Então a entrevista prosseguiu, sendo que o cineasta e o poeta caminharam juntos em direção ao *Correio do Povo*, onde Quintana trabalhava. No meio do trajeto, o cineasta alegou que esquecera algo na recepção do hotel, despediu-se do poeta e disse que teria de retornar para buscá-lo. Mario Quintana intuiu algo de errado e voltou minutos após, surpreendendo o cineasta em seu quarto, fazendo a filmagem – ele conseguira convencer uma camareira do hotel a abrir a porta do quarto para ele. Imediatamente, Quintana pediu a suspensão da filmagem e que o material filmado não fosse divulgado, em respeito à sua privacidade e vontade, no que teria sido, aparentemente, atendido.

Tempos depois, ao receber um exemplar da revista do Instituto Cultural Brasileiro Norte-Americano, tomou conhecimento que o filme de Pfeil estava praticamente pronto e seria exibido no Festival de Cinema de Gramado, com o título *O último reduto da minha virgindade*. Não conseguindo contato com o cineasta, o poeta teve de ingressar com uma ação cautelar de sequestro visando a apreensão do filme e a proibição de sua publicidade. Antes, porém, ele publicou a seguinte nota pública no *Correio do Povo*, em 25/01/1978, desautorizando a filmagem do cineasta:

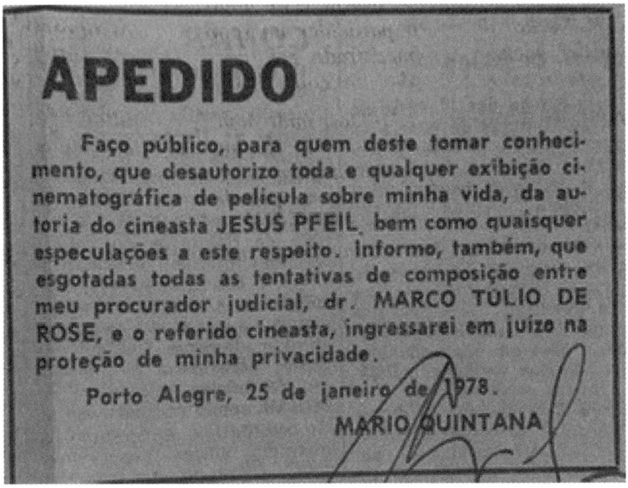

APEDIDO

Faço público, para quem deste tomar conhecimento, que desautorizo toda e qualquer exibição cinematográfica de película sobre minha vida, da autoria do cineasta JESUS PFEIL bem como quaisquer especulações a este respeito. Informo, também, que esgotadas todas as tentativas de composição entre meu procurador judicial, dr. MARCO TÚLIO DE ROSE, e o referido cineasta, ingressarei em juízo na proteção de minha privacidade.

Porto Alegre, 25 de janeiro de 1978.

MARIO QUINTANA

O juiz deferiu uma liminar determinando a apreensão do filme e uma multa diária caso não fosse entregue, mas o cineasta dificultou bastante seu cumprimento, viajando constantemente para não ser citado/intimado. Finalmente, houve um acordo em 27/02/1978, pelo qual o cineasta se comprometia a devolver parte da fita gravada no quarto de Quintana, pagar as custas processuais e não usar o título do filme ou outro similar.

A história também foi contada, posteriormente, pelo próprio cineasta, em entrevista encontrada no YouTube, gravada em 2004, intitulada "Jesus, o Verdadeiro", na qual ele atribui o título do filme – *O último reduto da minha virgindade* – ao próprio Mario Quintana, quando recusou que a filmagem fosse feita no interior de seu quarto.

O episódio revela o quanto o poeta preservava a sua intimidade, que somente era descortinada, se mediada em forma de versos. Ora, quem tem uma personalidade assim jamais escreveria uma autobiografia, nem um livro de memórias.

No entanto – e surpreendentemente – ele teria indicado uma pessoa para biografá-lo. Sua sobrinha-neta, Elena Quintana de Oliveira, que o assessorou de 1980 até sua morte e foi a sua herdeira, escreveu uma carta, sem data, para a Fundação Vitae, na qual atesta que o poeta gostaria que sua biografia fosse escrita por Eloí Calage, que se tornou uma das pessoas mais próximas dele e com quem ele compartilhava a sua intimidade.

Eloí Calage também era de Alegrete. Fora estagiária no *Correio do Povo*, onde conheceu o poeta, e depois trabalhara como jornalista no *Correio da Manhã* e na TV Globo (onde contribuiu para a série "Caso Verdade"), estes últimos no Rio de Janeiro. Depois, foi professora em uma universidade em Goiânia. Ela foi, realmente, muito próxima de Mario, o qual lhe dedicou, pelo menos, dois de seus poemas[3].

Posteriormente, Eloí Calage escreveu outra carta para Elena relatando que Mario lhe dera um livreto de capa preta contendo metade de sua biografia, como se confirmasse não só a indicação dela para escrever a biografia, mas, o mais importante, o recebimento de informações relevantes e até confessionais que deveriam nela constar.

Ruy Carlos Ostermann, do *Zero Hora*, escreveu um artigo quando o poeta já estava muito doente e não saía mais do quarto, dizendo que a equipe da Casa de Cultura Mario Quintana, preocupada com a sua saúde, teria promovido uma visita de Eloí para animá-lo, trazendo-a de Goiânia. Na mesma matéria, Ruy divulgou uma carta atribuída a Eloí, na qual ela teria esclarecido que o tal livro preto era, na verdade, *Orlando: uma biografia*, de Virginia Woolf, romance de 1928 com tradução e nota de Cecília Meireles, baseado supostamente na vida da amante de Virginia Woolf, Vita Sackville-West. E fica a pergunta: por que o poeta teria dito que em *Orlando* estaria metade de sua biografia?

Trata-se de uma obra riquíssima, complexa, desafiadora, inovadora, satírica e, em certo sentido, surreal, que, entretanto, não poderá ser analisada aqui, pois fugiria ao escopo desta biografia. Aqui basta dizer que Virginia Woolf pretendeu traçar uma suposta biografia do personagem principal, Orlando, que, na verdade, era a sua amiga íntima e amante Vita Sackville-West. A obra não somente é dedicada a ela, mas a própria Virginia escreveu a Vita, em 9/10/1927, declarando abertamente que Orlando era Vita, e o livro foi considerado uma carta de amor de Virginia para Vita, que por sua vez já havia se declarado apaixonada por Woolf.

Cremos, no entanto, que não foi a história do romance entre Woolf e Vita o motivo pelo qual Quintana indicou a obra a Eloí, mas sim um dos eixos da obra: Woolf traça uma verdadeira teoria da biografia, que, ao que tudo indica, o poeta gostaria que a sua biógrafa seguisse. As regras

3 Cronologia, em *Apontamentos de história sobrenatural* e Lembras-te, em *A cor do invisível*.

traçadas por Woolf são: observar o dever da verdade, da franqueza e da honestidade; não ter a pretensão de descrever toda a vida do biografado, pois todas as pessoas têm uma multiplicidade de "eus"; ater-se a documentos particulares e históricos que permitam cumprir o primeiro dever do biógrafo – seguir as pegadas indeléveis da verdade; quando não houver tais documentos, relatar os fatos tal como são conhecidos e deixar que o leitor os entenda como quiser; a biografia não deve se limitar a ser cronológica.

Para além do que interessa diretamente esta biografia, ressaltamos uma grande afinidade entre os traços de personalidade de Orlando e Quintana, como o temperamento taciturno, o método para escrever poesia, o apreço por pessoas que viviam no submundo – entre eles os marginalizados, bêbados e prostitutas –, a necessidade de solidão para escrever poesia, a confluência sincronizada entre idades diferentes na mesma pessoa e a confluência entre os temas de Woolf e os de Quintana, como o tempo, a vida e a morte.

Certamente o leitor ficará curioso sobre um outro eixo de *Orlando*: o da ambiguidade sexual, ou melhor, da assunção de uma outra sexualidade, tão presente na obra quanto na autora Virginia Woolf, como no personagem Orlando e na musa que o inspirou, Vita Sackville-West. Seguindo a recomendação de Woolf de não fugir dos possíveis temas incômodos da vida do biografado, cremos que, nesse aspecto sexual, *Orlando* não foi o motivo principal que chamou a atenção de Quintana. Não há qualquer documento ou depoimento que aponte para qualquer orientação sexual diversa da sexualidade biológica de Quintana. Ao contrário, no capítulo 8, trataremos mais detidamente da solteirice e dos amores do poeta, apoiados em documentos.

Somente em certo sentido a palavra ambiguidade pode ter significação para o poeta: a ambiguidade natural dos seres humanos, indicando que a sua biografia deveria descrever apenas alguns "eus" dele, mas não toda a sua personalidade.

Terminado esse parêntese, é preciso reconhecer com humildade que ninguém terá a resposta definitiva sobre o motivo pelo qual teria encomendado essa obra a Eloí, a não ser ele próprio.

No entanto, apesar da indicação de Eloí como biógrafa, ela acabou declinando da missão. Algum tempo depois, Eloí escreveu a Mario Quintana para dizer que não concluiria o projeto porque Tania Franco Carvalhal, professora de Literatura da UFRGS e fundadora da Associação Brasileira de Literatura Comparada, já estaria com muito material para escrevê-la, pois era uma de suas prefaciadoras mais frequentes.

Por fim, Eloí Calage faleceu por problemas intestinais em 2005, após um AVC anterior; Tania Carvalhal morreu em 2006 e Elena Quintana de Oliveira faleceu em 2019 de enfisema pulmonar. Assim, nenhuma delas pôde publicar a biografia de Mario Quintana e nem ele a sua autobiografia.

Resta dizer que Tania Carvalhal participou do álbum *Quintana dos 8 aos 80*. Esta obra contém textos dela sobre o poeta, fotografias de Liana Neves, desenhos de Liana Timm e ilustrações de Marilena Gonçalves, porém não se trata de uma biografia.

Por que uma biografia?

Se o poeta não escreveu nem jamais escreveria sua autobiografia, por que uma pessoa fora de seu círculo de amizades se atreveria a escrever uma biografia à revelia dele? Atrevemo-nos a contribuir para a preservação da memória do que significou a vida de Mario Quintana, um dos maiores poetas brasileiros.

Ademais, atribuem ao poeta ter dito que "ainda teria a sua *imortalidadezinha*". Ele disse que já estava tendo uma *imortalidadezinha* com a venda de seus livros, mas não sabia até quando ela duraria: "Felizmente estou na moda agora. Mas não sei quanto vai durar essa minha *imortalidadezinha*".

A presente biografia é uma singela contribuição para a sua devida e grandiosa *imortalidadezinha*. Embora não exista, até agora, uma biografia definitiva do poeta, existem vários bons livros parcelares, textos esparsos, entrevistas, seu acervo pessoal, depoimentos de amigos, que aguardam uma consolidação para unificar esse grande acervo, de modo a facilitar o acesso ao público.

O fato de não termos feito parte do seu círculo de amizades apresenta vantagens e desvantagens. Essas constituem uma dificuldade maior na apuração de informações, pois fica mais difícil obter as pistas que ele poderia fornecer de modo mais simples e direto, bem como as correções de rumo. As vantagens decorrem da distância temporal, necessária para analisar o passado, e da equidistância emocional do biógrafo em relação ao biografado. Com efeito, não ter sido amigo do poeta contribui para uma visão mais isenta do material reunido.

No entanto, as dificuldades foram muitas. O fato de Quintana não ter deixado descendência direta que pudesse dar detalhes da sua intimidade, aliado ao falecimento de muitas pessoas, desde os amigos da juventude, do tempo de boemia, até aquelas mais próximas na sua velhice, foram grandes obstáculos. Com certeza, muita informação se perdeu, mas devemos nos resignar em não poder descrever todos os "eus" do poeta, mas, tão somente, os "eus" que remanesceram disponíveis.

O trabalho foi realizado com muita reverência e respeito à privacidade do poeta e seus amigos, e apoiado em documentos. Sobre ele, houve e há muitas versões não comprovadas, mas devemos valorizar o que puder ser documentalmente comprovado. Nada de acontecimentos incômodos "que atravancam tudo". A intenção não é ocultá-los do público, por consideração ao poeta. Na verdade, não encontramos nada que seja um grave incômodo, nada que não esteja dentro da normalidade da vida de um verdadeiro gênio das palavras.

Seguindo a sua vontade, a biografia partirá de dois elementos estruturais que ele mencionou na entrevista: a data e o local. Esses serão mantidos, respeitando o seu desejo. Nossas primeiras investigações, portanto, serão sobre a importância desses dois elementos na vida e, possivelmente, na obra do autor. Para fazê-lo, teremos de retroceder um pouco. E para fins de melhor compreensão, vamos invertê-los: primeiro trataremos do espaço e depois do tempo.

Antes, porém, duas advertências importantes: citaremos os poemas de Quintana ao longo desse livro para representar seu pensamento sobre variados temas, mesmo sabendo que o eu poético, ou o eu lírico, ou o sujeito do poema, não coincide necessariamente com o poeta autor. Ele mesmo disse que o poeta não precisa sentir tudo o que escreve. E ainda se deve levar em conta um traço de sua personalidade, segundo o qual nada que dizia podia ser interpretado literalmente. Para tudo que falava, havia entrelinhas e muitas reticências.

No entanto, em se tratando dele, essa distância entre o poeta e a pessoa diminui consideravelmente quando se combina sua poesia com sua prosa, suas entrevistas e os depoimentos dos amigos que o conheciam bem. Ele mesmo dizia que nunca escreveu nada que não fosse absolutamente ele mesmo e repetiu isso num livro em 1987: "...meus poemas são eu mesmo, nunca escrevi uma vírgula que não fosse uma confissão"[4]. Em "Poesia"[5], repetiu com outras palavras: "Se eu conheço algum segredo é o da sinceridade, não escrevo uma vírgula que não seja confessional". Em "Esses retratistas"[6], disse: "Tudo é autorretrato e autobiografia". Por isso, recorreremos aos seus escritos para entender sua personalidade.

O segundo alerta é que faremos citações somente parciais dos textos de Quintana, para respeitar os direitos autorais da obra, correndo o risco de sua crítica às citações parciais: "Não seria lícito isolar uma imagem do poema a que pertence e apresentá-la sozinha no meio do palco"[7]. Contudo, ele fez isso no mesmo texto ao citar um trecho do poema de Armando da Silva Carvalho. Portanto, pedimos essa licença de fazê-lo, mas não o deixaremos "sozinho no meio do palco", ao contrário, faremos de forma contextualizada.

Assim, com todo respeito, dá licença, poeta?

4 Apresentação, *Da preguiça como método de trabalho.*
5 *Porta giratória.*
6 *Porta giratória.*
7 A mesa, *Porta giratória.*

2.

O espaço: Alegrete

SE MARIO DE Miranda Quintana reputava importante começar a sua autobiografia pela cidade onde nasceu e a data de nascimento, vamos cumprir a sua vontade. Comecemos, assim, compreendendo a terra do poeta, Alegrete, onde também nasceram Oswaldo Aranha e João Saldanha.

Até o século XIX a cidade fora habitada por tribos indígenas Guaicurus do Sul, Charruas, Minuanos, Guenoas, Jaros, Mboanes e Guaranis. Este território fez parte das missões jesuíticas guaranis nas estâncias de Japeju, Santo Ângelo e São Borja, onde criavam gado, e por onde passavam tropas de bois, mulas e cavalos, no chamado "corredor do gado" do sul do Rio Grande do Sul.

A partir de 1801, por ocasião da conquista das Missões, o sul do Ibicuí (onde está Alegrete) foi anexado e povoado por luso-brasileiros, muitos descendentes de açorianos, alguns descendentes de portugueses, algumas famílias de tropeiros paulistas, muitos indígenas guaranis e também alguns africanos. No decorrer do século XIX também aportaram algumas famílias de alemães, franceses, espanhóis e italianos.

Muitos destes povoadores luso-brasileiros foram estancieiros-militares que receberam sesmarias por serviços prestados ao rei de Portugal, para se fixarem nesta região e demarcarem as fronteiras com a Argentina e o Uruguai, dando origem aos grandes latifúndios para a produção extensiva de grãos e para a pecuária, ainda hoje existentes.

A cidade nasceu em terras de Antonio José de Vargas, onde havia um acampamento militar do Marquês de Alegrete, em 1817, vindo daí o seu nome.

Alegrete foi sede de muitas das revoltas políticas do Estado e do país. Sediou uma Assembleia Nacional Constituinte em 1.º de dezembro de 1842, onde foi promulgada a Constituição Republicana Rio-Grandense, em 1843, considerada a primeira da América do Sul, durante o período em que o Rio Grande do Sul foi um Estado independente (1836–1845), adotando o nome de República Rio-Grandense, durante a Revolução Farroupilha (1835–1845). Alegrete foi, também, a terceira capital dessa República durante o período de 1842 a 1845.

Na Guerra do Paraguai, a cidade abrigou grandes contingentes militares. Em 3 de maio de 1893, ali ocorreu a maior batalha da Revolução Federalista, a Batalha do Inhanduí, entre maragatos e pica-paus, envolvendo cerca de 12 mil combatentes.

Na Revolução de 1923, mais uma vez os alegretenses participaram da luta entre maragatos (lenços vermelhos) e chimangos (lenços brancos), no famoso Combate da Ponte do Ibirapuitã, em 19 de junho de 1923, comandados de um lado pelo general Honório Lemes (maragato) e, de outro, pelo general Flores da Cunha (chimango).

Desse brevíssimo quadro político traçado pode-se inferir um elemento militar-econômico: a pecuária em grandes extensões de terras feita pelos gaúchos, movidos na empreitada de ocupar o sul do país e demarcar as fronteiras.

Quintana brincava com a característica eminentemente rural, agropecuária, de sua cidade: “em Alegrete, quem não é fazendeiro é boi”. A frase por si só lhe valeu muita crítica, aliada à outra, essa pela absoluta ausência de qualquer referência ao colono alegretense, às lidas do campo, à criação do gado – com suas arreadas e charqueadas – nem ao pampa, em sua obra.

Apesar desta crítica, seja como for, para o povo gaúcho, Mario Quintana representa, sim, o gaúcho e o Rio Grande do Sul. Numa carta que recebeu em 2/10/1990, a missivista traduzia bem esse sentimento popular: “como povo que sou, gostaria que os dicionários considerassem sinônimos ‘gauchesco’ e ‘quintanesco’ ou gaúcho = quintana”.

Se as lides no pampa de Alegrete não estão representadas em sua obra, por outro lado, a casa em que nasceu, na cidade, está bem representada em seus poemas, de maneira transfigurada. A poesia "Casa Grande"[1] descreve sua moradia, um solar de leões:

> Porém nasci num solar de leões.
> (...escadarias, corredores, sótãos, porões, tudo isso...)
> Não pude ser um menino da rua...
> Aliás, a casa era maior do que o mundo!
> E até hoje
> mesmo depois que destruíram a casa grande –
> até hoje eu vivo explorando os seus esconderijos...

Consigne-se, porém, que a casa não foi destruída. Está lá até hoje. Ela foi vendida para pagar as despesas médicas com o tratamento de sua mãe, que padecia de câncer. Talvez, para o poeta, a venda tenha significado a destruição ou o rompimento dos sonhos da infância.

Ao que tudo indica, Alegrete estaria representada pela janela da casa em que viveu Mario Quintana, através da qual ele via e apreendia o mundo, as coisas da vida, a ruazinha com seus cataventos e seus lampiões, objetos que ele foi aprendendo a desmaterializar e a universalizar: "Há os que fazem materializações... Grande cousa! Eu faço desmaterializações..."[2].

Tania Franco Carvalhal afirmou que Alegrete sempre reaparece em suas poesias como uma espécie de alma que insiste em respirar num corpo de cimento, dando o exemplo no poema "Cidadezinha cheia de graça". Ele o confirma, ao ser instado a revelar um lugar inesquecível: "Alegrete, onde passei minha infância, meu paraíso perdido".

Voltaremos ao tema da janela de sua casa – o Solar dos Quintanas - por onde o poeta via Alegrete, no capítulo 5, mas já convém descrever a casa da família. No térreo, situava-se a farmácia de seu pai – Pharmacia Quintana – e em cima, a residência[3]:

1 *Esconderijos do tempo.*
2 Operação alma, *Apontamentos de história sobrenatural.*
3 Foto tirada pelo autor em 22/03/2022.

Ele retrata como era o casarão em *Instabilidade*[4]:

> Muita vez me entretenho em reconstruir de memória a nossa antiga casa paterna. Deixo-me estar no caramanchão, com sua mesa de pedra apanhando o sol coado pelas trepadeiras. Quanto aos longos corredores, será melhor que os evoque de noite, quando, no escuro do quarto, fico a imaginar que a noite de agora está cobrindo a velha casa.

4 *A vaca e o hipogrifo.*

Apesar de ele referir-se a uma casa destruída – o que não ocorreu, como já dito - em "Quem disse que eu me mudei"[5], ele insinua que não importa o destino dessa sua antiga moradia, porque ela continua lá: "Não importa que a tenham demolido: a gente continua morando na velha casa em que nasceu".

Tempos depois, a cidade prestou-lhe uma homenagem gravando numa placa uma frase do poeta: "Um engano em bronze é um engano eterno". No entanto, na manhã seguinte às solenidades e ao discurso de Quintana, a placa amanheceu pintada de vermelho, supostamente em reação à brincadeira que fez dizendo que, em Alegrete, quem não é fazendeiro é boi.

5 *Preparativos de viagem.*

3.

O tempo: 1906

MARIO DE MIRANDA Quintana nasceu em 30 de julho de 1906, às 8 horas da noite. Seu primeiro nome foi grafado sem acento agudo na primeira sílaba e, segundo Armindo Trevisan, grande amigo, ele não gostava quando acentuavam seu nome.

Nasceu prematuramente e, quando jovem, não gostava que dissessem isso, pois podia dar a entender que ele nascera sem estar pronto. Mario relatou o que lhe contaram sobre o seu nascimento:

> Nasci prematuramente e fazia 1 grau abaixo de zero. Eram 8 horas da noite quando meu pai chamou minha irmã e meu irmão para dizer que eu havia nascido. Eles pediram quatro vinténs para comprar rapadura. Foram ao mercado da esquina, que estava quase fechando. Por isso, souberam da hora. Quer dizer, eu fui saudado com duas rapaduras de quatro vinténs.

Pouco antes de seu nascimento, Alegrete ganhou sua primeira cervejaria, de Luyz Laydner Sobrinho, bem como a primeira livraria, "O Coqueiro", dos irmãos Prunes, que à época dirigiam a *Gazeta de Alegrete*, de Luiz de Freitas Valle, fundada em 1882 com o ideal "de combater e derrubar a nefanda escravatura".

No ano de seu nascimento, 1906, a indústria do vinho se desenvolvia na cidade, especialmente a vinícola de Tácito de Sá e Silva, que já ganhara uma medalha de ouro na Exposição Feira de Porto Alegre, de 1901, com a uva Seuvel 1 (sic). Ainda nesse ano, a *Gazeta* denunciava que os carros de praça estavam sendo dirigidos por crianças, que não tinham perícia e força para conduzir os cavalos. Num acidente noticiado, caiu da carruagem um filho do tenente-coronel Frederico Ortiz, que felizmente não se machucou.

No ano seguinte, 1907, Alegrete contava com 712 crianças matriculadas em escolas, sendo 491 nas municipais e 221 nas particulares. A cidade recebeu, com grandes festas, três personalidades importantes na época: José Plácido de Castro – o revolucionário conquistador do Acre para o Brasil (Revolução de 18/09/1901 até 1903) –, o general Candido Mariano da Silva Rondon – criador do Serviço de Proteção aos Índios (SPI), que fez concorrida palestra na ocasião, sendo acompanhado pelo povo até a estação onde recebeu, de despedida, um "estrepitoso viva" –, e o príncipe dos prosadores brasileiros, Henrique Maximiliano Coelho Netto, que palestrou no Teatro Treze de Maio.

Em 1908, a *Gazeta de Alegrete* publicou algumas matérias bastante inusitadas: proibição de cinematógrafos em todo o país, por danos aos órgãos visuais e ao sistema nervoso; e uma anedótica ameaça aos assinantes maus pagadores: "Aviso aos assinantes: aos senhores assinantes que, por caloteiros, não querem pagar a assinatura desta folha, prevenimos que, de terça-feira em diante, começaremos a publicar um por um todos os seus nomes, para que o público lhes fique conhecendo o caráter".

No ano seguinte, 1909, foi abolida a antiga praxe de todos os defuntos serem trasladados com o mesmo modelo de caixão. A posse do novo intendente Lauro de Sá Dornelles foi comemorada quando ele anunciou renunciar ao salário em favor da criação de mais uma escola municipal.

Em 1911, chegou à cidade o primeiro automóvel, um Humber inglês comprado pelo fazendeiro Antonio de Oliveira Macedo, que veio com um chofer contratado; até então só circulavam os Mylord e os Tylbury, com tração animal. Também foi fundada a primeira casa bancária, o Banco Sul-Brasileiro S.A., que absorveu o Montepio da Família Militar.

Em 1913, fundou-se a União dos Criadores de Alegrete. Em 1915, ainda havia tensão política na região quando da fundação da Liga Médica e da realização do Primeiro Congresso Estadual de Medicina. Borges de Medeiros, presidente da província, foi convidado para o evento e, no entanto, recusou acusando a Liga de ser reacionária ao regime de ampla liberdade profissional. Em 1920, realizou-se a 1.ª Exposição Agropecuária da Associação Rural de Alegrete.

Esse era o ambiente no qual cresceu Mario Quintana: tensão política sempre presente, a força do agronegócio, a imprensa local posicionando-se contra a escravidão, uma rica classe alta que circulava nas carruagens de luxo e importava automóveis.

É preciso ressaltar que o poeta nasceu entre duas revoluções que marcaram profundamente o Rio Grande do Sul, Alegrete e a família Quintana: a Revolução Federalista (1893 a 1895) e a Revolução Libertadora (1923). Sem contar que toda aquela região já fora marcada por duas guerras anteriores: a Revolução Farroupilha (1835 a 1845) e a Guerra do Paraguai (1864 a 1870). Como se verá adiante, os dois avôs de Quintana lutaram na Guerra do Paraguai; sua família conspirava a favor dos federalistas e contra o governo republicano; e o próprio Quintana se envolveu na Revolução de 1930.

Três gerações da família Quintana, portanto, foram envolvidas nas escaramuças políticas do Rio Grande do Sul e que repercutiram no Brasil todo. Daí a importância de examiná-las, brevemente, mais adiante.

O que diziam os astros e a numerologia?

O mapa astral do poeta, no dia do seu nascimento, estava configurado como sê vê na figura a seguir, conforme estudo de Ricardo Lindermann, realizado em 11/07/1986.

Entregamos esse mapa astral à astróloga Amanda Costa, sem dizer de quem era, para ela proceder um estudo. Apenas dissemos que se tratava de pessoa pública e o estudo seria incluído em um livro. Bastou isso para a astróloga dizer de pronto que o mapa era de Mario Quintana. Rimos porque fomos facilmente desmascarados. Parece que só o poeta nasceu naquelas condições astrológicas, monopolizando-as! Ninguém mais! Seja como for, o estudo segue após a figura.

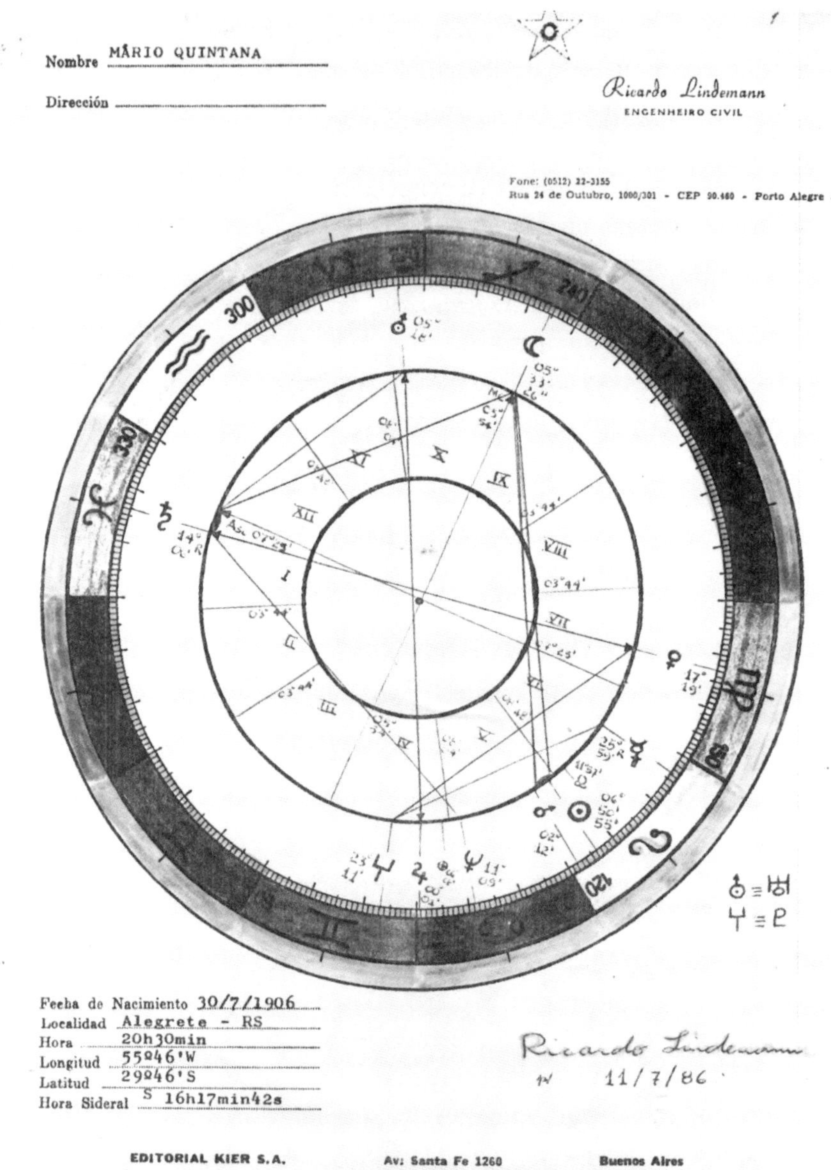

Nombre MÁRIO QUINTANA

Dirección

Ricardo Lindemann
ENGENHEIRO CIVIL

Fone: (0512) 22-3155
Rua 24 de Outubro, 1000/301 - CEP 90.480 - Porto Alegre - I

Fecha de Nacimiento 30/7/1906
Localidad Alegrete - RS
Hora 20h30min
Longitud 55º46'W
Latitud 29º46'S
Hora Sideral S 16h17min42s

Ricardo Lindemann
11/7/86

EDITORIAL KIER S.A. Av. Santa Fe 1260 Buenos Aires

30/07/1906, 20h30min, Alegrete–RS.

Sol em Leão, Ascendente em Peixes, Lua e Meio-Céu em Sagitário.

No mapa astral de Mario Quintana viceja o elemento Fogo, revelando a potência luminosa deste poeta que a si chamava um “aprendiz de feiticeiro". O Sol – força central que representa a essência do ser, a natureza individual e a identidade – está em Leão, onde manifesta a pleno a força de criação do astro-rei. Na quinta casa, referente a este signo, enfatiza a necessidade de viver a criatividade e de expressá-la de uma forma pessoal, genuína e autoral. Também em Leão está o planeta Mercúrio, ligado ao intelecto, à comunicação, à fala, aos escritos e a todas as formas de linguagem, posicionado na casa do trabalho. Essas configurações refletem sua inventividade exuberante e o brilho de sua expressão, o intenso crepitar das ideias e palavras que se manifestava em diferentes formas de produção literária.

Uma Lua quase cheia iluminava lindamente a noite de seu nascimento. Situada em Sagitário, o centauro arqueiro, também signo de Fogo, corrobora para o talento literário, o conhecimento de línguas estrangeiras e sua ampla formação cultural. A Lua simboliza as emoções, os sonhos, artistas, poetas, crianças e lunáticos ("o louco da aldeia"). Está culminante, em conjunção com o Meio-Céu, o ponto mais alto do mapa astral, que tem relação com a vida pública e profissional. Este posicionamento é consonante com o fato de ter-se tornado uma pessoa conhecida, especialmente como o poeta que ficou impresso na história e em nossa memória afetiva. Pelas flechas de Sagitário deixou sua marca no tempo e no espaço, lançando seus versos cheios de beleza e vigor: "nobre animal, o poeta". Também em elevação está o planeta Urano, correspondente à sua irreverência e singularidade. Nunca seguiu correntes ou ideários da moda literária, fazia sua arte de modo original e livre. Além do Fogo amalgamando tudo, há forte presença do elemento Água, que simboliza os sentimentos e as inspirações. Mario navegava pela vida com a fluidez do Ascendente em Peixes – sensível, empático e refinado. Ao seu olhar, universos pequeninos se tornam ilimitados. Sob sua lupa de atento observador mostra a afeição pelas coisas miúdas, prosaicas e cotidianas, nas quais percebe os verdadeiros mistérios e complexidades. Em verso ou prosa, profundas filosofias são transcritas em estilo coloquial, com a sofisticação da simplicidade. No signo de Peixes está o planeta Saturno, o velho sábio que mantém a distância com anéis de gelo, contemplando as marés da existência como o "menino na vidraça, o menino de aquário" de sua infância com saúde delicada. O adulto reservado era anfitrião generoso na intimidade. Envolto nas brumas

> oceânicas de fumaça, entre cigarros e cafés conversava com suas musas, inventando mundos e fundos sem nunca perder a piada. Nos "Quintanares" conviviam a luminosidade solar e os tons submarinos, as intuições sutis, o humor, a ironia fina, a melancolia e a sintonia com os sentimentos demasiadamente humanos. Saltimbanco que ri e que chora, mago brincalhão das palavras e iluminador de emoções, o espelho de sua poesia refletia as ambiguidades de todos nós. Abracadabra!

Como se vê, foi inevitável a influência da fama do poeta na elaboração do mapa, o que foi ainda completado pela circunstância de a astróloga ser, também, professora de literatura. Não há dúvida, porém, que restou um estudo enriquecido de considerações literárias da astróloga, que acabam por ilustrar essa biografia.

A importância de citar o seu mapa astral na sua biografia reside na circunstância de Quintana ter sido muito supersticioso e ter tido um lado que pendia para o ocultismo, muito a ver com algumas de suas poesias surrealistas.

Uma missivista muito frequente nas correspondências de Mario Quintana, que se intitula carinhosamente como Feiticeira, enviou a ele uma análise numerológica relativa ao seu nome e à sua personalidade, em junho de 1992, que transcrevemos a seguir:

> 1) Número pessoal – sua identidade numérica e energética.
> Mario (11), de (9) Miranda (6) Quintana (7). Seu número pessoal é 6. Este é o número da graça, da beleza, da sensibilidade e, sobretudo, o número da harmonia.
> Seu grande desafio é equilibrar de um lado seu essencialmente solitário, sábio, pensador, profundo, com uma grande sede de saber, com a sua necessidade de contato, convívio com os outros. O número 6 é também o número da responsabilidade e da prestação de serviço. Desta forma, os problemas do mundo também são seus e você é chamado a colaborar com sua luz, simpatia e tato, seja no setor doméstico como na comunidade. Inclusive você é um cidadão do mundo, pois tanto a necessidade de um lar, de privacidade, como de estrada são vitais para sua realização pessoal.

2) Número do destino – seu carma, sua missão no mundo. Você veio ao mundo para ser um líder, para ter sucesso e brilho em qualquer setor em que estiver envolvido. Se não prevalecerem outras energias que possam dispersar sua atenção, o 8, seu número de destino, lhe assegura prosperidade e bens materiais. Reforça também sua visão cosmopolita, e o faz ver e se interessar por coisas mais amplas do que apenas os aspectos mais pragmáticos do cotidiano.
3) Número de poder – como centrar sua energia, como o poder pode ser atingido, de acordo com a sua forma de ser e a sua missão no mundo. Seu número de poder é o 5. Assim, você centralizará a energia cósmica de maneira mais saudável sempre que se dispuser a abrir-se ao outro, ao mundo, participando inclusive numa escala planetária. Cinco é o número da mudança, da aquisição da experiência. Seu caminho é o da liberdade, da variedade, da adaptação às diferentes formas de ser, pensar e viver. Este número foi-lhe dado para você aprender a caminhar corretamente, dentro da liberdade. Línguas estrangeiras, literatura, viagens, mudanças, o mundo das ideias e as novidades são as características típicas que o número 5 lhe proporciona. A instabilidade financeira merece atenção.
Mario (11) Quintana (7).
O número de poder de MQ (9+8) é 8.
Assim, embora você seja voltado ao Amor Universal e à Prestação de Serviço, preocupando-se com os outros e participando das grandes questões planetárias, o sucesso, o brilho e a realização financeira fazem parte também do seu caminho, dando talento, criatividade e tornando-o popular. Você é um cidadão do mundo e a justiça, o senso de beleza e harmonia, são muito importantes para você. A conjugação do 9 com o 8 o torna protegido dos deuses. Cabe, porém, o cuidado para usufruir deste potencial, jamais negligenciando os aspectos do trabalho e finanças, mais cotidianos.
Se não preponderarem outras energias, o 8 lhe garante prosperidade, talento, liderança, popularidade, sucesso.
Outros relacionamentos energéticos – números compatíveis: 1, 2, 3, 4, 5, 6, 7, 8, 9.
Pedras: quartzo rosa, citrino e pedras verdes.
Dia: segunda-feira.

Raio: segundo raio chama dourada, prosperidade, sabedoria divinas.
Mestre: Kuthumi, Lanto, Buda.
Anjo guardião: Mitsrael – 60.º gênio da cabala.

Sobre as pedras supostamente compatíveis, curioso é constatar que o poeta mantinha no seu quarto três pedras[1]: um quartzo rosa, uma pedra azul e uma pedra verde. Apenas o citrino não estava presente, pois se trata de uma pedra amarela e não azul.

No calendário asteca ele era do signo da água, conforme informou Tabajara Ruas.

Há informação de que Mario Quintana era realmente supersticioso, especialmente com o número 13, seu número da sorte, como reconheceu em "Não sou supersticioso"[2]: "só porque todo o mundo tem medo dele...".

Consta que ele teria dito à sua grande amiga e fotógrafa, Dulce Helfer, que fora a uma cartomante em Alegrete e ela teria previsto que ele ficaria famoso aos 60 anos. De fato, em 1966, aos 60 anos, Paulo Mendes Campos publicou na revista *O Cruzeiro* uma grande reportagem sobre ele, tornando-o conhecido nacionalmente. Também nesse mesmo ano foi homenageado pela Academia Brasileira de Letras.

Dulce Helfer disse que Quintana tinha um lado esotérico e contou que, numa de suas muitas internações, foi visitá-lo no hospital levando, de presente, um gnomo da saúde. Ele teria ficado impressionado, demonstrando realmente crer na capacidade de cura do gnomo, tanto que o colocou bem ao seu lado. Coincidentemente, o poeta teve alta no dia seguinte e atribuiu a cura ao gnomo. Ao todo, Quintana mantinha quatro gnomos ao lado de sua cama no hotel até a sua morte.

Ela também soube, por ele próprio, sobre uma suposta experiência de ausentar-se do próprio corpo. Ocorreu certa noite no quarto do Hotel Majestic, quando o poeta sentiu-se sufocar enquanto dormia. Acordou e dirigiu-se até a janela para respirar, e quando voltou o rosto para sua cama viu seu corpo inerte e sem vida, deitado. Ele teria contado o esforço que fez para retornar a seu próprio corpo.

1 Em 3/05/1995, o governo do Rio Grande Sul solicitou à sua herdeira, Elena Quintana, seus pertences pessoais para uma homenagem pelo primeiro aniversário de sua morte; entre os bens estavam as três pedras referidas (Acervo de Mario Quintana, Instituto Moreira Salles).

2 *Porta giratória.*

Não há registro, porém, de qualquer envolvimento de Quintana com o espiritismo. No entanto, há uma poesia – "Um dia" – em que ele faz referência a seu cavalo (que, no espiritismo, é a pessoa que recebe o espírito para que este se comunique com os mortais): "um dia o meu cavalo voltará sozinho/ e virá sentar-se naquele mesmo café/ a ler, com as pernas cruzadas, o jornal do dia"[3]. No entanto, Dulce Helfer sustenta que a referência a cavalo é porque era esse o seu signo no horóscopo oriental.

Seu interesse estendia-se também pelos jogos de azar. A mesma missivista chamada Feiticeira mandou-lhe os números do jogo do bicho em abril de 1989, e explicações sobre os poderes de um anel Atlante do Egito, em 15/02/1991. Em entrevista, ele defendeu o jogo do bicho: "Antes de tudo, sou a favor do jogo do bicho. Jogo toda semana". Em 17/12/1989, sua sobrinha-neta Elena teve seu Chevette, ano 1978, roubado. Mario Quintana teria dito que estava jogando na Loto para dar-lhe três carros. Ele defendia a honestidade do jogo: "A loteria – ou o jogo do bicho, seu filho natural – jamais engana. Porque a gente não compra um bilhete: compra esperança"[4].

Numa poesia[5] ele declarou que alguns poetas ("um Rimbaud, um Poe, um Cruz e Souza") são regidos pelo décimo terceiro signo do zodíaco, provavelmente para creditar aos poetas um poder mágico de cura – da alma[6].

Marco Tulio de Rose lembra que o poeta, ao comentar sobre sua origem urbana para justificar porque sua poesia era urbana, repetiu um texto constante do *Caderno H*: "O mal dos que estudam as superstições é não acreditarem nelas. Isso os torna tão suspeitos para tratar do assunto como um biologista que não acreditasse em micróbios"[7]. Talvez a ideia fosse dizer que se sua poesia fosse rural, não seria verdadeira, mas a frase serve para demonstrar, pelo menos, o respeito a certas superstições.

3 *Velório sem defunto.*

4 Loteria, *A vaca e o hipogrifo.*

5 *Esconderijos do tempo.*

6 Como se sabe, o zodíaco tem doze signos. As constelações são treze (ou são compostas por 13 regiões) porque a astronomia reconhece uma 13.ª constelação desde 1952 e a denominou como Ofiúco (de 30 de novembro a 17 de dezembro). Na mitologia grega essa constelação representa Esculápio, o deus da Medicina, deus da cura, desde quando viu uma serpente curar a outra com ervas. Por isso, seu símbolo e o da Medicina são duas serpentes (DUARTE, Paulo Araújo; disponível em: https://planetario.ufsc.br/a-polemica-do-13%C2%BA-signo/. Acesso em: 30/04/2022).

7 Folclore, *Da preguiça como método de trabalho.*

4.

Uma família burguesa e maragata

MARIO QUINTANA FOI o terceiro filho do casal Celso de Oliveira Quintana (1863–1927, natural de Cuiabá–MT) e Virginia de Miranda Quintana (1863–1926). Ele brincava dizendo ser filho de Freud com a rainha Vitória[1]. O pai foi farmacêutico, formado no Rio de Janeiro pela Faculdade de Medicina do Rio de Janeiro, em 10/04/1886, e proprietário de uma farmácia situada no andar térreo da casa em que viviam, em Alegrete, já retratado anteriormente. Foi proeminente em Alegrete, sendo um dos fundadores da Associação Comercial e exerceu o cargo de 2.º Tesoureiro, bem como fundador, da loja maçônica Luz e Verdade, em 1.º/06/1898. A mãe era professora de francês e fora educada no Uruguai. Os pais sempre leram muito para os filhos e os ensinaram outras línguas. Toda a família gostava de poesia.

Entre as recordações mais importantes de sua infância estão as leituras que seus pais faziam de obras literárias, às quais Quintana reputou de grande importância para sua obra poética, como declarou em entrevista:

> Porém, mais remota do que a presença de Antônio Nobre está, entre as recordações da infância, a voz grave e pausada de meu pai a recitar-me o episódio do Gigante Adamastor. Aquele ritmo severo ensinava-me a profundidade da poesia e até hoje me assombra aquele verso: "Que o

1 SSÓ, Ernani, *in* FONSECA, Juarez. *Ora bolas* – o humor de Mario Quintana. Floresta: L&PM Editores, 2006.

> menor mal de todos seja a morte". Em compensação minha mãe, educada no Uruguai, recitava-me Espronceda e Becquer: "Ya se van las oscuras golondrinas". A par disso aprendi a ler muito cedo, sem quase saber que estava lendo. E ouso afirmar que as verdadeiras influências na minha formação foram Camões e *O Tico-Tico*.

O Tico-Tico era uma revista infantil; mais adiante falaremos dela. A seguir, uma foto do poeta com os pais e a sobrinha Zilda:

A sua recordação mais remota foi a passagem do cometa Halley, quando tinha 4 anos: "nem sabia que o clarão no céu era um cometa". Depois, dedicou-lhe a poesia "Cavalo celestial".

Virginia engravidou onze vezes, contudo apenas quatro filhos sobreviveram: Milton (1894–1968), Marieta (1896–1978), o mais novo, Celso, que morreu ainda criança, e Mario, em 1906. Todos nasceram em Alegrete. Entre o nascimento de Mario e o de Milton havia doze anos de diferença. As mortes dos demais filhos e a de Celso possivelmente foram em razão de uma doença hemolítica, hoje identificada como eritroblastose fetal, que é a incompatibilidade entre o sangue da mãe (Virginia tinha fator RH negativo) e o do bebê, podendo causar anemia, danos cerebrais, insuficiência cardíaca e hepática, e até a morte do bebê ou da criança.

Milton formou-se em Engenharia Agrônoma em Piracicaba–SP, em 1915, onde conheceu a esposa, Diva Nogueira. Depois de formado, foi morar em Alegrete e trabalhou na farmácia do pai. Em 1940, passou a trabalhar no Instituto de Agronomia em São Gabriel–RS e, em 1948, na Secretaria de Agricultura do Rio Grande do Sul, em Porto Alegre, onde se aposentou e viveu até o seu falecimento. Teve seis filhos: Zilda (que aparece na fotografia), Zaira, Lúcia Ligia, Celso (nome recorrente na família), Maria e Diva.

Foi o maior amigo e incentivador da carreira literária de Mario Quintana. Numa entrevista um ano após a morte do irmão, o poeta disse: “Foi meu melhor amigo, não apenas irmão”. A entrevistadora registrou que o poeta se expressou com “visível dificuldade” e fez silêncio em seguida. Foi este irmão que lhe ensinou a metrificar os versos.

Marieta casou-se com Attila Soares Leães, pecuarista, também de Alegrete, membro do Partido Libertador. Teve quatro filhos: Ilza, Virginia, Celso e Ana. Foi consagrada como rainha do Club Gaulez, no Carnaval de 1913, e também integrou a Cruz Vermelha quando do combate da ponte de Ibirapuitã. Ela se dedicava às artes plásticas e chegou a pintar Mario Quintana, ainda criança, mas já fumando, hábito que manteve por quase toda a sua vida. Marieta faleceu em 1978.

A seguir, o quadro[2] pintado por ela:

O avô paterno foi o capitão-médico Cândido Manoel de Oliveira Quintana, nascido no Rio de Janeiro e filho de Domingos Manoel de Oliveira Quintana, nascido na Bahia, e Cândida Angélica da Nóbrega, nascida no Rio de Janeiro. Foi considerado um herói pelo episódio da Retirada da Laguna, na Guerra do Paraguai. Casou-se com Maria Constância das Mercês.

Há uma biografia de seu avô escrita pelo general Alberto Martins da Silva, que reproduziu sua foto e sintetizou sua vida da seguinte maneira:

> O capitão-médico Cândido Mariano de Oliveira Quintana, herói da retirada da Laguna, nascido no Rio de Janeiro, no ano de 1829, foi integrante da Coluna Expedicionária formada para combater a invasão paraguaia no Mato Grosso, participando da famosa Retirada da Laguna. Enfrentou, na longa caminhada, a fome, as doenças e a falta de medicamentos, com coragem, estoicismo e patriotismo. Na vida civil radicou-se em Alegrete, tendo sido o tronco de grande família que ali construiu. Hoje seus restos mortais repousam no Monumento aos Heróis de Laguna e Dourados, na cidade do Rio de Janeiro.

2 Fotografia do quadro gentilmente cedida por Ciro Motta Leães.

Cláudio Moreira Bento também escreveu um artigo sobre o avô paterno do poeta:

> Ele e o capitão-médico dr. Manoel de Aragão Gesteira, ao lado do qual foram depositados seus restos mortais no Monumento aos Heróis de Laguna e Dourados, na Praia Vermelha, no Rio, foram os dois heróis que resistiram até o fim da Retirada, dos doze médicos que iniciaram aquela operação militar, imortalizada internacionalmente, em francês, na pena de Alfredo de Taunay. Eles prestaram desvelada e comovente assistência aos coléricos da coluna... Terminada a Guerra, o capitão Manoel Quintana chegou em Alegrete incorporado ao 3.º Regimento de Cavalaria, Unidade Militar que, terminada a Guerra do Paraguai, lá permaneceu até 1876 e que, por transformações, fusões e denominações posteriores, aquartelado em Jaguarão, resultou no atual Regimento Osório, de Porto Alegre. O dr. Quintana passou a residir e a trabalhar na Enfermaria Militar de Alegrete, ali vivendo até falecer, onde deixou sua descendência e, nela, o hoje seu neto famoso Mario Quintana.

No acervo das correspondências do poeta, consta uma carta, de 25/11/1971, mandada escrever pelo brigadeiro Gerardo Magella Bijos, presidente da Academia Brasileira de Medicina Militar, cumprindo moção do IV Congresso Brasileiro de Medicina Militar em São Paulo, em que solicita a autorização de Mario Quintana para trasladar os restos mortais do seu avô para a cripta do Monumento dos Heróis de Laguna e Dourados, na Praia Vermelha, no Rio de Janeiro, o que foi efetivamente feito em 1978 com a concordância da família. Bento registrou o translado e narra que Mario acompanhou todo o percurso, representando a família:

> E o poeta acompanhou todo o cerimonial de translado desde Alegrete, passando por Porto Alegre, até o Rio de Janeiro, a bordo de um avião da FAB. E se hospedou com toda a comissão encarregada do trabalho no Hotel do Clube Militar na Lagoa, tendo mencionado que possuía grande orgulho da participação do avô na Retirada da Laguna, mas que até então desconhecia a sua consagração pelo Exército Brasileiro como um de seus heróis.

Na foto, da esquerda para a direita, o terceiro é o poeta Mario Quintana, representando a sua família no translado de seu avô, herói da

> Retirada da Laguna, cuja urna com seus restos mortais está à frente do general José Pinto, presidente da cerimônia e comandante do 1.º Exército, atual Comando Militar do Leste e ex-presidente do Clube Militar. No fundo, dos quatro oficiais, o segundo é o historiador do Serviço de Saúde do Exército, Alberto Martins da Silva, então major-médico e hoje general e acadêmico da Academia de História Militar Terrestre do Brasil (AHIMTB), onde inaugurou a cadeira do acadêmico da Academia Brasileira de Letras (ABL), e seu coestaduano da Paraíba, general Aurélio de Lyra Tavares.
> O translado contou com todo o apoio da Escola de Comando e Estado-Maior do Exército, sob comando do general Ivan de Souza Mendes, e foi idealizada, planejada e conduzida pelo major-médico dr. Alberto Martins, aluno da Escola de Altos Estudos Militares e hoje general e historiador do Serviço de Saúde do Exército e acadêmico da Academia de História Militar Terrestre do Brasil (AHIMTB), onde ocupa a cadeira do general Aurélio de Lyra Tavares. Este foi ministro do Exército, embaixador do Brasil na França e acadêmico da ABL; certa feita, foi visitado pelo poeta em campanha para ingressar na citada academia.

Cândido Manoel teve apenas um filho, que foi o pai do poeta. Em 1880, ele foi eleito presidente da Câmara de Vereadores de Alegrete. Atualmente, o avô é nome de uma importante via em Alegrete, a Rua Dr. Quintana. Engraçado que o poeta escreveu certa vez: "Essa coisa de a gente virar rua é uma forma pública de anonimato"[3].

Na árvore genealógica do poeta, consta também um bisavô holandês pela linha materna, de quem Mario teria herdado os olhos azuis, como ele próprio esclareceu numa entrevista, na qual deu uma resposta bem-humorada: "De meu bisavô holandês Van Ritter, morto num naufrágio como bom holandês". Ele gostava de provocar a família de origem burguesa, dizendo nos almoços de família, aos domingos, que os avós holandeses eram piratas, e dava gargalhadas depois, segundo Paula Biazus, sobrinha-bisneta.

O casal Van Ritter emigrou da Holanda em dois navios corsários – provavelmente os navios faziam saques em outras embarcações e se diri-

3 Placas, *Caderno H*.

giam ao México para saquear prata. Os homens viajavam na embarcação da frente, que ia carregada de pólvora, enquanto as mulheres seguiam na de trás. Em dado momento da viagem, o navio com os homens explodiu e todos morreram. Provavelmente com o choque pela perda do marido, a senhora Van Ritter, que estava grávida, iniciou o trabalho de parto e deu à luz um menino, registrado a bordo com o nome de Eduardo Jorge Van Ritter, de nacionalidade brasileira. Ele veio a se casar com Serafina Muniz da Câmara Palma, com quem teve a filha Virginia Palma de Miranda, mãe de Mario Quintana. Dos bisavós holandeses a família ainda guardaria uma *pietà* esculpida em bloco único em madeira, no entanto, não encontramos registro da existência dessa obra na atualidade.

Eduardo Jorge também era médico e serviu na Guerra do Paraguai, assim como o avô paterno. Seu sogro, José Maria de Moraes Palma, também foi militar, chegando à patente de coronel. Com certeza Eduardo Jorge também tinha olhos azuis, que transmitiu a Virginia, e essa teria transmitido ao poeta. Como o gene de olhos claros é recessivo, alguém da família paterna também deveria possuir o mesmo gene. Interessante é que Eduardo Jorge passou a assinar Eduardo Jorge de Miranda, vindo daí o sobrenome Miranda da família do poeta; não fosse isso, ele teria sido Mario Van Ritter Quintana.

Já o sobrenome paterno Quintana veio provavelmente de algum ascendente espanhol. É um patronímico comum no norte da Espanha, especialmente na Catalunha e no País Basco. Sua origem talvez venha do regime feudal, época em que designava a pessoa que trabalhava como servo na terra do senhor feudal e pagava um quinto da colheita (uma quinta).

A árvore genealógica do poeta está sintetizada a seguir:

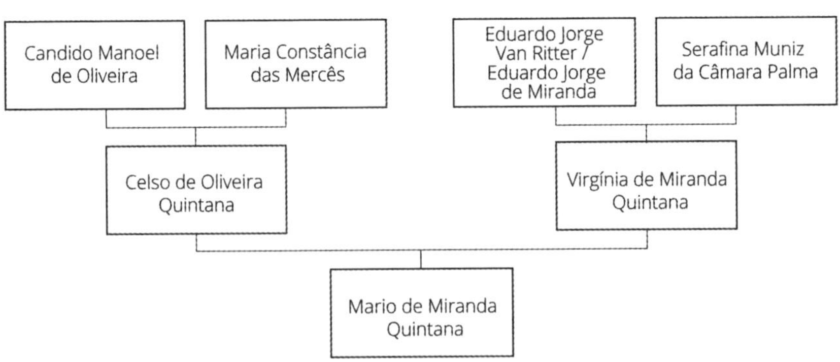

Segundo o próprio Mario, o ambiente em sua casa era propício à cultura, especialmente à literatura francesa. Em entrevista, ele defendeu o valor da cultura francesa:

> Não esquecer que minha infância se passou na *Belle Époque*, quando até os americanos sabiam falar francês. Tenho uma amiga que foi para a Alemanha apenas sabendo francês. Como eu lhe observasse que era pouco, ela respondeu: "Não vale a pena conhecer alemães que não saibam francês". Aproveito a ocasião para lançar o meu protesto contra essa ideia de tirarem a língua francesa do currículo escolar. O que devemos à França não é a cultura francesa, é a cultura universal. Toda obra, para universalizar-se, teria de passar pelos tradutores franceses. Se não fosse a França o mundo ocidental teria perdido Dostoievsky. Imagine você o que teríamos de conhecimento da alma humana se não conhecêssemos Dostoiévski. Nada. Ou quase nada. Pois me lembrei agora de Shakespeare. Mas a minha queixa é contra os americanos. Já disse e repito que, se há males que vêm para o bem, há bens que vêm para o mal. Exemplo: os Estados Unidos ganharam a guerra. Resultado: o povo, em geral, só lê os *best-sellers* americanos que eles nos impingem. São tão ruins que chego a acreditar que sejam apenas literatura de exportação. Enquanto isto, os livros brasileiros bons não são reeditados. Nem são reeditadas as traduções de bons livros estrangeiros. Onde está, por exemplo, a minha tradução de *Poeira*, de Rosamond Lehman, o meu *Sparkenbrook*, de Charles Morgan?

Na *Belle Époque*, a burguesia e as classes média e alta francesas conquistaram poder de compra maior, o que contribuiu para o surgimento do sistema capitalista na França, tornando-se um dos principais centros de consumo mundial. Paris ficou conhecida como "cidade luz", quando a Torre Eiffel foi utilizada como símbolo de iluminação, desenvolvimento e prosperidade do povo francês.

Quintana depois voltou a explicar como era o ambiente familiar e comprovar a importância do idioma francês e da França em sua casa: "Meu pai foi conspirador da Revolução de 23. Então, para os criados (aquele era um tempo de vacas gordas em que a casa vivia cheia de criados, agregados e tias velhas) não entenderem as conspirações e também as coisas íntimas, falava-se em francês". Esses eram os valores, portanto, que a família Quintana perseguia. O próprio poeta a define como uma típica família burguesa daqueles tempos. Nessa entrevista ele disse ainda que a revolução foi toda tramada em francês, pois seus líderes falavam normalmente o idioma.

Temos que voltar brevemente para a revolução de 1923 para entender a dinâmica familiar que engendrou a personalidade de Quintana. Se antes da Proclamação da República havia intensa luta política no Rio Grande entre os grupos políticos que defendiam, de um lado, maior autonomia em relação ao Império (os federalistas) e, do outro, que defendiam a centralidade política, após a República a luta política fez eclodir a Revolução Libertadora (1923), e foi travada entre os republicanos (chimangos, de lenços brancos) e os federalistas (maragatos, de lenços vermelhos). Mais uma vez, os federalistas se insurgiam contra o poder central e contra a falta de apoio ao setor pecuário gaúcho por parte do governo central. A supremacia militar republicana, sob a liderança do presidente do Estado, Júlio de Castilhos, prevaleceu. Ele foi sucedido por Borges de Medeiros, que governou durante 25 anos por meio de sucessivas eleições, supostamente fraudadas.

Pois bem, a família de Mario Quintana era maragata. Ele próprio o revelou: "Naquele tempo, já se nascia maragato". Portanto, sua família conspirava contra o governo da província e, para não correr o risco de ser denunciada pelos empregados, conversavam em francês em casa.

Embora tenha saído de casa em 1919 para estudar em Porto Alegre, Mario Quintana tinha 17 anos quando eclodiu a Revolução Libertadora de 1923. Há registros históricos de tiroteios em Porto Alegre nesse período. O poeta, então um cadete, deve ter assistido ou ouvido seus professores comentarem sobre a marcha da revolta.

Esses fatos históricos e as escaramuças políticas, portanto, alcançaram a infância e a adolescência de Mario Quintana. Sua família viveu sob a opressão dos governos estaduais de Júlio de Castilhos e de Borges de Medeiros; o primeiro morrera três anos antes do nascimento de Quintana, porém o segundo assumiria o governo com idêntica mão de ferro. Um ano depois de seu nascimento, ou seja, em 1907, surgiu a chamada Geração de 30, que dominaria a política local e, no futuro, assumiria o governo federal com Getúlio Vargas.

O que queremos pontuar com essa breve incursão política é que sua infância e sua adolescência, assim como o histórico de sua família, foram indelevelmente marcados por intensas lutas políticas e até revoluções, e ainda, num período anterior durante o Império, pelas guerras com os países vizinhos para afirmação das fronteiras brasileiras.

5.

Um menino de aquário

MARIO QUINTANA ERA muito reservado com relação à sua infância. Em uma entrevista em agosto de 1976, ao ser instado a falar sobre ela em Alegrete, respondeu: "Por quê? Foi igual à dos outros. A diferença é que aparece transfigurada em minha poesia". No entanto, é possível imaginar que haja alguma diferença entre a sua infância e a dos outros de sua geração.

Em um de seus textos poéticos, de 1977, escreveu:

> Eu fui um menino por trás de uma vidraça – um menino de aquário. Via o mundo passar como numa tela cinematográfica, mas que repetia sempre as mesmas personagens. Tudo tão chato que o desenrolar da rua acabava me parecendo apenas em preto e branco, como nos filmes daquele tempo...[1]

Esse texto foi confirmado em mais de uma entrevista:

> Não sei se tive infância. Fui um menino doente, por trás de uma janela. Creio que foi a ele que eu dediquei depois um soneto de *A rua dos cataventos*. O meu "elemento" era a poesia. Comecei a ser poeta como um cachorro que cai n'água e não sabia que sabia nadar. (Sabia.) E o meio familiar ajudou. Tanto meu pai e minha mãe, como meus irmãos Milton e Marieta, a quem dediquei meu primeiro livro, gostavam de

1 Confessional, *A vaca e o hipogrifo*.

> poesia. Nunca tive a clássica incompreensão da família, de que tanto se vangloriam alguns poetas. Aliás, foi meu próprio irmão Milton, quinze[2] anos mais velho do que eu, quem me ensinou a metrificar. Como tive a infância muito presa, devido à precariedade da saúde, quando pude, soltei-me no mundo. Um choque. Fui criado num aviário e solto num potreiro. Daí talvez a explicação da minha posterior e prolongada boemia.

Em outra entrevista: "Eu tive uma infância muito presa, devido à precariedade da saúde... Fui um menino doente, por trás da janela...".

Em prosa, ele comentou sobre a infância em duas passagens do *Caderno H.* Na primeira, perguntou e logo respondeu: "Mas por que falas tanto da infância em teus poemas? Porque eu nunca tive infância"[3]. Na segunda, transcreveu uma resposta dada em uma entrevista: "Se a infância ajudou o poeta? Sim, o menino faz parte do adulto..."[4]. Essa frase também consta de *Cronologia*[5], na qual acrescenta: "temos todas as idades ao mesmo tempo".

Dizia também que fora um menino azul, porque sua pele era clara devido à ausência do sol da rua e deixava transparecer as veias.

Ele não teve infância, supostamente por conta de uma doença decorrente da incompatibilidade do sangue da mãe com o do feto. Mario tomava Gardenal, da família dos barbitúricos, indicado para o tratamento da epilepsia[6], doença que pode vir de um traumatismo craniano ou de má formação do cérebro. Com efeito, Sandra Ritzel assistiu a uma convulsão do poeta e teve de chamar uma ambulância para levá-lo ao hospital. Talvez por todas essas limitações ele tenha sido um menino tímido, calado, andando pelos cantos, como descrevem os antigos amigos referidos por Tabajara Ruas.

Ele voltou ao tema da sua educação familiar e da *Belle Époque* em mais uma entrevista:

---

2 Um erro de cálculo de Mario, pois ele nasceu em 1906 e Milton em 1894, portanto doze anos de diferença.

3 Diálogo crítico, *Caderno H.*

4 O menino Jesus e outros meninos, *Caderno H.*

5 *Da preguiça como método de trabalho.*

6 "A causa pode ser uma lesão congênita (presente ao nascimento) ou adquirida no cérebro, decorrente de várias coisas, por exemplo, batida forte na cabeça (geralmente com sangramento intracraniano), infecção (meningite, encefalite, neurocisticercose, etc), abuso de bebidas alcoólicas ou drogas, etc. Às vezes, pode ser causada por algum problema que ocorreu antes ou durante o parto. Malformações do cérebro, tanto das estruturas cerebrais propriamente ditas quanto dos vasos sanguíneos no seu interior podem estar presentes desde a formação do feto nos primeiros meses de gestação e podem causar crises epilépticas em uma determinada época da vida. Muitas vezes não é possível conhecer as causas que dão origem à epilepsia e nestes casos consideramos a epilepsia de causa desconhecida" (Associação Brasileira de Epilepsia; disponível em: https://epilepsiabrasil.org.br/duvidas-frequentes; acesso em: 6/09/2022).

> Disse que minha infância transcorreu na *Belle Époque*, mas isso implica uma disciplina vitoriana em matéria de educação. Como eu era o caçula, todos me observavam, me aconselhavam, me dirigiam. Havia um mundaréu de coisas que não se podia dizer, que não se podia fazer. A tragédia dos da minha geração é que nascemos e fomos criados numa casa de intolerância... Era um mundo paralelo. Meus pais, embora lhes agradassem meus poemas, temiam a "vida de poeta". Seria bom você ler, em *Apontamentos de história sobrenatural*, "O velho e o espelho", em que se nota a comovente tragédia pai-filho. Mesmo depois que vim para um internato em Porto Alegre, notei que certo bedel interessava-se muito pelo que eu fazia. Desconfiei. Preguei-lhe algumas mentiras. E, nas férias seguintes, meu pai me falou daqueles inocentes pecadilhos inventados. Na adolescência, como sempre fui eu mesmo, queriam saber de onde é que eu tirava "aquelas ideias". Tempos depois, vim a saber que meu pai fora à Biblioteca Pública do Estado informar-se sobre que livros eu lia. Consultado o fichário, verificou-se que as minhas leituras, feitas nas tardes e noites de sábado, eram os novelistas russos, os poetas simbolistas franceses, as revistas de arte europeias. Dessas e de outras leituras formativas, falo eu a páginas tantas de *A vaca e o hipogrifo*, creio que para me desculpar de certas acusações de europeísmo. Puxa! É o diabo ser diferente! Certa vez, numa redação, escrevi eu: "Vasco da Gama transportou as Colunas de Hércules para a Índia". Creio que o professor morreu sem acreditar que a imagem fosse minha mesmo.

A poesia citada – "O velho e o espelho" – contém os seguintes versos que retratam o relacionamento entre pai e filho:

> E os teus planos enfim lá se foram por terra.
> Mas sei que vi, um dia – a longa, a inútil guerra –
> Vi sorrir, nesses cansados olhos, um orgulho triste.

O pai é citado também em outro poema muito bonito:

> Porque há nas tuas mãos, meu velho pai, essa beleza que se chama simplesmente vida.

> E, ao entardecer, quando elas repousam nos braços da tua cadeira predileta,
> uma luz parece vir de dentro delas...
> Virá dessa chama que pouco a pouco, longamente, vieste alimentando na terrível solidão do mundo,
> como quem junta uns gravetos e tenta acendê-los contra o vento?...
> Ah! como os fizeste arder, fulgir, com o milagre das tuas mãos!...[7]

Cita-o, também, como o velho farmacêutico:

> Sentados à porta
> – dois santos, dois mágicos, dois sábios –
> Meu velho Tio Libório e o velho farmacêutico
> propunham-se e compunham charadas...[8]

Com certeza, se vivesse mais, seu pai teria orgulho do poeta, mas faleceu sem o ver brilhar na literatura, embora tenha visto-o vencendo seu primeiro concurso literário, cerca de um ano antes de morrer.

Essa infância tolhida pelas condições físicas justifica o que dissemos sobre a sua ambiência em Alegrete: a cidade seria retratada pela janela de sua casa. O que também justifica certo sentimento de enfado e da passagem do tempo que algumas de suas poesias revelam principalmente na sua segunda obra, *Canções*, mais próxima temporalmente da sua infância: "Minha vida não foi um romance... Pobre vida... passou sem enredo..."[9]. Daí a janela (de sua casa?) surgir como uma janela morta: "Ao longo das janelas mortas/ Meu passo bate as calçadas..."[10].

A infância em Alegrete, com sua praça, o coreto, o quiosque onde o menino comprava revistas, as paixões também foram objeto da poesia "Bola de cristal"[11], em que o poeta, já adulto, se despede do "pobre menino, aí sozinho": "Sonha, menino triste... só o teu sonho é que existe". Essa fase marcou profundamente Mario Quintada e aparece *transfigurada* em sua obra.

7 As mãos de meu pai, *Antologia poética* e *Esconderijos do tempo*.
8 Crônica, *Esconderijos do tempo*.
9 Canção para uma valsa lenta.
10 Ao longo das janelas mortas, *Aprendiz de feiticeiro*.
11 *A cor do invisível*.

No aniversário de 95 anos do jornal *Correio do Povo*, ele disse que aprendeu a ler com o pai, lendo as manchetes do jornal. Consta que, em 1914, por volta dos 8 anos, já sabendo ler, começou a estudar na Escola Elementar Mista de Dona Mimi Contino e, em 1915, foi transferido para a escola do professor português Antonio Cabral Beirão, onde concluiu o primário, sendo depois matriculado no Colégio Militar em Porto Alegre, em 1919.

> No colégio de D. Mimi, aconteceu uma coisa engraçada. Atrás, ficavam as meninas. Nas filas da frente, os guris. Quando um guri não sabia a lição, D. Mimi botava para trás a fazer tricô. Era a maior vergonha das nossas vidas. Mas eu aprendi a fazer trancinha, o que sei até hoje.

A história bem revela o machismo daqueles tempos. Certamente, hoje D. Mimi não agiria da mesma maneira. E talvez Quintana nem a contasse sem contrapor alguma censura ao machismo.

A professora Mimi era, oficialmente, Zulmira Barreto da Rocha, nomeada professora pública em maio de 1905, então com 17 anos, sendo logo enviada para Alegrete para lecionar, o que revela, por outro lado, o desprendimento da professora naqueles tempos difíceis.

Em uma das escolas que frequentou, Mario foi aluno do professor de redação Major Ribeiro, que lia somente a primeira página das redações dos alunos. Talvez com este professor Quintana tenha aprendido a lição da síntese, da concisão, que soube aplicar magistralmente em sua obra.

6.

O cadete vira poeta

EM 1919, MARIO Quintana mudou-se para Porto Alegre para ingressar no Colégio Militar (CMPA). A cidade era muito diferente da atual. Theodomiro Tostes e Paulo de Gouvêa, amigos inseparáveis desde criança e que tinham amigos em comum com Mario Quintana, a descrevem em detalhes, inclusive a sua vida cultural e política. Com menos de 500 mil habitantes, tudo girava em torno da Praça da Matriz – de 1753, mas desde 1889 até hoje seu nome oficial é Praça Marechal Deodoro – e duas quadras abaixo, pela Rua da Ladeira – cujo nome oficial é Rua General Câmara –, indo dar na Rua da Praia – hoje Rua dos Andradas. O restante da cidade se espalhava esparsamente.

A Praça da Matriz era dominada pela velha Igreja Matriz, demolida por volta de 1914 para dar lugar à Catedral Metropolitana de Porto Alegre. Nesse mesmo ano, a praça ganhou um Monumento a Júlio de Castilhos, com seus dois cachorros de bronze, um dragão que subia a escada e uma porção de alegorias evocando a coragem, a prudência, a educação e o civismo. Sob as esculturas, há uma platibanda que a população chamava de Redondo. Ali se iniciavam os romances: as moças ficavam sentadas na platibanda, enquanto os moços faziam a volta na estátua.

Mais abaixo, ficavam os belos prédios do Theatro São Pedro e o tribunal, destruído pelo fogo em 1949, mas substituído pelo prédio atual. Atrás deles está a Biblioteca Pública.

O Theatro São Pedro tinha poltronas de veludo, camarotes com varandas entrefechadas por grades e o camarote presidencial com poltronas douradas. No teto, em torno do lustre, havia retratos de compositores com frases musicais. O pano de boca era o vermelho tradicional. Lá se apresentavam companhias de comédias, entre as quais uma que trouxe o famoso ator português Chaby Pinheiro, óperas italianas e operetas vienenses, as mais prestigiadas. Algum tempo depois apareceram também as "declamadoras".

Os jovens e os adolescentes do Colégio Anchieta, vizinho à Praça, frequentavam o Theatro com regularidade. Muitos também iam ao Tribunal assistir aos debates acalorados. E todos se socorriam na Biblioteca Pública.

Era na Rua da Praia que a cidade pulsava, com seus bondes da companhia Carris que a cruzavam de um ponto ao outro. Lá ficavam os bares, e nas calçadas passeavam moças e rapazes, estes com chapéus de veludo ou de feltro, alguns de bengala e os mais pobres com as mãos nos bolsos.

Na esquina com a Ladeira, havia o Café-Confeitaria Colombo, frequentado por um grupo de jovens literatos e boêmios que viria a fazer sucesso posteriormente. Muitos deles vieram a se tornar amigos de Quintana, alguns anos depois, como Paulo de Gouvêa, Athos Damasceno e Augusto Meyer. O térreo da Colombo era comandado por Schmidt. O café era dirigido pelo genro, o português Romba. Na sala superior o ambiente era mais familiar, frequentado por mulheres após o *footing* e, no fundo dela, a orquestra de Gnatalli. O decano dos garçons era o Santos. O grupo de literatos não ia só tomar café, mas também chope.

Havia também o Antonello na mesma Rua da Praia, frequentado pelo mesmo grupo boêmio referido anteriormente. Dirigido pelos irmãos Antonello, a música de vitrola tocava sem parar, com gêneros musicais variados, desde uma ária italiana até o maxixe. Mas o atrativo principal do bar eram as garçonetes. O bar era descrito como democrático, pluripartidário, com gente de todas as tendências, falando todas as línguas, de raças e tipos diferentes.

Descendo a Rua Uruguai – antiga Rua do Comércio – chega-se à Praça XV de Novembro e ao famoso Chalé da Praça XV (de 1885), citado tantas vezes por Quintana, que os literatos boêmios também frequentavam e onde a vedete era o chope tirado dos barris pelo próprio dono, Fritz. A parafernália usada por Fritz para tirar o chopp do barril está até hoje em exposição no Chalé. A música ao vivo era comandada por Heinz Bittenhader e seu trio, com Petizo no violino e Moreira no violoncelo. Heinz era suíço do cantão alemão e seu trio tocava Schubert, Schumann e Wagner. O garçom mais popular era o Jacó. No Chalé, as conversas eram em alemão e português.

Outro bar frequentado pelos literatos era o Zitter Franz, cujo proprietário tinha esse mesmo nome. Era alemão e tocava velhas canções alemãs na cítara. Quando ele queria fechar o bar à noite, o grupo resistia e cantava a Marselhesa.

Na mesma Praça da Matriz havia a zona do meretrício, entre a Rua Jerônimo Coelho até a Rua da Ponte, entre pensões e bordéis.

Vir a Porto Alegre e não dar presença no cabaré Clube dos Caçadores tirava qualquer justificativa da viagem. Havia jogos, artistas e as bailarinas de salão muito bem selecionadas; eram espanholas, francesas, italianas, eslavas, castelhanas e algumas brasileiras. A orquestra era regida por Roberto Eggers.

Os cinemas eram o Central, o Guarani, o Carlos Gomes, o Apolo, o Ipiranga, o Tália e o Garibaldi e, em alguns deles, nos intervalos dos filmes mudos, apresentava-se o dueto Os Geraldos, formado por Geraldo, um preto elegante, alto e simpático, e sua companheira loira, cujo nome não aparecia nos cartazes.

Havia três grupos literários que floresceram em períodos muito próximos em Porto Alegre: o grupo da Praça da Caridade, o da Praça Harmonia – que foi parcialmente destruída para dar lugar ao porto – e o da Praça XV, que alcançavam duas gerações.

Esses jovens literatos batiam ponto na frente da Livraria do Globo, aonde iam ávidos buscar literatura estrangeira e brasileira. Falavam mais de literatura do que hoje se fala de futebol, segundo Theodomiro. Também frequentavam as livrarias Universal e Americana, mas a mais famosa era a do Globo, porque recebia autores jovens.

Havia cinco jornais naquela época que costumavam tocar uma sirene, quando havia uma notícia nova, a qual era também escrita a giz num quadro negro, na entrada do edifício. Três jornais dominavam: *Correio do Povo*, *Diário de Notícias* e *Federação*, conhecido como Federeca, por defender o governo do Partido Republicano Riograndense – de Borges de Medeiros e Flores da Cunha. Os menores eram o *Jornal da Manhã* e o *Última Hora*. No Chalé da Praça XV havia o *Deutsche Zeitung*, em alemão. Tudo era alardeado pelos pequenos jornaleiros, que vendiam os exemplares por dois tostões. Duas revistas também circulavam na cidade: *Máscara* e *Kodak*.

Essa era a efervescente cidade que Mario Quintana encontrou, tudo muito diferente de Alegrete. Logo ele que tinha sido aquele menino azul, que vivia num aquário.

Como dissemos anteriormente, o ingresso em escolas militares era uma tendência para qualquer jovem, especialmente os da fronteira, já aguerridos historicamente por tantas guerras externas e revoluções internas. Mario Quintana tinha ainda outro motivo: a influência da figura heroica de seus avôs militares, tanto paterno como materno, ambos com atuação destacada na Guerra do Paraguai, além de um bisavô militar – pai de sua avó Serafina.

Assim, aos 13 anos Mario ingressou no Colégio Militar de Porto Alegre (CMPA), conhecido como o Casarão da Várzea, localizado até hoje na Avenida José Bonifácio n.º 363, no bairro da Farroupilha. É um imponente prédio de estilo neoclássico, situado em frente ao Parque Farroupilha, conhecido também como Parque da Redenção, e que aparece assim em foto da época:

O Colégio integra a Diretoria de Educação Preparatória e Assistencial (DEPA) do Exército Brasileiro, formando, assim o Sistema Colégio Militar do Brasil (SCMB). Foi fundado em 1872 e se inspirou no pioneiro

Colégio Militar do Rio de Janeiro, criado para prestar assistência e acolhimento aos órfãos dos militares, de 9 a 13 anos. Aos poucos a instituição passou a receber alunos que não eram órfãos e também os filhos de militares vivos que quisessem seguir a educação militar.

Passaram pelo Casarão oito presidentes da República: João de Deus Menna Barreto – na verdade, membro de junta governativa após a deposição de Washington Luís –, Getúlio Dornelles Vargas, Eurico Gaspar Dutra, Humberto de Alencar Castelo Branco, Arthur da Costa e Silva, Emílio Garrastazu Médici, Ernesto Geisel e João Baptista de Oliveira Figueiredo. E, ainda, os vice-presidentes Adalberto Pereira dos Santos e Antônio Hamilton Martins Mourão. A lista se completa com um primeiro-ministro, Francisco de Paula Brochado da Rocha, durante um breve período em que o cargo existiu no Brasil, como exigência dos militares para permitirem que o vice-presidente eleito João Goulart tomasse posse como presidente da República.

Na época em que Quintana foi matriculado, o CMPA contava com cerca de 200 a 300 alunos, sendo dois terços órfãos de militares, isentos de mensalidade, e um terço de alunos não órfãos ou filhos de militares e que eram contribuintes. Quintana era neto de um herói militar e foi admitido aos 13 anos, após um exame de admissão realizado por uma comissão composta por três professores.

A grade curricular do CMPA no curso secundário, que durava seis anos, era composta pelas disciplinas: Português e Literatura; Francês, Inglês ou Alemão; Latim; Aritmética; Álgebra; Geometria e Trigonometria; Topografia e Legislação de terras; Física; Química; Astronomia; História universal; Cronografia e História do Brasil; Desenho; e Instrução moral, cívica e militar. Além dessas disciplinas teóricas, havia uma grande carga horária para atividades esportivas e militares que aperfeiçoassem as habilidades físicas como: educação física, natação, esgrima, cavalaria, artilharia e instrução militar. As aulas ocorriam de segunda a sábado, em regime de internato ou semi-internato.

A matriz teórica seguia a inspiração positivista, com um forte sentimento de patriotismo, inerente às instituições militares. Os alunos eram, em sua grande maioria, oriundos das elites e de cor branca, especialmente naquele terço de alunos contribuintes. Vestiam – vestem até hoje, na verdade – um traje que era motivo de chacota naqueles tempos, por ser parecido com o dos baleiros dos cinemas de Porto Alegre:

Mas também vestiam um traje mais formal, como o que Mario Quintana usa na fotografia a seguir:

Como é intuitivo, o Colégio Militar buscava incutir nos seus cadetes a disciplina militar, a valorização do vigor físico, o sentimento de nacionalismo/patriotismo e também desenvolver as habilidades intelectuais sob o viés do positivismo. Os cadetes, portanto, eram forjados para serem guerreiros, como deixa transparecer o hino do CMPA:

Somos espadas de um povo altaneiro,
Somos escudos de grande nação,
Em nossos passos marcham guerreiros
Avança a glória num pendão.
Na nossa escola forja-se a grandeza,
Temos no peito amor juvenil,
Em nossas cores toda a natureza,
Nós somos filhos do Brasil.
Salve o Brasil, CMPA!
Salve o Brasil, CMPA!
No valor dos nossos avós,
Salve o Brasil, CMPA!
Salve o Brasil, CMPA!
Na bravura dos nossos heróis.

Pode ser que Quintana tenha cantado este hino muitas vezes. Porém, ele não teve muito sucesso na empreitada de tornar-se militar, pois foi reprovado várias vezes e sequer se formou, apesar de lá permanecer por quase cinco anos. Ele explica por que não foi bem nos estudos:

> Quando estudava no Colégio Militar (em Porto Alegre) só estudava português, francês e história. O resto absolutamente não me interessava. Era sempre reprovado em matemática porque só assinava as provas. Afinal de contas, o que eu tinha de ver com a raiz quadrada e outras bobagens? E a raiz cúbica então? O estudo da álgebra, sim, é interessante. A gente lida com letrinhas.

Seus assentamentos naquele estabelecimento foram examinados e narrados por Cláudio Moreira Bento, do qual extraímos o trecho a seguir:

> Nesta época, dos 13 aos 19 anos, de 1919 ao início de 1924, adolescente Mario Quintana cursou, como interno contribuinte, o Colégio Militar de Porto Alegre, no Casarão da Várzea. E ali acompanhou o desenvolvimento de um período revolucionário – as Revoluções de 1922, 1923 e 1924 – com fortes repercussões no corpo de alunos, e que envolveram expressivamente, como a de 23, duas vezes seu berço natal: Alegrete.

(...) Foi no Colégio Militar de Porto Alegre que o poeta iniciou sua carreira literária como colaborador de sua histórica revista *Hyloea*.
E no Colégio Militar de Porto Alegre ficaram os seguintes registros burocráticos de sua passagem por ali, em sua adolescência, segundo dados fornecidos pelo Museu Casarão da Várzea, através do citado coronel Caminha, professor de História daquele colégio militar:
Em 1.º de abril de 1919, satisfeitas as exigências regulamentares, Mario Miranda Quintana foi incluído no Colégio Militar de Porto Alegre como aluno interno contribuinte e classificado no primeiro ano. Em dezembro, nos exames finais, foi aprovado plenamente: com grau 8 em Francês, grau 7 em Português, grau 6 em Aritmética, e simplesmente com grau 5 em Geografia e Desenho, tudo no primeiro ano. Nos exames práticos foi aprovado plenamente com grau 7 em Ginástica – hoje Educação Física – e simplesmente com grau 4 em Infantaria. Em 1.º de abril de 1920, foi transferido da Primeira Companhia para a Segunda por conveniência do serviço. Em 20 de abril foi promovido a cabo de Esquadra de Infantaria, para o Batalhão Colegial. Em dezembro, nos exames finais, foi reprovado em Desenho e aprovado simplesmente com grau 4 em Português, Aritmética e Geografia. Em 1921, nos exames de segunda época foi reprovado em Desenho. Em setembro, a pedido de seu pai Celso de Oliveira Quintana, foi desligado do Colégio Militar. Em abril de 1922, foi reincluído como aluno interno contribuinte. Em dezembro, nos exames finais, foi reprovado em Álgebra e Geografia e aprovado plenamente com grau 4 em Aritmética e plenamente com grau 7 em Português e com grau 8 em Francês. Em março de 1923, nos exames de segunda época, foi reprovado em Álgebra e aprovado simplesmente com grau 5 em Geografia. Em dezembro, nos exames finais, foi reprovado em Álgebra do terceiro ano. Em 28 de janeiro de 1924, foi desligado do Colégio Militar de Porto Alegre, conforme pedido de seu correspondente.
Foram seus contemporâneos, de 1919 a 1923 no Colégio Militar, dois presidentes da República, Ernesto Geisel e Emílio Garrastazu Médici, e um vice-presidente, Adalberto Pereira dos Santos.
Um pouco antes de ele ingressar no Colégio Militar, ali se formaram os futuros presidentes Arthur da Costa e Silva e Humberto de Alencar Castelo Branco. O presidente Eurico Gaspar Dutra estudou um ano no

> Casarão da Várzea, ao tempo em que ali funcionava a Escola de Guerra. O presidente Getúlio Vargas não estudou no Casarão da Várzea e sim em Rio Pardo, na Escola Preparatória e Tática do Rio Pardo, na virada do século XIX para o século XX, conforme abordamos no livro *Escolas Militares de Rio Pardo* – 1856–1911 (Porto Alegre; AHIMTB/ IHTRGS. Metrópole, 2005), porém ali serviu como praça no 25.º BI, após ter sido desligado daquela Escola (...). Mario Quintana foi obrigado, por motivos de saúde, a desligar-se do Colégio Militar em janeiro de 1924.

Depois de reprovações sucessivas no Colégio Militar, ele foi desligado a pedido da família, em janeiro de 1924. Foram quase cinco anos de vida militar, em regime de internato, sem a obtenção do diploma correspondente. Apesar das reprovações e do desligamento, Bento conclui a narrativa enaltecendo o "espírito militar" de Quintana e afirmando que o Colégio Militar teria influenciado a sua vida.

Com efeito, o período de caserna influenciou bastante a sua vida, mas, surpreendentemente, não para a carreira militar, e sim para o mundo da literatura. Nos tempos livres, Quintana punha-se a ler, frequentar a Biblioteca Pública e passear pela Livraria do Globo e as outras. Ele conta que, depois do desastre de sua vida militar, seu pai buscou saber o que ele lia na biblioteca nas horas vagas e ficou surpreso com a qualidade da literatura consumida: literaturas francesa, russa, portuguesa e brasileira.

Mas não foi só esse tempo vago que facilitou a literatura. A vida na caserna levou um grupo de alunos, entre eles, Mario Quintana, a fundar a revista *Hyloea*, em 1922, uma publicação da Sociedade Cívica e Literária do Colégio Militar de Porto Alegre, espécie de grêmio estudantil fundado em 1912. Referida sociedade dedicava-se a promover torneios esportivos, bailes, festas e outras atividades culturais. O periódico supria a sociedade com atividades literárias e artísticas.

O primeiro presidente da *Hyloea* foi o aluno Heraclides Fontela e alguns dos diretores eram Mario Quintana, Vasco Prado, Jarbas Passarinho, Henrique Beckmann Filho, Adalberto Pereira dos Santos e Dirceu Araujo Nogueira.

Há duas versões para o nome da revista, mas, nas duas hipóteses, o nome foi inspirado no forte sentimento de nacionalismo daquele tempo.

Supostamente o nome seria uma homenagem à Floresta Amazônica, conhecida como hileia brasileira. Há outra versão, menos provável, de que a homenagem seria à Mata Atlântica. Seja como for, a homenagem seria à natureza.

A data e o nome da revista insinuam que o grupo de cadetes que a fundou estava influenciado pela Semana de Arte Moderna, que ocorreu no mesmo ano, e pelo resgate de temas nacionais que propunha o Modernismo. Naquele tempo era também comum nos meios militares o brado "a Amazônia é nossa", como oposição a uma suposta tentativa de internacionalizá-la. Mario Quintana tinha 16 anos quando ocorreu a Semana de Arte Moderna, no Teatro Municipal de São Paulo, entre 13 e 18 de fevereiro de 1922, e nesse ano ajudou a fundar a revista, integrando sua diretoria.

Ele já escrevia nesse tempo, porém estava imerso na poesia simbolista francesa e portuguesa. Na terra natal de Quintana, a imprensa de Alegrete sequer mencionou a Semana de Arte Moderna, que iria abalar a arte e a literatura brasileiras nos anos seguintes. Theodomiro Tostes, integrante desse grupo, disse que eles liam tudo que chegava a Porto Alegre, como Max Jacob, Apollinaire, André Salmon, Marinetti, Jean Cocteau; porém, o Modernismo chegou na cidade "com aquele jeito usado de artigo de segunda mão". E conclui que a onda modernista, no Rio Grande, foi um movimento mais caseiro, ou mais provinciano. O amigo Paulo de Gouvêa tem a mesma opinião: não houve no Rio Grande do Sul um movimento modernista, pois a formação intelectual do grupo de boêmios literatos era de origem francesa e os nomes que os modernistas seguiam já eram conhecidos dos gaúchos.

Luis Augusto Fischer não é da mesma opinião, pois a falsa ideia de que o Rio Grande do Sul produziu um "modernismo fraco" foi resultado da "historiografia paulistocêntrica", o que justifica a ausência de menção do poeta gaúcho Augusto Meyer e do prosador João Simões Lopes Neto dentre os primeiros modernistas.

Polêmicas à parte – que não devem ocupar mais espaço nesta biografia –, o fato concreto é que a *Hyloea* embarcou na moda modernista de olhar para as coisas do Brasil. Infelizmente, o primeiro número da revista se perdeu. Somente há registro do número 2 em diante, publicado em 1923; nesse ano foram publicados seis números, sendo que um também se perdeu. Não há registro, porém, de qualquer publicação sob o nome de Mario Quintana; muitos alunos publicavam sob pseudônimo, o que pode ser o caso. Os exemplares da revista estão sendo aos poucos digitalizados pelo CMPA, mas de trás para a frente, ou seja, os números iniciais da publicação vão ficar para mais tarde.

Em 1923, a revista lançou um concurso literário, mas não se sabe se Quintana concorreu, pois seu nome não constou como um dos premiados. E no ano em que Quintana se desligou do CMPA, 1924, nenhum número foi publicado.

Um exame dos números publicados naqueles primeiros anos, a partir de um trabalho de Patrícia Oliveira, pode comprovar um traço daquela sociedade majoritariamente elitista e machista que frequentava o CMPA. Por exemplo, numa edição de 1923, há um artigo intitulado "Cousas que encabulam", em que seu autor elencava, como uma dessas, "quando vem uma creola e se assenta ao nosso lado". Noutra, do mesmo ano, surge um artigo intitulado "O que se vê...", sobre os costumes, em que o autor discorre sobre o que não se deveria ver, segundo a moralidade da época. Em determinado trecho, em que criticava uma dançarina que se apresentava quase seminua, ele dizia que muitas vezes eram as mulheres que provocavam situações morais constrangedoras: "são ellas, em parte, que nos proporcionam tal facto".

7.

O jovem poeta pega em armas

DESLIGADO DO COLÉGIO Militar de Porto Alegre, ele não quis retornar a Alegrete e começou a trabalhar como caixeiro na Livraria do Globo, na Rua da Praia, que depois passou a ser editora – e foi adquirida, muitos anos depois, pelas Organizações Globo, em 1986 –, convidado por Mansueto Bernardi, um italiano que passou a gerenciá-la de 1916 a 1930.

A Livraria é um capítulo à parte na vida de Quintana e de Porto Alegre, tal a sua importância para a vida cultural de ambos. Foi criada em 1883 por Laudelino Pinheiro de Barcellos que, em 1890, contratou José Bertasso, de apenas 12 anos de idade, para ser faxineiro e atender no balcão da livraria; Bertasso se tornou seu proprietário em 1918. Observe-se que a função oferecida a Mario Quintana, de caixeiro, foi a mesma na qual iniciou Bertasso.

Com a chegada de Mansueto Bernardi, a livraria se lançou na editoração dos jovens autores gaúchos e chegou a ser uma das três maiores editoras do país, até começar a declinar a partir de 1948, ano da morte de José Bertasso, quando foi sucedido por Henrique Bertasso. Assim, quando Quintana começou a trabalhar na livraria, ela era, justamente, o ponto de ebulição literária de todo o Estado, não só de Porto Alegre. A fotografia seguinte mostra a livraria nesse tempo.

Mansueto era descrito como anfitrião amável, de alma cristã, suave no falar, fino. Não teve dúvida em acolher o jovem Quintana, que já frequentava a Livraria, lia de tudo e demonstrava sua paixão pela literatura. A passagem pela livraria, contudo, durou pouco: apenas três meses até que seu pai fosse buscá-lo. Ele conta como ocorreu isso:

> De nada adiantou o Mansueto Bernardi dizer que eu era um bom caixeiro e que gostava de livros. Meu pai ficou indignado. Imagina, o filho, um bom caixeiro. Ele era extraordinário, mas como todos os burgueses daquele tempo, queria um filho doutor. Ele disse: "Filho vagabundo, não te quero". E me botou a trabalhar na farmácia. Assim é que, durante algum tempo, fui prático de farmácia.

Entre Alegrete e Porto Alegre

Esse retorno a Alegrete também foi contado em entrevista: "O velho era um velho notável: 'já que você não quer estudar... vem trabalhar na farmácia comigo' e fui prático de farmácia durante 6 anos". Ele reconheceu a marca desse trabalho de farmacêutico na sua poesia: "Até hoje atribuo o extremo cuidado com a forma no manejo da poesia à idêntica cautela que tive como prático de farmácia".

Cerca de dois anos depois de seu retorno a Alegrete, em 1926, faleceu a sua mãe de câncer, após meses de convalescença. Para pagar as despesas com seu tratamento, o Solar dos Quintanas foi vendido, como referido anteriormente. Em 1927, faleceu seu pai, quando ele tinha cerca de 20 anos.

Portanto, após o seu retorno, conviveu com a mãe cerca de apenas dois anos e com o pai, cerca de três. Ele narrou o que sentiu com a perda de seu pai:

> Eu me vi sem saber o que fazer. O meu pai já estava sem dinheiro. Uma crise havia derrubado todo o mundo. (...) Então resolvi vir trabalhar no jornal *O Estado do Rio Grande*, com Raul Pilla. Afinal, como ele, eu era maragato. Naquele tempo, já se nascia maragato. Eu tenho belas recordações com Raul Pilla. Foi o maior patrão que eu tive.

O jornal, posteriormente, foi fechado por postar-se ao lado da Revolução Constitucionalista de 1932 e, portanto, ao lado dos paulistas e contra o governo Vargas. A ordem de fechamento do jornal partiu do presidente do estado, Flores da Cunha, interventor nomeado por Getúlio Vargas em 1930 e depois governador eleito do Estado em 1933. *O Estado do Rio Grande* tinha sede em Porto Alegre, assim, o poeta teria retornado à capital em 1929, dez anos depois de ter ingressado no Colégio Militar e cerca de cinco anos depois de ter sido dele desligado.

Durante a sua estadia em Alegrete, houve grandes conquistas daquele grupo formado por jovens literatos que permaneceu em Porto Alegre. Certamente, Quintana sentiu a perda da oportunidade de permanecer neste ambiente efervescente.

Em 1926, o grupo teve a ideia de criar uma revista literária, *Madrugada*: com gosto de Rua da Praia e de Guaíba, como diziam. Participaram J. M. (João Manuel de Azevedo Cavalcanti), Sotero Gomes, Theodomiro Tostes, Augusto Meyer, Tristão Dadá, Ruy Cirne Lima, Vargas Neto, Nogueira Leiria, Paulo de Gouvêa, entre outros. Nesse ano havia uma febre literária na cidade, à qual os dois jornais da cidade – o *Correio da Manhã* e o *Correio do Povo* – aderiram. Discutia-se sobre todas as tendências literárias e artísticas que circulavam pelo mundo.

Em 1927, o *Diário de Notícias* criou a *Página Literária*, com aquiescência do proprietário, Leonardo Truda. Trabalharam nela Sotero, Moyses Vellinho, Rui Cirne Lima, Roque Calage, Dyonelio Machado, Vargas Neto, Paulo de Gouvêa, Érico Veríssimo, Vianna Moog, Augusto Meyer. Mario Quintana também colaborou à distância, mas como prosador. Theodomiro Tostes afirma que ele "só depois publicou seus versos, ainda escondido". Esses jovens talentos veneravam uma trindade: Alphonsus de Guimaraens, Manuel Bandeira e Cecília Meireles, que era a bem-amada de todos.

A vitrine da Livraria do Globo continuava sendo o ponto de encontro dessas conversas e a ideia de criar um setor para editar aqueles jovens – em regime de coprodução para divisão de eventuais prejuízos – acabou sendo algo natural. A ideia foi de Mansueto Bernardi. O grupo tinha a estratégia de um autor escrever e publicar sobre a obra do outro, assim se formava uma roda de elogios mútuos.

Mansueto também teve a ideia de criar uma revista literária, a *Revista do Globo*, que Érico Veríssimo chegou a dirigir. Contudo, há informação de que a ideia partiu de Getúlio Vargas, que a teria sugerido a José Bertasso.

Novamente a capital surpreendeu Mario, uma vez que aquela efervescência literária de outrora – com a qual, na verdade, tivera pouco contato porque seu pai determinara o retorno a Alegrete – frutificara bastante.

Mario Quintana descreveu seus passeios e os lugares que frequentava quando jovem, após o retorno a Porto Alegre. Ia com frequência ao Theatro São Pedro, do qual seu amigo Dante Barone era o diretor. Os amigos comuns entravam sem pagar, se houvesse lugares vagos. Eles se apresentavam como da SAB ao porteiro: "sociedade dos amigos do Barone". O porteiro não sabia o que a abreviação significava e devia achar que era algo importante. Ele deu detalhes desses programas feitos com os amigos:

> O maior prazer meu e do Sérgio Gouvêa era tomar um bonde, ir até o fim da linha e voltar a pé. Chegamos à perfeição de um dia vir a pé do fim da linha do Menino Deus até o Centro. E o mais engraçado é que pelo caminho virávamos um chope em cada boteco, e Porto Alegre

> nesse tempo tinha um boteco em cada esquina. Não foi por falta de descuido que cheguei até essa idade, mas atribuo isto a estas caminhadas... Foi no Chalé da Praça XV que todos nós nos conhecemos – Augusto Meyer, Athos Damasceno Ferreira, Reynaldo Moura, os irmãos Gouvêa (Sérgio e Paulo); nos conhecemos porque poeta é uma raça estranha, a gente se reconhece. A nossa principal "aguada" era o Chalé. O Chalé fazia parte da gente.

O mítico Chalé onde Mario tomava seus homéricos "porres" continua lá, com as mesmas linhas gerais de arquitetura de um postal de 1930:

É bom compreender o meio ilustre em que estava inserido Mario Quintana nessa época de boemia.

Dante Barone nasceu em 1907 e faleceu em 1986, em Porto Alegre. Foi servidor do Theatro São Pedro e, depois, administrador do auditório da Assembleia Legislativa do Rio Grande do Sul, que posteriormente recebeu o seu nome. Foi também fundador da Casa dos Artistas Riograndenses. Recebeu diversos prêmios por sua dedicação à cultura.

Augusto Meyer nasceu em 1902 em Porto Alegre e faleceu no Rio de Janeiro em 1970. Foi poeta, escritor, jornalista, crítico literário e professor de literatura. Foi diretor da Biblioteca Pública em Porto Alegre e presidiu o Instituto Nacional do Livro, a convite de Getúlio Vargas, de 1937 a 1956, no Rio de Janeiro. Foi eleito para a Academia Brasileira de Letras em 1960.

Athos Damasceno Ferreira nasceu em 1902 e faleceu em 1975, em Porto Alegre. Foi poeta, romancista, cronista, tradutor da Editora Globo, jornalista, crítico literário e historiador. Foi funcionário da Secretaria do Interior e da Secretaria de Educação e Cultura do Rio Grande do Sul. Foi membro do Instituto Histórico e Geográfico do Rio Grande do Sul.

Reynaldo Moura nasceu em 1900 e faleceu em 1965. Foi jornalista e escritor. Trabalhou em diversos veículos de comunicação e foi diretor da Biblioteca Pública de Porto Alegre. Em 1964 foi preso pelo DOPS, onde sofreu um infarto, do qual não se recuperou, falecendo pouco depois.

Além dos irmãos Sérgio e Paulo de Gouvêa, também escritores – este último foi jornalista da *Folha da Tarde*, do mesmo conglomerado do *Correio do Povo* –, o grupo de amigos ainda contava com Érico Veríssimo, Moyses Vellinho, Viana Moog, Darci Azambuja, Vargas Neto, Theodomiro Tostes, Paulo Corrêa Lopes, Carlos Duarte de Moraes, Dyonelio Machado, Pedro Wayne, Ernani Fornari, Miranda Neto, entre outros, todos ligados, direta ou indiretamente à Livraria do Globo, de José Bertasso, aos jornais *Correio do Povo* e *Diário de Notícias* e ao Theatro São Pedro, territórios profícuos para o desenvolvimento de uma geração de escritores de relevo, como o futuro demonstraria.

Até 1923, todos do grupo eram autores inéditos. Meyer e Fornari estrearam em 1923, Vargas Neto em 1924, Athos estreou em 1925, Darcy Azambuja em 1925. De 1926 a 1930, seguem-se as publicações de Ruy Cirne Lima, Meyer (três novos livros), Fornari (mais um livro), Vargas Neto (mais um), Athos (mais dois livros), Dyonelio, Souza Júnior, Theodomiro Tostes, Telmo Vergara, Raul Bopp, Pedro Wayne, Paulo Corrêa Lopes, Dante de Laytano e Paulo de Gouvêa. Em 1932, Érico Veríssimo publica um livro de contos. Do grupo, Quintana é o último a fazê-lo, em 1940. As edições destes autores, pela Globo, eram cuidadosíssimas, com belas ilustrações nas capas – a cargo de Sotero Cosme, também integrante do grupo.

Era um grupo pacífico, que cuidava para não se envolver nos debates políticos da época, que os consideravam uma simples *paisagem*, enquanto se preocupavam com a sua juventude, o seu fazer poético. Tampouco o grupo assumia posição mais aguerrida sobre aderir ou não ao Modernismo. Era, sobretudo, um grupo dedicado às letras e à boemia.

Como se vê, Porto Alegre continuava efervescente naquela época. O produto dessa efervescência foram as publicações que se seguiram em ritmo frenético.

Voltando à entrevista de Mario Quintana, ele se refere a Paulo de Gouvêa como um dos seus amigos. No entanto, Paulo de Gouvêa conta que Quintana chegou ao grupo já mais tarde, pouco antes de sua diáspora, e dá alguns detalhes desse contato mais distante:

> Mario apareceu no Café Colombo quando o grupo já estava aprontando as malas para a diáspora em que se perdeu. Depois, o poeta não se achegava, sei lá por que às Cavernas de Caco, em que eu, Theo (Theodomiro Tostes), o Aug (Augusto Meyer) e o Sotero íamos procurar noites banhadas pelo inefável hidromel "so goldenklar", cantar o "Heute gehn" do Heinz, ou simplesmente conversar coisa nenhuma. Ele ia para outras bandas, levado por inquietos ventos andarilhos – o Sérgio, meu irmão, o Gadeia, o Lobo Alvim, o Sebastião, o Pelichek. Por isso raramente nossos caminhos se encontravam.

A referência às Cavernas de Caco, da mitologia romana, pode simbolizar as condutas, digamos, mais mundanas do grupo, mais transgressoras, das quais Quintana – sabe-se lá o porquê – não costumava participar. Aliás, o mesmo Paulo de Gouvêa também dizia que Érico Veríssimo não era muito assíduo nesse grupo porque "não acreditava muito na boemia". Ou seja, o grupo deveria ser "da pá virada", como se diz hoje, e Quintana e Érico talvez fossem mais comportados.

O comentário de Paulo de Gouvêa nos leva a querer saber mais sobre Francis Pelichek, nascido em Praga, em 1896, e falecido em Porto Alegre, em 1937. Sua amizade com Quintana foi confirmada pelo próprio, em artigo de 1989 na *Folha de Hoje*. Tratava-se de um pintor, desenhista e professor de pintura, que trabalhava na *Revista do Globo*, onde Mario começou a trabalhar posteriormente, a partir de 1934.

Assim, Quintana saíra de Alegrete depois de perder os pais e a casa da família. Como narrado por Paulo de Gouvêa, quando o poeta retornou a

Porto Alegre, aquele grupo de jovens literatos já começava a seguir outros caminhos; alguns já estavam ficando famosos e se mudavam para cidades maiores, como o Rio de Janeiro.

Enfim, houve uma sucessão de acontecimentos que podem ter sido desagradáveis na vida de Quintana nesse período: o ingresso aos 13 anos em internato na escola militar, o longo tempo de separação entre o adolescente Quintana e seus pais – cerca de cinco anos –, o pouco convívio com eles quando do regresso a Alegrete, a crise financeira do pai, a venda da farmácia e do sobrado da família, a morte dos pais, a chegada a uma Porto Alegre onde o grupo de amigos começava a se dispersar, tudo isso pode ter inspirado uma de suas mais sensíveis e belas poesias, um soneto:

> Recordo ainda... E nada mais importa...
> Aqueles dias de uma luz tão mansa
> Que me deixavam, sempre de lembrança,
> Algum brinquedo novo à minha porta...
>
> Mas veio um vento de Desesperança
> Soprando cinzas na noite morta!
> E eu pendurei na galharia torta
> Todos os meus brinquedos de criança...
>
> Estrada fora após segui... Mas, ai,
> Embora idade e senso eu aparente,
> Não vos iluda o velho que aqui vai:
>
> Eu quero os meus brinquedos novamente!
> Sou um pobre menino... acreditai...
> Que envelheceu, um dia, de repente![1]

Explique-se: apesar da referência ao *velho*, na terceira estrofe, o livro foi o primeiro da carreira do autor, publicado em 1940. Ou seja, a publicação ocorreu quando o poeta tinha 34 anos, sendo provável que tenha sido escrito na juventude. A "velhice" pode perfeitamente ser compreen-

1 VIII, *A rua dos cataventos.*

dida como saudosismo: uma "maturidade" saudosa do convívio familiar e dos cuidados da infância e que duraram tão pouco.

Uma curiosidade sobre esse soneto: o poeta dizia que o único poema que sabia de cor era esse, justamente o de que menos gostava, talvez porque lhe fosse muito doloroso.

As primeiras publicações e o primeiro prêmio literário

As primeiras publicações ocorreram quando de seu retorno a Alegrete antes de 1930. A primeira ocorreu em 1926, na revista *Para Todos*, dirigida por Alvaro Moreyra e Peregrino Júnior, e ilustrada por J. Carlos. O poeta a assinou como M. M. Quintana. As pessoas que leram pensavam que se tratava do irmão mais velho, Milton. O poema era inspirado no *Garoto*, de Carlitos. Numa matéria jornalística, ele afirmou: "Não senti nada de especial com a publicação do poema (...) E, na verdade, nem voltei a mandar nenhuma colaboração para a revista porque comecei a trabalhar na Livraria do Globo e depois comecei a publicar na *Revista do Globo*".

Contou também que o patrão Mansueto Bernardi achava seus poemas aloprados, mas publicou, assim mesmo, um *ABC de Trovas*. Augusto Meyer o leu e lhe disse que deixasse de "quadrilhices".

Aos 20 anos, em 1926, Quintana inscreveu-se num concurso de contos, no qual obteve seu primeiro prêmio literário, com "A sétima personagem"[2], que foi publicado no *Diário de Notícias* de Porto Alegre, no mesmo ano.

Esse conto já contém muitos dos temas que surgiriam, depois, na sua obra poética, como o relógio, as cidadezinhas mortas, as tias, os pregões de verdureiros, o destino, o absurdo da vida e o outro mundo (o mundo dos mortos). Numa passagem do conto aparece algo que o narrador tornaria uma constante em sua poesia: "E aqui é que o Destino abusou, de fato, de seu direito de cometer absurdos". O absurdo da vida, o enigma da vida, foi algo que sempre lhe atraiu. Ele falou isso com clareza em "Umbral"[3]: "O mistério está mesmo é do lado de cá".

2 *Da preguiça como método de trabalho.*

3 *Porta giratória.*

Ele explica por que desistiu da prosa, embora tenha vencido o concurso:

> Aos 20 anos ganhei o primeiro prêmio num concurso estadual de contos, entre duzentos e tantos concorrentes, promovido pelo *Diário de Notícias*, de Porto Alegre. Depois de algumas outras tentativas, reconheci que os meus contos só tinham um personagem: eu mesmo. Desisti.

Depois desse prêmio, a sua produção literária começou a ser publicada. Em 1934, o jornal *Correio do Povo* publicou sua primeira poesia. Em 1938, ele passou a publicar poesias na *Revista Ibirapuitã*, de Alegrete, criada nesse mesmo ano, da qual era um dos redatores, juntamente com Hernani Schnitt e Juca Ruivo. No entanto, logo após as primeiras publicações, houve um hiato na sua produção por um breve período, pois sua carreira de escritor foi bruscamente interrompida pela Revolução de 1930.

A Revolução de 1930

Aos 24 anos o poeta trocou a literatura pelas armas. Por quê?

Ao eclodir a Revolução de 1930, Quintana se voluntariou no 7.º Batalhão de Caçadores de Porto Alegre para apoiar Getúlio Vargas na Revolução. Tal atitude contradizia o que sempre apoiou e defendeu: tanto o jornal em que trabalhava, como seu proprietário Raul Pilla, eram maragatos, assim como a tradição familiar de Quintana e, portanto, contrários ao ideal republicano e centralizador de Júlio de Castilhos, Borges de Medeiros, Flores da Cunha e Getúlio Vargas. Bento conta como se deu isso:

> Em 1930, lhe surgiu nova oportunidade de retornar à vida militar. Apresentou-se como voluntário ao 7.º Batalhão de Caçadores, atual 7.º Batalhão de Infantaria Motorizado - Batalhão Gomes Carneiro, Santa Maria, que se encontrava em Porto Alegre em 3 de outubro de 1930, atendendo ao apelo "O Rio Grande de pé pelo Brasil!". E seguiu para o Rio de Janeiro, via ferroviária, para apoiar a derrubada do presidente Washington Luís e a consolidação da Revolução de 30 na capital federal. Na capital permaneceu por cerca de 6 meses como soldado da

> Revolução de 30, retornando em 1931, onde retomou, em Porto Alegre, a sua consagrada carreira de poeta.

Três hipóteses podem ser levantadas para a adesão à revolução. A primeira, de ordem emocional. Lembremos do sentimento que acometeu Quintana com a morte do pai: não sabia o que fazer. Pode ser que a morte do pai e da mãe tenha elevado o sentimento de débito por não ter se formado no Colégio Militar, como queria a família e especialmente o pai. Some-se a isso a tradição militar vinda dos avôs paterno e materno. Tudo somado pode ter levado o poeta a tentar encontrar significado militar para sua vida nessa difícil etapa.

A segunda hipótese pode ser de ordem financeira. Recordemos a crise financeira que se abatera sobre a família, antes mesmo do falecimento do pai, em 1927. Provavelmente a crise aumentara com a Grande Depressão de 1929. A farmácia do pai já fora vendida. A crise deve ter se agravado e a solução de alistar-se na força revolucionária poderia ser uma solução.

A terceira é de ordem política, sua explicação é mais complexa e remonta à situação política do Rio Grande do Sul. Ficou assente que Quintana era maragato, como toda a sua família. Portanto, opunha-se à política autoritária, centralizadora, violenta do Partido Republicano Riograndense, desde Júlio de Castilhos, Borges de Medeiros e Flores da Cunha. Sua adesão à Revolução de 1930 e a Getúlio Vargas teria sido uma traição aos princípios políticos dos maragatos?

Para responder a esta pergunta, temos que relembrar que Getúlio Vargas conseguiu unir as duas correntes políticas – os republicanos (do Partido Republicano Riograndense) e os libertadores (maragatos) –, tanto que se apresentou como candidato único no pleito estadual de 1928, no qual foi eleito. Quintana não mudou de lado, mas foi cooptado pelo discurso pacificador de Getúlio, como os demais maragatos, todos reunidos a Vargas, inclusive o líder político Raul Pilla, dono do *Estado do Rio Grande*, jornal em que trabalhou Quintana e por quem ele tinha grande admiração e relativa afinidade política; era maragato também, embora o poeta conte, com humor, que não seguia sempre a linha editorial política do jornal de Raul Pilla, até porque não queria muito saber de política.

Depois de unir os gaúchos, Getúlio e os demais líderes revoltosos lançaram um discurso que manteve a união dos gaúchos em prol de um

Brasil melhor, livre da "política do café-com-leite" que governara a República Velha, sob as lideranças de São Paulo e Minas Gerais. Vargas manteve o discurso pacificador entre os gaúchos para lograr sua adesão à Revolução, adotando o lema "Rio Grande, de pé pelo Brasil! Não poderás faltar ao teu destino heroico", bem como uniu boa parte do país.

No Rio Grande do Sul a adesão ao golpe de Vargas foi praticamente unânime. As guarnições militares imediatamente aderiram a ele, inclusive as de Alegrete, Bagé e Passo Fundo, que avisaram, por rádio, o início das operações. Às 13 horas do dia 3/10/1930, o alegretense Oswaldo Aranha lançou um manifesto revolucionário em um comício. Às 15 horas desse mesmo dia, a agência dos Correios foi tomada por civis armados e também a sede do Banco do Brasil. Às 17 horas, o Quartel General da 3.ª Região Militar em Porto Alegre foi tomado.

A revolução também teve o apoio do arcebispo de Porto Alegre, João Becker, que se apressou a esclarecer que ela era "completamente alheia ao comunismo".

No dia 24/10/1930, as tropas revoltosas cercaram o Palácio Guanabara, no Rio de Janeiro, e prenderam Washington Luís. Uma Junta Provisória governativa assumiu o poder e, no dia 3/11/1930, Getúlio Vargas assumiu a Presidência da República.

Voltando ao poeta e sua adesão à revolução, é muitíssimo provável que todos os seus amigos e conhecidos tenham aderido e até mesmo participado ativamente da revolução, o que justificaria o seu alistamento no 7.º Batalhão de Caçadores, que se moveu em direção ao Rio de Janeiro, por via férrea, para apoiá-la. Todos achavam que Getúlio havia sido roubado na eleição. Não havia uma voz discordante em Porto Alegre. Não foi só Mario Quintana que se voluntariou: também os poetas Celso de Aquino, Aluysio Franco (Gato Félix) e Paulo Corrêa Lopes.

No entanto, após permanecer seis meses no Rio de Janeiro, no policiamento da cidade, na zona do Mangue, conhecida pela prostituição, integrado às forças revolucionárias, Mario Quintana pediu a baixa. Segundo Ernani Ssó, ele tinha se engajado nas tropas de Vargas para ser herói, e policiar uma zona de prostituição não tinha nada de heroico.

Com efeito, o lugar foi destinado à prostituição, na década de 1920, pela prefeitura do então Distrito Federal, que removeu as prostitutas da Lapa, da Glória e do Castelo e trouxe-as para o Mangue – que ia da Praça

Onze até a Praia do Caju –, para evitar que fossem vistas pela elite moralista daquele tempo. Quando Quintana fez o patrulhamento da área, na década de 1930, eram já 200 casas e 3 mil prostitutas, em 10 ruas, segundo Siro Darlan.

Ele contou a Reinaldo Moraes: "Mas não cheguei a dar nenhum tiro, pois o poder constituído aderiu. É sempre assim no Brasil: as revoluções ficam na metade, pois o poder adere na última hora (...)".

De acordo com a revista *Aplauso*, ele só teria se alistado porque estava curioso de conhecer o Rio. A mesma reportagem conta que sua sobrinha-neta Elena disse que ele ficou um pouco decepcionado com a Revolução: "Nem tanto com a causa – sobre a qual ele realmente pouco falava – mas com sua própria atuação, no Mangue; mas o tio ainda ficou encarregado de fazer os diários da tropa, porém decepcionou-se com o trabalho pesado e com a falta de *glamour* da função".

Ele conta, sempre com bom humor, que nessa época ofereceram-lhe uma patente militar, a qual foi recusada:

> Ah, eu quase fui morar na Paraíba. Porque servi na Revolução de 30 e quando houve aquela Batalha de Itararé (que não houve), eu estava na cidade de Rio Branco, no norte do Paraná. Aí se chegou a um acordo e o tenente, que era da Paraíba, me ofereceu o cargo de tenente-contador. Mas eu disse pra ele que não pretendia ser soldado nem prosseguir no serviço militar, porque preferia voltar para o Sul. Isso aí por um lado foi bom, não é? Porque depois houve um golpe na Paraíba, imagine, eu poderia ter morrido... (risos).

É preciso esclarecer, contudo, que a união entre os gaúchos em torno de Getúlio Vargas durou pouco. Getúlio nomeou, como interventor no Rio Grande do Sul, Flores da Cunha, que voltou a comandar o Estado de modo autoritário e truculento. A repercussão dessa gestão violenta no entorno de Mario Quintana e em sua vida fez-se sentir desde logo com o fechamento do jornal *Estado do Rio Grande*, em 1932, e o afastamento de seu amigo Raul Pilla, que acabou exilado por Getúlio Vargas, assim como do próprio Flores da Cunha, posteriormente.

Cumpre lembrar, também, que Getúlio Vargas e seu DIP promoveram forte censura e que o primeiro livro de Mario Quintana, *A rua dos cata-*

ventos, de 1940, foi publicado debaixo de uma ditadura. Apesar de não gostar de política, Quintana considerava Getúlio Vargas um estadista: “Ainda estou pensando em meu candidato para as eleições de novembro. Sempre disse que gostaria de alguém que tivesse as qualidades de um estadista como Getúlio Vargas”. Ele estava se referindo à eleição de 1989, que foi vencida por Fernando Collor de Mello, derrotando Luiz Inácio Lula da Silva.

Entre o Rio de Janeiro e Porto Alegre

Depois de pedir baixa no 7.º Batalhão, em 1931, Quintana voltou a Porto Alegre, onde ficou até 1932 trabalhando no jornal que depois foi fechado. No *Estado do Rio Grande*, ele conta sobre um incidente engraçado com o dono, Raul Pilla. Perguntado se ele tinha que seguir sempre a ordem do patrão, ele respondeu:

> Não, eu não seguia ordem de patrão. Por exemplo, lá no Estado do Rio Grande, eu botava título nas coisas, mas o pessoal gostava de botar o número exato de letras na manchete. Eu achava aquilo bobagem e não seguia esta norma. Eu fazia a coisa ao inverso. Nos títulos em três colunas, eu botava doze sílabas; no segundo título, decassílabo; e no terceiro título, um setissílabo. Uma vez fiz um título que parecia um poema. Fiquei contentíssimo. O meu chefe Raul Pilla chegou lá e perguntou: “Quem foi que escreveu este título?”. Eu me levantei muito anjo e disse: “Fui eu, dr. Pilla”. E ele disse: “Seu Mario, o seu título está em pleno desacordo com a orientação dos jornais; o senhor precisa ler os meus editoriais”. Aí eu disse para ele: “Mas eu escrevo aqui uma seção onde faço o resumo dos jornais do Rio, para que fazer o resumo do seu?”. Mas o Pilla era bom patrão, ele disse aquilo de uma maneira jocosa (engraçada), se não ele podia me botar na rua.

A seguir, o poeta volta ao Rio de Janeiro, em 1935, para trabalhar “encostado” na *Gazeta de Notícias* como jornalista, por cerca de três anos, e retorna novamente a Porto Alegre, em 1938. Enquanto estava trabalhando no Rio, recebeu o convite de Mansueto Bernardi para trabalhar na Casa da Moeda, mas recusou, conforme seu depoimento no Museu de Comunicação Social Hipólito José da Costa, publicado parcialmente no *Correio do Povo*, em março de 1976:

> Fiquei assustadíssimo porque sou muito distraído. Eu seria capaz de pesar mais ou menos; ou sentir um peso no bolso e dizer: mas como os meus cigarros estão pesados! Ia ver seria um lingote de ouro, não é? Fiquei assustado e escrevi ao Érico Veríssimo. Ele me respondeu com um telegrama: "Vem, irmão". Voltei e comecei a trabalhar na Editora Globo, onde passei a ser tradutor de francês (...) No entanto, a editora começou a trabalhar com livro didático. O que eu ia fazer com livros didáticos? Fui para o *Correio do Povo*. Antes do *Correio*, eu fazia na revista *Província de São Pedro* uma seção, "Caderno H" (...) resolvi conservar o nome da coluna até hoje no *Correio do Povo* (...).

No Rio de Janeiro, conheceu ainda duas pessoas marcantes, a quem admirava muito, e que se tornaram dois dos seus maiores incentivadores: Cecília Meireles e Manuel Bandeira. Cecília Meireles passou a divulgar suas poesias na seção literária do *Diário de Notícias* e na *Revista Terra do Sol*, ambos do Rio de Janeiro.

Entretanto, o trabalho não formalizado na *Gazeta de Notícias* – que fechou logo em seguida – e sua recusa em trabalhar na Casa da Moeda acabaram levando-o de volta a Porto Alegre, em 1938, onde foi trabalhar como tradutor para a editora da Livraria do Globo, a convite de Érico Veríssimo. Sua primeira tradução foi realizada em 1934: *Palavras de sangue*, de Giovanni Papini. Contudo, saiu da editora quando não foi contemplado com um aumento salarial.

Também começou a colaborar informalmente como jornalista no *Correio do Povo*; inicialmente sem vínculo empregatício e, depois, regularmente contratado de 1953 até a falência do jornal, em 1980.

8.

Entre ser agravante, atenuante ou credencial

RETORNANDO A PORTO Alegre com cerca de 32 anos, encontrou na cidade a sua ambiência e nela fixou residência. Nas proximidades da Editora Globo, Quintana reencontrou parte daquele grupo de literatos que permanecera em Porto Alegre e frequentava os arredores, como a Praça da Alfândega, o café do seu Chico, embaixo do *Correio do Povo*, onde o pessoal da redação ia buscar inspiração; ao seu lado, o restaurante do Langoni e em seguida o Café Eden. Na outra esquina havia o prédio mais alto da quadra, onde funcionava, no térreo, o jogo do bicho. Ali perto se situava o hotel mais prestigiado da época, o Grande Hotel, onde se hospedavam as autoridades de fora.

No entanto, apesar de o poeta ter boas lembranças dos amigos que deixara na cidade, houve um período em que ele foi se afastando e se tornando cada vez mais solitário e taciturno, características de outrora. E essa tendência aumentou ainda mais após as críticas que recebeu depois do lançamento de seu primeiro livro, *A rua dos cataventos*, em 1940. Nesse período, Mario aumentou a ingestão de bebida alcoólica e passou a vagar pelas noites de Porto Alegre, a espreitar seus tipos, como as prostitutas, os gigolôs, mendigos, bêbados, perdidos na vida tanto quanto ele, que frequentavam os arredores do porto. O abuso do álcool teve sérias consequências, chegando ao ponto de dormir nas ruas e acordar com a cabeça apoiada na sarjeta, como narrou Tabajara Ruas.

Apesar da progressiva gravidade no uso do álcool, a produção continuou, embora tenha reduzido sua atividade literária.

Porto Alegre

A cidade é referida em vários de seus poemas sempre carinhosamente, às vezes melancolicamente. Como nestas passagens:

Eu te mando este céu Porto Alegre
e aquela
nuvenzinha que está sonhando, agora, em pleno azul[1]

E agora, esse cartaz na alma da gente:
ADIADOS OS SUICÍDIOS... Simplesmente
Porque é abril em Porto Alegre... E pronto![2]

Eu sei que nestes céus de Porto Alegre
É para nós que inda São Pedro pinta
Os mais belos crepúsculos do mundo![3]

Ó céus de Porto Alegre,
Como farei para levar-vos para o Céu?[4]

Mas sua grande homenagem à cidade é o poema "O mapa"[5]:

1 Carta, *A cor do invisível*.
2 LXXVII, *Poesias completas*.
3 XXI, *A rua dos cataventos*.
4 Apontamento para um poema, *Caderno H* e Para escreveres num cartão-postal, *80 anos de poesia*.
5 O mapa, *Apontamentos de história sobrenatural*. Manuscrito cedido por Ana Leães Dorneles.

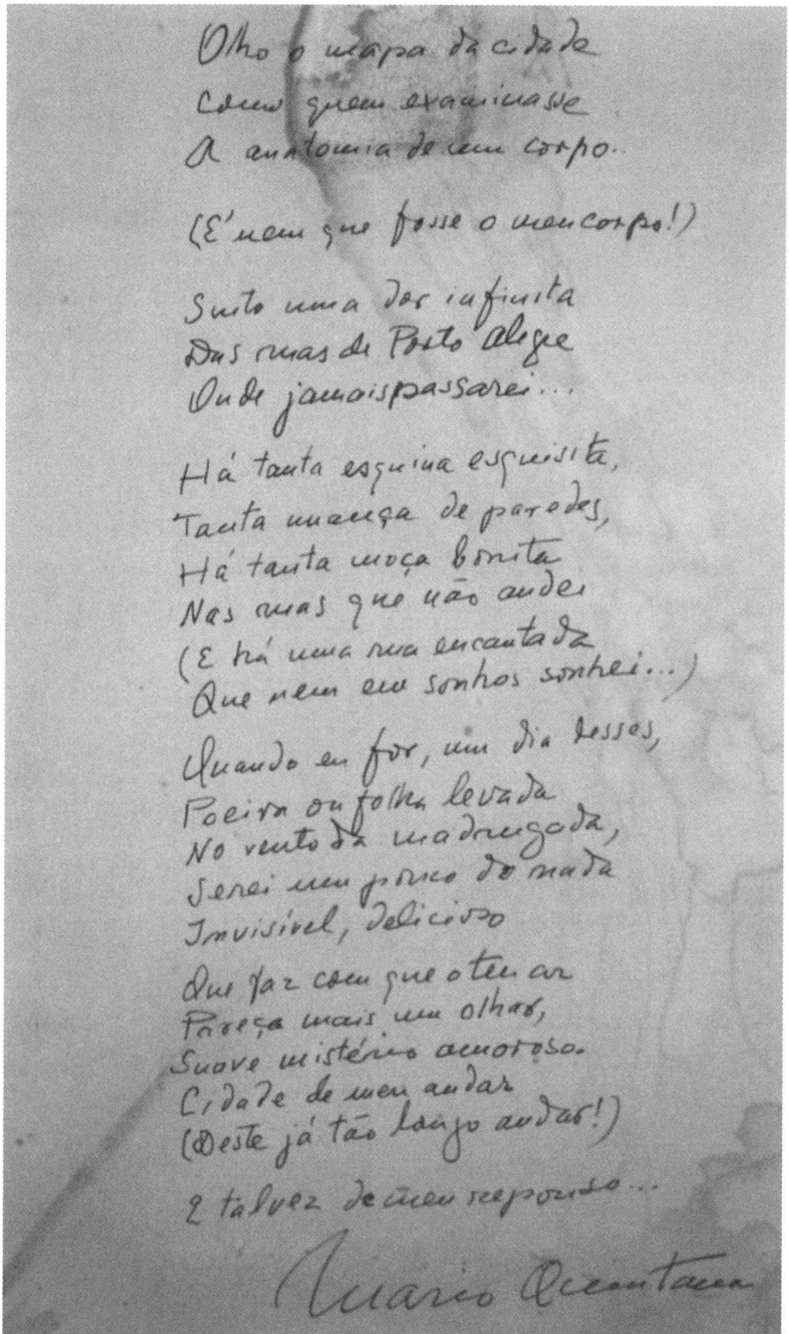

Olho o mapa da cidade
Como quem examinasse
A anatomia de um corpo...

(E nem que fosse o meu corpo!)

Sinto uma dor infinita
Das ruas de Porto Alegre
Onde jamais passarei...

Há tanta esquina esquisita,
Tanta nuança de paredes,
Há tanta moça bonita
Nas ruas que não andei
(E há uma rua encantada
Que nem em sonhos sonhei...)

Quando eu for, um dia desses,
Poeira ou folha levada
No vento da madrugada,
Serei um pouco do nada
Invisível, delicioso

Que faz com que o teu ar
Pareça mais um olhar,
Suave mistério amoroso.
Cidade de meu andar
(Deste já tão longo andar!)

E talvez de meu repouso...

Mario Quintana

Ele afirma textualmente a *adoção* ocorrida, em entrevista: "A cidade que me adotou é Porto Alegre (...) eu vim pra cá".

A melancolia com uma Porto Alegre mais antiga transparece em outra, na qual responde sobre o que mudou na cidade:

> Olha, naturalmente o que mudou foi a arquitetura, não é? Eu vejo sempre uma cidade dentro da outra e lembro aquela cidade antiga. Mas pra me lembrar dela eu tenho que fechar os olhos (risos). Porto Alegre, antigamente, era muito mais calma. Não havia tantos assaltos, tanta violência (...) eu nasci no tempo das vacas gordas. Antes, o leiteiro deixava o leite na porta de casa e ninguém roubava. Hoje roubam até as galinhas dos despachos. Os tempos mudaram, os costumes, mas a vida continua a mesma. Eu não sou como aqueles velhos que dizem: "Ah, os bons velhos tempos...". Eu tenho vontade de dizer para eles: "Olha seu moço... seu moço, não, seu velho. Os tempos são sempre bons, o senhor é que não presta mais" (risos).

Ele preferia a velha Porto Alegre, dos sobrados, do bonde e do lampião. Da arquitetura velha, sobre a qual escreveu[6]:

> Não gosto da arquitetura nova
> Porque a arquitetura nova não faz casas velhas

Seus amigos também indicam com precisão seus trajetos na cidade em fase mais madura de sua vida. E também seus hábitos. Danilo Ucha o conheceu no Bar do Ari, no segundo andar do prédio do *Correio do Povo*, que frequentava todas as noites, comendo quindins e tomando chá preto e água mineral, "comentando, numa visão toda particular, os problemas de cada dia".

Seus trajetos diários eram entre o Hotel Majestic – hoje Casa de Cultura Mario Quintana –, na Rua dos Andradas, e a Praça da Alfândega – onde há uma estátua sua –, passando pela sede do *Correio do Povo* – na esquina da Rua Caldas Júnior – até a sede da Editora Globo, nos quais trabalhou – esta última em frente à praça referida, então rodeada de ba-

6 Arquitetura funcional, *Apontamentos de história sobrenatural.*

res, restaurantes e cinemas. Era praticamente uma reta que hoje compõe o centro histórico da cidade, como se vê na imagem a seguir[7]:

Quintana costumava passear com o amigo Sérgio Faraco. A amizade entre os dois começou em 1967, em Alegrete, e se aprofundou quando Faraco foi trabalhar como colaborador no *Correio do Povo*, no ano seguinte. Costumavam ir à Lancheria Cacique, perto do *Correio do Povo*. Aos sábados, costumavam ir ao Restaurante Camaleão em Ipanema, às vezes com Armindo Trevisan e o filho de Sérgio, Bruno, onde o poeta comia pastéis de camarão e bebia guaraná.

Na Rua dos Andradas, frequentava o Café Leão, onde pedia torrada só de queijo, água mineral sem gás e cafezinho. No Parque Moinhos de Vento, gostava do Bar Café Opíparo.

Augusto Meyer descreveu seu jeito de andar em um passeio: "Parecia atrapalhado com excesso de dedos e atirava as pernas como quem vai chutando balões coloridos das mais estranhas formas (...). Depois de alguns duplos, cortado no inverno com o pingo de fogo da caninha (...) boêmio esquisitão (...) Caíra das nuvens na Rua da Praia, entre o Café Colombo e a esquina da Casa Masson".

7 Google Maps, acesso em 30/04/2022.

Ele mesmo descreveu sua rotina numa entrevista: “Acordo tarde, venho logo para o jornal, vou encontrar com amigos, vou ao cinema – gosto de cinema, tanto de cinema bom como do cinema mau, porque no mau a gente pensa noutras coisas, entressonha, descansa, dorme até...”.

Seu amigo Armindo Trevisan também lembrou de sua rotina, na qual incluiu as sucessivas mudanças de pensão:

> O fixo nele era a mudança de pensão (...) Onde, porém, topava com eles (os amigos)? Nas ruas, nos bares, nos bondes, ao deus-dará (...) Quintana tinha encontro marcado somente com seu quarto de dormir no Hotel Majestic (...) Depois, nos últimos anos, no seu *apart-hotel*, na Rua André da Rocha. Tinha também encontro marcado com o cinema, ao qual ia com frequência. Fora isso, não esqueçamos as livrarias, locais amados por ele.

Em artigo à revista *Veja*, o poeta enumerou os endereços de algumas pensões em que morou, como a da rua Barros Cassal, do Rosário, dona Laura, esclarecendo que os donos eram velhos e morriam, e os herdeiros vendiam os casarões. Por isso, ele tinha que se mudar tanto.

O Hotel Majestic, sem dúvida, foi seu porto mais estável. Lá morou no quarto 217 boa parte do tempo, entre 1968 e 1980, quando o *Correio do Povo* faliu e ele teve de sair do hotel. Por ocasião de sua saída do hotel, houve uma troca de cartas entre Quintana e a atriz Bruna Lombardi, onde ele a comunica que talvez o hotel fosse demolido para dar lugar a um empreendimento imobiliário, o que não ocorreu. A atriz já dizia que o local em que morou um dos maiores poetas do Brasil deveria ser preservado como um monumento.

Como se sabe, o hotel foi transformado por uma Lei estadual de 8/07/1983 na Casa de Cultura Mario Quintana, onde seu quarto foi reconstituído com seus objetos pessoais. Em frente à cama ficava um mural com fotos de amigos como Dulce Helfer, Bruna Lombardi, Elena, Cláudia (irmã de Elena) com os filhos Paula e Diogo Biazus, e Baiana.

Durante as obras para restauração e adaptação do prédio, Mario chegou a escrever para o governador da época, Alceu Collares, em 13/01/1990, sugerindo a manutenção do diretor do Centro, Sérgio Napp, para que terminassem as obras a tempo de ele poder inaugurá-la. Ele temia morrer antes da inauguração, que ocorreu em 25/09/1990.

Depois mudou para o Hotel Presidente em 1980, na Avenida Salgado Filho n.º 140, quarto 510, onde viveu por cerca de quatro anos. Nesse hotel aconteceu algo de inusitado. O proprietário do hotel era Pedro Elba Zabaleta, que locara o edifício do Instituto de Previdência do Estado do Rio Grande do Sul. Como o empresário cessou de pagar os aluguéis, o Instituto ingressou com uma ação de despejo contra ele. No curso da ação, o oficial de justiça afixou um aviso nas partes comuns do hotel dando o prazo de cinco dias para a desocupação de todos os hóspedes, inclusive Mario Quintana.

O poeta, então, ingressou com "embargos de terceiro", em 23/12/1983, contra o Instituto, para ver mantida sua posse no seu quarto, diante da exiguidade do prazo para a desocupação. O juiz Ruy Armando Gessinger deferiu mandado de manutenção de posse em favor de Quintana no mesmo dia. No entanto, em petição de abril de 1984, Mario informou que "diante do prejuízo evidente causado ao autor pelo despejo efetivado" e "diante da alteração nas circunstâncias de fato", não tinha mais interesse na ação, requerendo sua extinção, o que foi deferido.

Quando Mario saiu do Presidente, internou-se logo para fazer uma cirurgia de catarata, ocasião em que conheceu o ex-jogador de futebol Paulo Roberto Falcão.

Os fatos ocorridos no Hotel Majestic – sua saída do hotel por estar sem condições de pagá-lo pela falência do *Correio do Povo* – e no Hotel Presidente – a ordem de despejo em cinco dias, próximo do Natal daquele ano –, fomentaram a imaginação do médico e escritor Roberto Vieira, que escreveu um conto, em 2012, com a versão ficcional de que o ex-jogador Paulo Roberto Falcão encontrou Mario Quintana na rua chorando, com uma pequena mala, após ser expulso do Hotel Majestic por falta de pagamento, e convidou-o para se hospedar no seu Hotel Royal. O conto viralizou nas redes sociais, especialmente após a esposa de Falcão tê-lo compartilhado. O autor do conto depois esclareceu que se tratava de uma ficção e pediu desculpas por causar a confusão entre ficção e realidade.

O convite realmente aconteceu, mas não em condições tão dramáticas. Realmente, o poeta foi convidado a se mudar para o Hotel Royal, na Rua Marechal Floriano Peixoto n.º 631, convite aceito. Elena Quintana relatou que Quintana respondeu a Falcão: "Poeta não come flor, nem vive de suspiros. Foi a poesia", e riu satisfeito.

Ele permaneceu no Royal por cerca de oito meses e depois mudou-se para o *apart-hotel* Porto Alegre Residence Hotel, na rua Desembargador André Rocha n.º 131, quartos 301 e 805, alternadamente. Nesses apartamentos, compostos de sala e quarto – que ele chamava de "aposento real" –, mantinha quatro pôsteres: Greta Garbo, Bruna Lombardi, Cecília Meireles (suas três musas) e Alceu de Amoroso Lima. O hotel, inclusive, criou uma sala Mario Quintana destinada a reuniões, autógrafos e eventos em geral, em 1988.

Não há dúvida, portanto, de que ele adotou Porto Alegre como a sua cidade, o que se justifica porque os gaúchos lhe prestaram e prestam tantas homenagens, como o título de cidadão porto-alegrense, em 4/12/1967. Na ocasião, Mario Quintana discursou com seu humor característico: "Não há muito tempo, ser poeta era considerado uma agravante, depois passou a ser atenuante, e hoje eis que a sensibilidade e a compreensão desta Câmara e da Prefeitura vêm provar que ser poeta é uma credencial".

Trabalho

Já sabemos, pelo próprio poeta, que seu pai temia que ele viesse a ser um vagabundo. No entanto, olhando retrospectivamente, Mario trabalhou praticamente a vida inteira, ainda que sem remuneração ou sem vínculo empregatício.

Recapitulemos.

Quando se desligou do Colégio Militar, em 1919, aos 19 anos, procurou espontaneamente o primeiro emprego, como caixeiro, na Livraria do Globo, em Porto Alegre, onde permaneceu por três meses, até ser levado de volta, pelo pai, para Alegrete. Nessa cidade, começou a trabalhar na Pharmacia Quintana, com o pai e o irmão Milton. Referindo-se ao pai, ele disse:

> Naturalmente, ele me dava para preparar coisas com as quais eu podia me distrair sem que houvesse maiores transtornos. Foi quando se tornou famosa a limonada de citrato de magnésio da farmácia de seu Celso. Eram doses diminutas que eu devia pesar e das quais via sair uma coisa muito límpida.

Depois da morte dos pais, ele foi para Porto Alegre em 1929, onde trabalhou no *Estado do Rio Grande* como jornalista. Para ele, sua profissão era essa, a de jornalista, e não poeta, como esclareceu em uma entrevista: "Como o que eu gostava de fazer era escrever, não foi difícil. Minha profissão é jornalista. Poeta é o estado, assim como o estado de graça ou estado de coma, conforme o poeta". Depois, no ano seguinte, também começou a colaborar na revista literária da Livraria do Globo.

Na sequência, saiu do jornal para alistar-se na Revolução de 30, como referido, ficando engajado nas tropas revolucionárias por seis meses, no Rio de Janeiro. Voltou para o jornal *Estado do Rio Grande* e lá trabalhou até 1932, quando o jornal foi fechado. Concomitantemente, fazia trabalhos avulsos para o *Correio do Povo*, desde 1934.

Em 1935, foi para o Rio de Janeiro, onde trabalhou "encostado", como dizia, na *Gazeta de Notícias* até 1938, quando a *Gazeta* fechou.

Em seguida, retornou para Porto Alegre para trabalhar de forma estável como tradutor na editora Globo, de 1938 até 1955. Ele conta que foi Érico Veríssimo que o levou para trabalhar como tradutor: "Como há males que vêm para bem, os Estados Unidos ganharam a Guerra, e eu com ela. Todo mundo começou a estudar inglês – como ainda hoje –, mas o Érico lembrou que eu era o único conhecido que falava francês e me chamou para a Editora Globo".

Trabalhou como colaborador na revista literária *Província de São Pedro*, a partir de 1943, onde escrevia uma coluna batizada como "Caderno H", que depois levou para o *Correio do Povo*, em 1953, com o mesmo nome. A *Província de São Pedro*, do amigo Moyses Vellinho, foi surpreendentemente longeva para o gênero, uma vez que foi publicada durante vinte anos. O nome de sua coluna – Caderno H – foi escolhido porque seus textos costumavam chegar somente na última hora do prazo dado, na hora agá!

Em 1953, foi contratado pelo *Correio do Povo* como redator auxiliar, conforme a seguinte fotografia do registro de empregados, função que exerceu até a falência do jornal em 1980. No entanto, quando o jornal faliu, ele já era um poeta reconhecido e seus livros rendiam algum direito autoral. E ele continuou acreditando em sua reabertura, como escreveu numa carta a Liane dos Santos, datada de 16/08/1986: "Em compensação, o *Correio do Povo* vai reabrir em setembro. A minha seção 'Caderno H' vai continuar, até o diabo mandar o contrário". Em 1984, sua coluna foi levada para a revista *Isto É*, mas durou pouco. Consta que o poeta não recebia conforme o combinado.

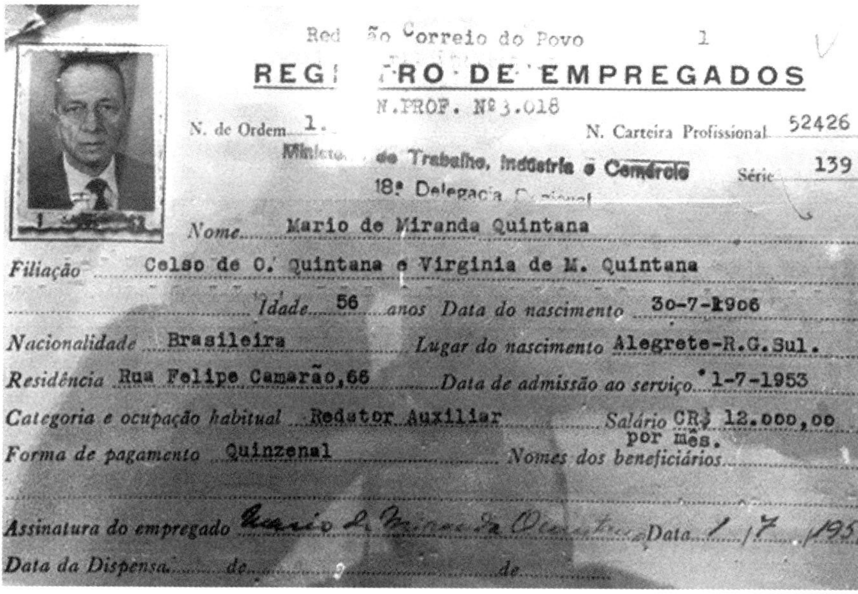

Red[illegible]ão Correio do Povo 1

REG[illegible]RO DE EMPREGADOS

N.PROF. Nº3.018

N. de Ordem 1. N. Carteira Profissional 52426

Min[illegible] do Trabalho, Indústria e Comércio Série 139

18ª Delegacia [illegible]

Nome Mario de Miranda Quintana

Filiação Celso de O. Quintana e Virginia de M. Quintana

Idade 56 anos Data do nascimento 30-7-1906

Nacionalidade Brasileira Lugar do nascimento Alegrete-R.G.Sul.

Residência Rua Felipe Camarão,66 Data de admissão ao serviço 1-7-1953

Categoria e ocupação habitual Redator Auxiliar Salário CR$ 12.000,00 por mês.

Forma de pagamento Quinzenal Nomes dos beneficiários

Assinatura do empregado [illegible] Data 1/7/195[illegible]

Data da Dispensa de de

De 1980 para adiante não houve registro de atividade laboral regular, porém Quintana trabalhava incessantemente em seus livros. E, desde sempre, desde criança, ele trabalhava meticulosamente em suas poesias.

Suas traduções, que começaram em 1934, duraram pelo menos até 1955, quando deixou a editora por uma questão trabalhista, já referida aqui. Alguns dos autores traduzidos foram: Papini, Conrad, Stacpoole, Morgan, Yutang, Baum, Maupassant, Lamb, Maurois, Gide, Morgan, La Fayette, Lehmann, Jammes, Beaumarchais, Woolf, Proust, Maugham, Balza, Huxley, Voltaire, Greene, Balzac, Buck, Marimée, Grave, Masyat, Veraldo e Ludwig. Suas traduções atingiram o incrível marco de aproximadamente 150 obras.

O único período em que não se registrou uma atividade laboral regular foi entre 1932 e 1934, quando ele se entregou à bebida. Quando voltou a ser sóbrio, dedicava-se a esculpir seus poemas para o primeiro livro, *A rua dos cataventos*, publicado em 1940. Sobre esse período, sabe-se muito pouco o que Quintana fazia em sua Porto Alegre.

Portanto, a apreensão do pai foi injustificada, apesar de poder-se dizer que Quintana só trabalhava no que gostava, exatamente como fizera no Colégio Militar: só estudara as disciplinas de que gostara.

O Correio do Povo

O jornal *Correio do Povo*, onde Quintana trabalhou de 1953 a 1980, merece uma menção à parte pela grande importância em sua vida. Foi sua mais estável, formalizada e longeva relação de trabalho.

Ele situava-se na esquina da Rua dos Andradas com a Rua Caldas Júnior, que era o trajeto diário de Quintana, como dissemos anteriormente. O prédio está lá, naquela esquina, até hoje, na cor rósea.

A cor rósea veio da mistura deliberada, intencional, do vermelho do lenço dos maragatos, com o branco dos chimangos. Francisco Antônio Vieira Caldas Júnior, um sergipano, criou o jornal em 1.º/10/1895, exatamente com essa proposta de equidistância partidária. A cor escolhida também foi usada para tingir as páginas do jornal. Na época, o Rio Grande do Sul aspirava por paz política, porque a Revolução Federalista havia dividido o estado e terminara há três anos. E, justamente por causa da cor, o jornal passou a ser apelidado de "róseo". Contudo, Sérgio Roberto Dillenburg afirma que, apesar de sua declarada neutralidade política, ficou evidente que a linha editorial pendia para o conservadorismo e para as elites agrárias.

Com relação à política gaúcha, o jornal tentava manter equidistância, mas, algumas vezes teria criticado moderadamente o governo de Júlio de Castilhos, do Partido Republicano Riograndense (PRR), que dominou o estado por décadas.

Vindo a falecer seu fundador em 1913, a direção passou à viúva Dolores Alcaraz Caldas, que manteve a linha de neutralidade, fazendo algumas críticas pontuais ao governo gaúcho.

Quando a direção passou para o filho do fundador, Fernando Caldas, em 1924, a diretriz política mudou e o jornal passou a ser opositor do sucessor de Júlio de Castilhos, Antônio Augusto Borges de Medeiros. A oposição ao governo cessou, porém, quando Borges de Medeiros lançou Getúlio Vargas para a sua sucessão, como candidato único que, afinal, foi consagrado nas urnas, tomando posse em 1928.

Como já referimos aqui, Getúlio Vargas conseguiu unir todos os gaúchos em torno de si e se lançou candidato à Presidência da República. Nesse momento, o *Correio do Povo* deixou a neutralidade de lado e passou a fazer campanha ostensiva para sua eleição, frustrada por supostas fraudes, para a vitoriosa Revolução de 30. Nesse período, desentendimentos familiares levaram à saída de Fernando Caldas da direção do jornal, sendo substituído novamente por Dolores Alcaraz.

Com a indicação de Flores da Cunha como interventor, nomeado por Vargas, o *Correio do Povo* fez oposição ao interventor e a Vargas também, assim como o concorrente *O Estado do Rio Grande*, ambos favoráveis ao movimento constitucionalista de 1932. Os jornais foram perseguidos pelo interventor, e a venda do *Correio do Povo* nas estações férreas foi proibida.

Aos poucos, a situação com Getúlio foi sendo amenizada, com o presidente concedendo várias entrevistas exclusivas ao *Correio do Povo*, pela sucursal do Rio de Janeiro. No entanto, com o surgimento da Aliança Nacional Libertadora, o ambiente político preocupou os donos do jornal, que voltaram a apoiar o Governo Vargas, posicionando-se então contrariamente à Aliança e à Intentona Comunista de 1935.

Nesse mesmo ano, nova alteração na empresa levou o jovem Breno Caldas à direção. Sob sua gestão, não só o jornal cresceu, como o conglomerado também. O *Correio do Povo* passou a ter a maior tiragem *per capita* do Brasil, tornando-se um dos maiores jornais do país. O grupo se expandiu com a criação de outros periódicos, como o vespertino *Folha da Tarde*, dirigido pelo futuro acadêmico Vianna Moog, a *Folha da Manhã*, além de uma emissora de rádio. A linha editorial manteve-se a mesma, de neutralidade, mas com certa simpatia a Vargas, tanto que o jornal não publicou qualquer crítica ao golpe de 1937.

Com a retomada democrática em 1947, o jornal apoiou a volta à normalidade democrática, tendo, inclusive, entrevistado o general Eurico Gaspar Dutra, que viria a ganhar as eleições presidenciais. Eleito Dutra, o *Correio* apoiou seu governo e a proibição do Partido Comunista Brasileiro, em 1947.

Com o retorno de Vargas à cena política, em 1950, o jornal voltou a apoiá-lo, embora estranhando o seu nacionalismo mais intenso, segundo Dillenburg. Com a nova queda de Vargas e seu suicídio, o *Correio* passou a apoiar a legalidade democrática representada pela eleição e posse de Juscelino Kubitschek, contestada por setores militares.

Daí para a frente, o *Correio do Povo* voltou à sua linha de neutralidade, só a abandonando com a renúncia de Jânio Quadros, em 1961. O jornal posicionou-se contrariamente à posse do vice-presidente João Goulart e à campanha da legalidade encabeçada por Leonel Brizola. Houve embates entre Breno Caldas e Leonel Brizola, que tomou a Rádio Guaíba, do grupo do *Correio*, para lançar a "Campanha da Legalidade" visando forçar a posse de João Goulart. Brizola acusava o jornal de estar atrelado aos interesses do capital monopolista.

Sobrevindo o Golpe de 64, Breno Caldas saudou-o e o aplaudiu. E o *Correio do Povo* permaneceu apoiando o governo militar. No entanto, em 20/09/1972, a polícia política invadiu o prédio do *Correio do Povo* para apreender a totalidade da edição daquele dia. A causa da censura foi a reprodução de uma nota do diretor do jornal *O Estado de S. Paulo*, Ruy Mesquita, dirigida ao ministro da Justiça, Alfredo Buzaid, na qual manifestava sua insatisfação com as decisões do governo militar. A edição *online* do *Correio do Povo*, de 1.º/10/2015, rememorou o acontecimento:

GERAL

A edição que nunca chegou aos leitores

Jornais do dia 20 de setembro de 1972 foram apreendidos pelo Exército Brasileiro

01/10/2015 | 12:59 Atualizado 14:23
Correio do Povo

Jornais do dia 20 de setembro de 1972 foram apreendidos pelo Exército Brasileiro | Foto: CP Memória

Nesse dia, houve um impasse, com a intervenção pessoal de Breno Caldas, que exigia uma ordem escrita de apreensão da edição, enquanto a polícia exigia que os caminhões do *Correio* transportassem toda a edição até a Polícia Federal. Ao final, sem ordem escrita, os exemplares foram levados por caçambas trazidas do porto pelos próprios policiais.

Tempos depois, em entrevista à *Folha de S.Paulo*, em 13/06/1979, Breno Caldas reconheceu que os movimentos "como o de 1964, depois de um certo tempo, se esgotam (...) Talvez o de 64 tenha se prolongado demais e está aí o esgotamento que ele já manifestou de um tempo para cá".

Apesar desse ambiente de censura à imprensa e do estremecimento com o governo militar, Breno resolveu ampliar o seu conglomerado de mídia, que já dispunha do *Correio do Povo*, da *Folha da Tarde*, da *Folha da Manhã* e da Rádio Guaíba, adquirindo os direitos de transmissão de uma emissora de televisão, a TV Guaíba, canal 2. Seu grupo já era a sexta empresa em lucro líquido no Brasil (dados da *Exame* de 1972), enquanto o próprio Breno Caldas detinha a sexta maior fortuna pessoal (dados da *Visão* de 1969), de acordo com Dillenburg.

No entanto, a jogada comercial revelou-se temerária e o grupo passou a ter sérias dificuldades financeiras, especialmente após a desvalorização do cruzeiro em fevereiro de 1979, levando-o à falência em 1980.

Breno Caldas teria usado parte do seu patrimônio pessoal para o pagamento das dívidas; também vendeu a empresa para o plantador de cana Renato Bastos Ribeiro, que assumiu o jornal e a TV Guaíba. Posteriormente, o edifício do jornal foi comprado pelo bispo Edir Macedo, da Igreja Universal do Reino de Deus e da Rede Record; e, em 2013, o mesmo grupo da Record adquiriu o *Correio do Povo*, a Rádio Guaíba e a TV Guaíba.

Durante todo o período em que esteve no jornal, podemos dizer que Mario Quintana também aderiu à linha de neutralidade política, e sempre a manteve – mesmo quando o *Correio* foi opositor a João Goulart e Brizola, ou quando apoiou o Golpe de 64, o poeta silenciou-se, nada dizendo nem contra, nem a favor.

No entanto, em relação à apreensão de jornais em 1972, afirmamos que Mario Quintana não tinha como não saber que o jornal fora vítima de censura por parte do governo militar. Todos tomaram conhecimento e muitos se surpreenderam, porque a linha editorial do *Correio do Povo* sempre fora simpática ao golpe de 64 e ao regime ditatorial militar.

Quintana permaneceu silente quanto à política do país praticamente até sua morte, mesmo depois de Breno Caldas dizer que o regime militar se esgotara, em 1979.

Situação financeira

Como se sabe, o poeta vivia uma vida franciscana, desapegada de bens materiais. Certamente passou por muitas dificuldades financeiras. Conta-se que recebia auxílio financeiro da irmã Marieta e do seu marido Attila.

No acervo do Tribunal de Justiça do Rio Grande do Sul encontramos uma única cobrança judicial contra o poeta, iniciada em 17/04/1985 e findada em 12/03/1987; contudo, não se tratou propriamente de cobrança de dívida contraída diretamente por ele, mas por outra pessoa, da qual foi fiador. A execução foi movida por Yeda Coelho Gomes, que havia locado seu imóvel da Rua dos Andradas n.º 932/602, para Maria Inês Stiglich, que só pagou o mês de maio de 1984 e entregou a chave do imóvel somente em setembro do mesmo ano, sem condições de uso imediato. Como o poeta era o fiador, a cobrança da dívida foi dirigida a ele. No processo, Mario Quintana alegou e provou sua precária situação financeira, o que foi corroborado pela remessa, pela Receita Federal, de suas declarações de renda. No entanto, teve que celebrar um acordo com Yeda e pagou a dívida de Cz$ 3.600,00 em três parcelas, após o que o processo foi extinto e arquivado.

Maria Inês era uma de suas secretárias. As declarações de renda de Quintana, anexadas aos autos, realmente revelam que ele não dispunha de bens. Em 1983, ele percebia parcos rendimentos pelos direitos autorais de seus livros (Cr$ 74.064,90 no ano), um salário modesto como jornalista sem vínculo empregatício da Empresa Jornalística Caldas Júnior (Cr$ 181.115,00 no ano), que faliu em 1980, além de uma pensão estadual de aposentadoria (Cr$ 388.992,00 por ano), o que lhe valeu uma restituição de Cr$ 48.258,00. Sete anos depois, perguntado como estava sobrevivendo financeiramente, em 1990, ele respondeu: "Olha, eu tenho conseguido ganhar dinheiro com os meus livros e com a minha aposentadoria".

Em um bilhete, sem data, escrito para a sua sobrinha Elena, em que pede algumas providências de ordem financeira, justifica: "Se achas que estou louco por dinheiro, não faz mal: todos estão nestes tempos bicudos! Isso não vai contra o meu consabido idealismo: o dinheiro ajuda muito os ideais". Se o bilhete surtiu efeito ou não, o fato é que Elena comunicou em carta a terceira pessoa, também sem data, e quando o poeta fez 80 anos, a SAMRIG e o Iochpe deram-lhe "um apartamento vitalício", a pedido de Liane Neves, por conta de permitir-se fotografar e ceder o uso de sua obra numa publicação das empresas.

Por fim, Eloí Calage, em carta a Mario, fez uma proposta da Editora Globo de remunerá-lo mensalmente, caso ele aceitasse relançar toda a sua obra pela editora, o que foi efetivamente feito.

Em seus anos finais, o poeta recebia uma modesta aposentadoria especial concedida pelo governo Pedro Simon, em 1988, e outra por ser jornalista aposentado. Seu plano de saúde era pago por meio de publicidade que fazia, em razão de um acordo elaborado por seu advogado Marco Tulio de Rose. Além disso, de vez em quando, fazia publicidade para o HSBC, o que, somado à venda dos seus livros, daria para viver pagando regularmente suas contas. Após os 80 anos, deixou de precisar pagar o hotel, como referido anteriormente.

Além desses rendimentos, Mario tinha muitos amigos que não permitiriam que ele vivesse à míngua. Sandra Ritzel, uma de suas secretárias/acompanhantes – a única pessoa que morou com o poeta – conta que a amiga Liane dos Santos, jornalista e escritora, ao ser aprovada num concurso para o Banco do Brasil, usou de muito tato para dizer que, se ele precisasse de algo, financeiramente, podia contar com ela. Quem contava isso era ele próprio, que nunca precisou da oferta.

Inegável que o poeta era um bom pagador. Sandra Ritzel confirma que Quintana pagava religiosamente salários e encargos trabalhistas dos funcionários que lhe prestavam serviço. Contou mais: além de lhe pagar rigorosamente, ainda financiou a faculdade dela, hoje formada em Direito e funcionária concursada do Tribunal Regional do Trabalho da 4.ª Região.

No entanto, todos aqueles rendimentos não seriam suficientes para que Quintana acumulasse bens, o que não estava mesmo entre seus objetivos.

Os vícios

Dois vícios foram a sua marca: o cigarro e o álcool. Há inúmeras fotografias de Mario segurando um cigarro. Os entrevistadores e os amigos também sempre se referem àquele cigarro companheiro. Anteriormente retratamos uma pintura a óleo do poeta adolescente fumando. A motivação para começar a fumar, ele a descreveu em "Motivações"[8]:

> Quando eu era guri, comecei a fumar, foi para bancar o homenzinho. Mas que adiantou? Agora cigarro é vício de mulher...

Em "Prosa de bar"[9], ele imagina o diálogo entre dois amigos justamente sobre os vícios e um deles diz: "quem não bebe, não fuma, não joga no

8 *Porta giratória.*
9 *Porta giratória.*

bicho, nem nada... Isso não é vida de cristão, como dizem os gaúchos", ao que o eu lírico do poeta acrescenta: "Sim, porque afinal a verdadeira virtude está no sincero e difícil arrependimento e não na inocência boboca". Em entrevista de 1989, ele disse: "Fumo para curar a gripe. O cigarro facilita a expectoração".

Há um famoso poema-prosa, "Arte de fumar"[10] em que ele consagra o fumo:

> Desconfia dos que não fumam: esses não têm vida interior, não tem sentimentos. O cigarro é uma maneira disfarçada de suspirar...

Consta que ele teria largado o cigarro por breve período, ao final da década de 1980, mas voltou a fumar, de raiva, depois que Fernando Collor de Mello venceu as eleições de 1989. Daí em diante reduziu o uso, mas continuou a fumar até próximo dos 80 anos, quando parou de vez por exigência médica, pois ficava sem ar depois que fumava.

O jornal *Zero Hora* confirmou que Mario Quintana fumou seu último cigarro com a raiva dos indignados em janeiro de 1990: "Mês que elegeu um presidente de quem ele desconfiava e detestava".

Próximo de fazer 87 anos, ele e suas assistentes combinaram que ele fumaria só mais um cigarro no seu aniversário. E esse foi aceso na sexta-feira seguinte, após a cremosa torta de limão no dia do aniversário.

Quanto ao álcool, ele atribuiu a sua boemia à infância presa que tivera por conta de sua saúde precária. E fez até poema para consagrar bares e bebidas. Tratava-se de pontos de partida – estrelas-guias – para a reflexão sobre a vida, inexplicável e curta. Na prosa intitulada 5005618942, revelou que o que ele fazia nos bares era observar a vida: "aquele homem ali no balcão, caninha por caninha, nem desconfia que se acha conosco desde o início das eras. Pensa que está somente afogando os problemas dele, João Silva... Ele está é bebendo a milenar inquietação do mundo!"[11].

No entanto, o uso do álcool não era a simples boemia, era um vício mesmo e ele chegou a ser internado algumas vezes pela irmã Marieta e seu esposo Attila. Já em 1957, há registro de sua internação na Clínica Pinel, em Porto Alegre, para tratamento do alcoolismo.

10 *Sapato florido.*
11 *A vaca e o hipogrifo.*

Armindo Trevisan esclareceu que uma das internações ocorreu por pressão de sua irmã Marieta, que estava internada na Beneficência Portuguesa, com risco de morte. Como ela era muito religiosa e Armindo também, Mario o convidou para ir junto visitá-la no hospital, achando que a irmã morreria. Chegando lá, Marieta fez Mario prometer deixar de beber e ele concordou. Logo depois internou-se no Pinel e submeteu-se a um tratamento chamado laborterapia, que consistia em submeter os pacientes a trabalhos manuais. Mario chegou a aprender a fazer encadernações e outros trabalhos manuais. Marieta recuperou-se e teve alta. A revista *Aplauso* também registrou seu problema de alcoolismo e a internação no Pinel:

> No final de um longo período obscuro, de porres que o punham a dormir caído nas calçadas, a amiga e poeta Lara de Lemos encontrou-o em estado deplorável num quarto de pensão. Sobre a cama, jornais no lugar de lençóis, e um homem que mal conseguia ficar em pé. Alertou Érico e Mafalda Veríssimo. Para que o alcoolismo não o levasse à morte ou lhe levasse de vez a poesia, Mario ficou internado por um ano no Pinel.

Lara de Lemos, poeta e sua amiga, comentou a internação. Não se sabe se foi a mesma ou outra. Em carta datada de 7/11/1994 e endereçada a terceira pessoa, já após a morte de Quintana, narra uma história passada ao tempo em que ele trabalhava no *Correio do Povo*. Disse que Mario andava muito ausente da redação do jornal e todos sabiam de seu estado de saúde precário. Então, ela o levou ao Pinel, onde foi atendido pelo proprietário, dr. Marcelo Blayer, que constatou labirintite, além de convencê-lo a fazer terapia. A despesa do tratamento foi assumida por Breno Caldas, dono do *Correio*. Tempos depois de iniciada a terapia, Lara perguntou-lhe sobre suas sessões e ele respondeu que já tinha chegado a uma conclusão, espirituosa como sempre: “Os psicanalistas são incuráveis”.

O próprio Breno Caldas já o recolhera embriagado e caído na Praça da Alfândega algumas vezes. O tratamento contra o alcoolismo prosseguiu no Alcoólicos Anônimos, quando foi levado por sua sobrinha-neta Elena Quintana, que também tinha os mesmos vícios de beber e de fumar.

Quintana tratou de sua internação na obra "Interpretações"[12], suavizando-a: "Eu, como todo intelectual que se preze, estava apenas atacado de stress – coisa passageira e até necessária como o sarampo, nestes nossos conturbados tempos". Em 1985, quando esteve internado por mal-estar e perda de peso, seu médico Leo Weiss confirmou que o poeta tinha um histórico de alcoolismo.

Em entrevista de 1987, Quintana revelou que bebia e que parara de beber: "Eu parei. Foi muito difícil, mas parei, sabe. Minha bebida preferida na juventude era chope entremeado com cachaça. Um gole de cachaça pura de Santo Antônio (RS) e depois, como água fresca caída no deserto, aquele chope". Contudo, em 1989 ele afirmou: "Hoje não bebo mais. Mas não é por virtude. A saúde é que não deixa".

Solteirice, amores, mulheres

Mario Quintana nunca se casou e chegou-se a cogitar de sua assexualidade, embora nada o indique, muito menos a sua obra. Dulce Helfer esclarece que não há qualquer registro de ele ter se relacionado com homens, como algumas pessoas insinuavam.

O porquê de não ter se casado foi-lhe muitas vezes perguntado. Dulce contou que Mario dizia ser cavalo de fogo no horóscopo chinês, cuja característica é não formar famílias, por isso não seria recomendável que se casasse. Em uma das respostas mais antigas e extensas – não muito comuns – sobre o assunto, esclareceu, como sempre tergiversando:

> Vou dizer uma coisa que nunca disse, porque isso é meio chato. Quando me perguntam por que nunca casei eu digo, por exemplo, que não gosto de pijamas. Há muitos motivos paralelos também. Na minha época, o pijama era veste nupcial do noivo. Por mais pobre que fosse o camarada, não podia casar sem pijamas. Ora, eu jamais gostei de pijamas, porque a gente sunga as calças e os botões pisam na gente... E agora é tarde para casar. Tinha uma moça que sempre me perguntava: "Por que o senhor não casou?", e eu respondia: "Porque elas fazem muitas perguntas".

12 *Da preguiça como método de trabalho.*

> Mas o fato é que antes de tudo não tive tempo, aliás, elas não tiveram tempo. Porque eu estive em tantas partes que, quando uma coisa queria ficar mais ou menos séria, eu ia para outra parte... Outra coisa que colaborou muito para que não casasse foi o secretário de Educação de 1940, 1941, porque eu tinha uma namorada que era funcionária pública e ele a mudou de turno. Me desencontrei dela.

Em outra entrevista também aludiu à falta de tempo: "Talvez porque não tenha tido tempo. Eu andei muito... e sempre andando de um lado para o outro. E aí não tive tempo. Como é que vou saber por que é que não casei. Deve ter sido por causa dos astros, né? Vamos culpar os astros (risos)".

No mesmo ano, em outra entrevista, deu a seguinte resposta:

> Antigamente era quase impossível você sair sozinho com um amigo casado ou, o que era muito mais impossível, com a mulher dele. Aquilo me dava uma dolorosa impressão de xifopagia. Daí a frase que registrei num dos meus livros: "Casar deve ser tão chato quanto ser xifópago". Depois, tem o negócio da solidão. Ela é essencial para mim. Citando um verso da Bruna Lombardi, eu diria que, entre a solidariedade e a solidão, meu coração balança. Não escondo que eu tendo mais para essa última.

E repetiu essa ojeriza a casamento em um escrito: "...ser xifópago deve ser tão incômodo como ser casado..."[13]. Anos depois, deixou explícito o anseio por independência: "Tive umas namoradas como todo mundo. Mas elas foram muito compreensivas porque acabaram casando com outros para preservar minha independência. O que eu gosto, mais que tudo, é minha independência". Essa independência foi consagrada em "Ano-novo"[14]: "...Estou só, ó Vida/ Só e livre...".

Em outra ocasião, respondeu, espirituosamente, sobre o sucesso que tinha com as mulheres: "Ora, era uma coisa natural. As minhas namoradas sempre foram formidáveis. A bem-amada era um pretexto para a poesia. A bem-amada é um ponto de partida para a poesia, por isso é a musa

13 Coisas numeradas de 1 a 35, XXXI, *Caderno H*.

14 *Preparativos de viagem*.

e não um ponto de chegada". Em seguida, recusou-se a mencionar as suas musas: "Eu não posso dizer, porque dá dor de cotovelo nas outras". Em outra disse: "As mulheres fazem parte do amor. Mas sabe lá em que elas estão transformadas, nessas misteriosas alquimias do poema?"

Hélio Ricciardi elaborou um questionário de supostas perguntas a Mario Quintana e buscou as respostas em suas poesias. Sobre a pergunta se os poetas amam eternamente, encontrou a resposta em "Sempre"[15]: "Nós amamos os amigos mortos/ E só as amadas mortas amam eternamente".

Raul Moureau, recorrendo ao verso "Da primeira vez em que me assassinaram", perguntou-lhe quando fora a primeira vez que ele fora assassinado e se o assassino era do sexo masculino ou feminino. Quintana respondeu:

> Feminino... são as mulheres que assassinam a gente... Tudo passa com o tempo, quando me assassinaram, foi uma dor de cotovelo, mas tudo passa. Eu tive uma vez, como se diz, um amor mal correspondido, aquilo foi uma coisa horrível. Então eu fui assassinado. Olha que hoje não consigo me lembrar nem o nome dela, nem o nome da família dela.

O tema do seu *assassinato* retornou em outro soneto[16]. Para melhor compreensão da pergunta e da resposta, segue um trecho do soneto referido:

> Da vez primeira que me assassinaram
> Perdi um jeito de sorrir que eu tinha...
> Depois, de cada vez que me mataram,
> Foram levando qualquer coisa minha...[17]

Parece que a sua resposta àquela pergunta elucida esses dois sonetos e remete, possivelmente, a desilusões amorosas, amores não correspondidos.

Em mais outra entrevista, ele se recusou a dizer os nomes das mulheres que mais importaram na sua vida: "Eu não posso dizer o nome delas porque é perigoso, não é? (risos) Não dá para dizer". Mas acabou reve-

15 *Apontamentos de história sobrenatural.*
16 XXVI, *A rua dos cataventos.*
17 XVII, *A rua dos cataventos.*

lando, brincando, o seu amor platônico por Greta Garbo: "Greta Garbo era paixão mundial, claro. Era a paixão de todos nós. Não tinha nada de efetivo. E estar solteiro até hoje... eu sempre me apaixonei e a paixão é incompatível com o amor. O apaixonado é ciumento, insuportável e o amor não vê razões sempre".

Entretanto, apesar de revelar o respeito à mulher e ao feminino, Quintana tem dois textos que hoje seriam politicamente incorretos e suscitariam muitas críticas: "Esse olhar sonhador com que as mulheres saem do cinema onde a heroína sofreu uma curra..."[18]. É estranho também pelo emprego de termo chulo ("curra"), incomum em sua obra. No outro ele utiliza um pensamento atribuído a Nietzsche afirmando que o homem foi feito para guerrear e a mulher para dançar para ele, propondo um outro mais humano, segundo ele: "O homem foi feito para comer e a mulher para servi-lo à mesa"[19]. Lembremos, porém, que os dois textos foram publicados em 1973, época na qual eram aceitos com normalidade, o que seria inaceitável nos dias atuais.

Em outros três poemas, ele assume um tom de intimidade com o corpo da mulher, uma "corpografia": "Abril é bom para estudar Corpografia"[20], ou em "Estes seios que te vieram/Decerto são meus filhinhos..."[21] e, de certo modo surpreendente, em "A bem-amada da praia"[22]:

Sua bundinha
Deixou na areia
A forma exata
De um coração!

Sobre eventuais amores do poeta, a revista *Manchete* insinuou uma "paixão recolhida" por Clarice Lispector e talvez pela velha amiga Lila Ripoll, porém quase nada se sabia a respeito.

Certa vez, perguntado quem inspirou sua poesia "Solau à moda antiga", ele admitiu, dessa vez sem qualquer subterfúgio: "Foi a Cecília Meireles, ela era muito bonita, todo mundo era apaixonado por ela, todos

18 Cine, *Caderno H.*
19 O herói e a bailarina, *Caderno H.*
20 "Primeiro poema de abril", dedicado a uma de suas entrevistadoras, Evelyn Berg, *in Preparativos de viagem.*
21 Trova, *Preparativos de viagem* e *A cor do invisível.*
22 *Preparativos de viagem.*

nós. Ela é muito minha amiga, foi quem publicou meus sonetos e poemas lá no Rio". Segue trecho dessa poesia[23]:

> Senhora eu vos amo tanto
> Que até por vosso marido
> Me dá um certo quebranto

Sobre a poetisa Cecília Meireles, ele ainda acrescentou em outra entrevista: "O único poeta puro que conheci. Ela era a poesia em pessoa". A explicação sobre a poesia pura de Cecília Meireles veio numa prosa na qual esclareceu que tinha horror ao sentimentalismo verbal, por isso acresceu "certos toques de 'humour' nos meus poemas. Uns toques de impureza, pois. E na verdade te digo que poeta puro, mesmo, 'na santidade da sua nudez', só mesmo a Cecília Meireles"[24].

Consta que ele nutria um amor platônico por Cecília Meireles e ela nunca ficou sabendo. Dulce Helfer confirmou que o poeta lhe disse que a única pessoa com quem se casaria seria ela, mas não tinha qualquer esperança porque ela era casada e ele se considerava um tanto insignificante diante daquela mulher pela qual todos eram apaixonados.

Dulce ouviu de Mario Quintana a história de que ele e Manoel Bandeira, também apaixonado por Cecília, foram convidados por ela para um chá, sem a presença do marido dela. Eles ficaram tão excitados que, para criar coragem, pararam em todos os bares para beber e, assim, ficaram tão bêbados que nem conseguiram chegar na casa dela. O poeta contava a história e dava largas gargalhadas sobre o episódio.

Os contatos mais frequentes entre Quintana e Cecília Meireles ocorreram entre 1936 e 1938, quando esteve no Rio trabalhando para a *Gazeta do Rio*. Nesse período, a poetisa havia acabado de enviuvar do primeiro marido, o artista plástico português Fernando Correa Dias, com quem se casara em 24/10/1922; porém ele se suicidou em 1935. Cecília só voltou a se casar em 1940, com o engenheiro agrônomo Heitor Vinicius da Silveira Grillo. Ambos faleceram em 1964.

O poema "Solau à moda antiga" foi publicado somente em 1980, bem depois da morte de Cecília e de seu marido, mas não se sabe quando foi

23 Solau à moda antiga, *Esconderijos do tempo*.
24 Acontece que, *Caderno H*.

escrito, porque Quintana não fazia os livros na ordem cronológica dos poemas, mas optava por uma certa unidade entre eles. Pode ser que o marido a que se referiu o Solau – se é que tenha se referido a um marido mesmo, pois a palavra poderia estar no lugar de qualquer coisa que Cecilia tocasse – tenha sido Heitor Grillo, pois Quintana não deve ter conhecido o primeiro.

Mario Quintana contou uma história engraçada sobre Cecília Meireles; na verdade, uma crítica muito sutil. Ele mostrara para ela seus poemas e havia alguns que iniciavam com "como": "como essas coisas que não valem nada...". Cecília sorriu e comentou: "Mario, aonde é que você vai parar com esse regime alimentício, comendo folhas secas, taças quebradas, coisas assim...?"[25]. Bastou isso para Quintana nunca mais fazer poemas começando com "como"!

O jornalista Paulo Gasparotto também relata um amor platônico do poeta por Gilda Marinho, uma linda mulher, jornalista, que exerceu forte influência na vida social de Porto Alegre na primeira metade do século XX. Gilda era uma mulher à frente de seu tempo: independente financeiramente, dirigia automóveis, pintava o cabelo, fumava, vestia saias curtas e calças cumpridas, tudo isso num tempo em que a sociedade não aceitava que as mulheres fizessem tais coisas. Além disso, ela ainda era militante comunista e, por isso, foi presa durante o governo Vargas. Por tudo isso, Gilda Marinho exercia certo fascínio na sociedade gaúcha, principalmente entre os homens.

Veja-se que, em certo sentido, Cecília Meireles e Gilda Marinho tinham algo em comum que o atraía: eram bonitas, famosas, bem-sucedidas e independentes. E ambas morreram sem saber de seu amor platônico.

Outra paixão de Quintana foi Eloí Calage, confirmada por Paula Quintana Biazus, sobrinha-bisneta do poeta e sobrinha de Elena Quintana. Paula ouviu essa versão da própria Elena.

A análise do acervo de correspondências do poeta leva a insinuar um amor talvez proibido, talvez furtivo, com Eloí Calage. Há um grande volume de cartas de Eloí, entrecortado por viagens a trabalho por parte dela. Tratava-se de uma jornalista conceituada, casada, nascida em 1942, ou seja, 36 anos mais nova que ele. Suas cartas ao poeta são testemu-

25 E por falar nisso, *Da preguiça como método de trabalho.*

nhos de um amor sincero e bonito, verdadeiros poemas em prosa, dignos de comporem uma obra poética. Foram escritas de 1966 até a morte de Quintana.

Em uma de suas primeiras cartas, de 29/07/1966, ela escreveu: "Tu és os meus vidros... coisa tão funda que transparente. Mas eternamente frágil". Alguns pequenos trechos que demonstram esse sentimento: "Gostei de andar ao teu lado, só nós dois, pela rua. Da próxima vez gostaria de tomar um café sentado, tenho saudades de nós dois. Não há nada como estar a sós e a dois" (27/06/1989). "O incrível é que consigo ouvir a tua voz, isso me faz suspirar aqueles suspiros compridos que são cheios de coisas boas. Fecho os olhos, penso na mesma coisa, nem sequer em outra... e te amo despudoradamente" (sem data). "Estou indo. Dormes tão *tranquilito* que não tenho covardia suficiente para te acordar. Não teria sentido: sonhando – quem sabes – estarás comigo agora? Aquele beijocão". "Hoje (...) disse que você e eu somos uma maneira de eu ser infiel a ele. Fiquei quieta, como devia. Mas, imagina, se o meu amor por ti vai ser só uma nesga de um outro amor... o amor que vos tenho, meu senhor, tem o gosto de minha vida. Não dessa vida vivida, que é tão contrária ao amor, mas da vida sonhada, desta vida que vivemos, em outro mundo" (sem data). "Saudade. Te procuro nos teus poemas" (sem data). "Outro dia pensei que, já que fazemos sexo grupal por telefone, podias também, caso te custe escrever, ditar as cartas... Assim, elas terão sempre um ar suspeito, de cartas apócrifas, acho uma beleza." (sem data).

Nessa última carta, há um trecho muito interessante que dá conta da personalidade de Quintana. Estavam a missivista e o poeta deprimidos e falando mal do mundo, até que a depressão deu lugar à raiva e, ela conta: "Quando já estávamos quase babando de raiva tu me olhaste num riso e, o dedo apontado para a porta: vamos para casa escrever alguma coisa, aproveitar esta santa raiva. A raiva leva a gente em frente... a raiva faz uma falta danada".

Há outras com essas belas confissões: "Ontem, à noite, fiquei pensando que louco amor é este que nós sentimos por nós. Às vezes, acho que não é a ti que eu amo, mas a nós" (agosto de 1986); "Meu viver é em ti! Te amo!" (sem data). "Hoje não consegui nem sair do quarto de tanta saudade. queimei um daqueles e nem tive jeito de pegar um livro teu, queria era estar contigo, aquela história de calor animal. recordar também é viver e, com um nó na garganta e fungando o nariz, as lágrimas turvando o meu olhar, eu te escrevo e te recordo... pois a conversa estava tão boa, tu saíste e disseste que ias voltar para tomarmos um café sentado num daqueles bares lá para o outro extremo da rua da praia... e voltastes, e fomos indo, e a tarde estava fria e estávamos felizes. suspiravas feito um louco, bem alto, pela rua, a cabeça muito erguida, acima de todos e de tudo. de vez em quando gargalhavas. e eu gargalhava junto contigo, que não parava de rir. um bobajol completo nós dois: não *l'art du bonheur* mas *art de vivre*... (sic) (sem data).

Uma das missivas de Eloí mais expressivas e eloquentes, da qual não se sabe a data, e com uma visão peculiar do amor, tem o seguinte trecho:

> (...) nesta vida não consegui ser médico nem monstro, me tocou viver os dois. mas quando eu viro monstro, és o meu parceiro preferido, o único. fiquei pensando muito em nós e como eu sempre te quis, dum jeito único, como só quero a ti. em geral, as pessoas confundem único com um só. como se o único amor se confundisse com esta coisa menor, que exclui todos os outros amores. tu és, duma maneira mais livre, o único amor que eu tenho. tem uma Eloí que só existe contigo, estejas tu por perto ou não. não preciso sequer de uma foto, tu existes dentro de mim. (sic)

Em outras cartas, sela um beijo de batom vermelho na folha (março de 1985) e diz que tem ciúmes do pijama do poeta (sem data): "Tu estás tão bonito de azul... e eu partindo outra vez. Viajo com ciúmes do pijama novo. Mas te levo comigo e fico contigo, onde estivermos. Foi assim, desde o primeiro instante".

Ela também lhe remeteu um estudo astrológico de compatibilidade dos dois, em junho de 1992, de autoria de Vera Fedrizzi, que dizia:

> MQ Sol em Leão, Lua em Sagitário e ascendente em Peixes. Conclusão: cada um sendo um pouco o espelho e o referencial do outro. Impossíveis de se separarem no tempo, mas incapazes de poderem viver juntos. Prováveis laços cármicos a serem resgatados ainda em outras vidas, pois o potencial da relação em toda a sua complexidade não foi suficientemente saldado ainda. O tempo é a grande tônica deste relacionamento

> e também o comprometimento de ambos, um com o outro, apesar de todas as possíveis limitações. Como se os dois se superassem e à sua solidão, através do belo, da harmonia e do amor... Aprendizado de amor e de liberdade.

Na parte do mapa referente a ela, a astróloga colhe seu nome completo como Eloí Angelina Duarte Calage, nascida em 21/12/1942, e a descreve como uma "pessoa contraditória, repleta de contrastes, e este é o seu principal fascínio, mas também, provavelmente, a fonte dos seus conflitos internos que precisam ser transmutados de maneira mais concreta, saudável, a fim de você mesma poder usufruir melhor seu rico e variado potencial... Inspirada, expressiva, corajosa, com sede de conhecimento e experiências, necessidade de expansão e liberdade, e vontade de correr o mundo... Necessidade de solidão, independência e privacidade, que podem gerar sérios conflitos nos seus relacionamentos".

Eloí era uma profissional muito produtiva e com muitas habilidades, tanto que, numa carta de 1986, propõe produzir um curta-metragem sobre Quintana, a partir da perspectiva de um menino de 10 anos, mas o projeto não foi à frente.

Após a morte do poeta, em 1994, ela enviou uma carta para Elena Quintana nos seguintes termos: "E eu continuo amando esperançadamente o Mario Quintana, que não teve outro amor tão grande quanto o que entregou à poesia, o menino louco... Nunca acreditei ser *a* grande amiga, nunca. Aí estava a beleza da gente. Quando ele escreveu que todos os poemas são de amor[26] e me falou de um amor especial, único, me lembro que respondi: 'Que bobagem, Mario; todos os amores são de amor'. Naquela tarde fomos ao correio, depois admiramos o cheiro das acácias-mimosas na praça. Quando me deixou na parada do bonde, ele deu uma gargalhada: 'Guriazinha, estamos perdidos! Tu estás deixando de ser burrinha...'. E citou o poema 'As estrelas'".

Não encontramos, porém, o poema referido, não com esse título. Talvez ela tenha se referido ao poema "Das utopias"[27], um dos mais bonitos de Mario e que pode muito bem explicar o relacionamento deles:

26 O poema e o tema, *Porta giratória*.

27 *Espelho mágico* e *80 anos de poesia* (antologia).

Se as coisas são inatingíveis... ora!
não é motivo para não querê-las...
Que tristes os caminhos, se não fora
a mágica presença das estrelas!

Essa poesia tem muito a ver com eles: um relacionamento proibido, inatingível, portanto, em termos de plenitude. No entanto, isso não seria razão para não o querer, porque, de certo modo, iluminava a vida de ambos. Esclareça-se, porém, que o poema não foi escrito para Eloí, mas em 1945.

Em uma carta ao poeta, Eloí está lisonjeada com a descrição que Mario fez dela ao amigo comum Augusto Meyer, dizendo que ela parecia fisicamente com Claudia Cardinale e a teria definido como “um bicho solitário, mas com inquietantes tendências para gente...”. E ela lhe respondeu, em tom de brincadeira: “Vou te ensinar o que são tendências...”.

No acervo de Liane dos Santos, há uma carta de Mario de 16/08/1986, na qual ele brinca com os ciúmes que havia entre suas amigas e especialmente entre Liane e Eloí: “Espero que venhas para a Feira do Livro de Porto Alegre... Das minhas amadas, só compareceu Eloí Calage, aquela com quem trocavas olhares assassinos”.

Enfim, seja qual tenha sido o sentimento e seja qual tenha sido a sua possibilidade, foi algo muito profundo, a julgar pela beleza e leveza das cartas.

No acervo de Mario Quintana há poucos registros de cartas por ele enviadas, de modo que não conseguimos saber o que ele escrevia em resposta, mas pode-se suspeitar que o amor era correspondido. Há, ainda, cartas de Quintana para Eloí que estão com sua irmã Aurea Marisa Duarte Calage, contudo, não é possível consultá-las.

Já dissemos que Dulce Helfer se refere ao platonismo dos amores de Quintana pelo fato de o poeta não se considerar interessante, talvez pelas precárias condições físicas na infância, pelo alcoolismo desde a juventude e por ter frustrado as expectativas dos pais ao não ter sucesso no Colégio Militar, nem em qualquer outra atividade. Lembremo-nos que o poeta só ficou famoso a partir dos 60 anos de idade. Mas Dulce admite que Quintana deve ter tido algo mais sério com alguém, pois viu uma mulher deitada em sua cama, embora na presença de Elena. Era, portanto, uma mulher que já frequentava o círculo mais próximo do poeta.

Inegavelmente, o amor é um tema importante na poesia de Quintana, que certa vez explicou sobre seus poemas de amor: "Sempre gostei de cidades pequenas, paisagens, ruas, coisas comuns de toda gente: namorados, amantes, poemas de amor. Não quer dizer que eles sejam para alguém especial. As pessoas insistem em saber para quem são os meus poemas de amor. Não são para ninguém. A gente ama no ar". Em uma poesia ele decretou: "Todos os poemas são de amor!"[28].

Em uma das entrevistas mais sérias que ele concedeu, em que abordou temas ainda hoje atuais e importantes, ele discorreu sobre o feminismo e sobre o amor: "Mulher é um desses assuntos tão amplos que não tenho o que dizer, só vendo num dicionário. O feminismo, em si, acho uma coisa notável. A mulher era usada como objeto... No amor, uma pessoa inventa a outra. Ninguém pode ter as qualidades que o amador sente na pessoa amada. O amor é a vitória da imaginação". O texto contém mais um de seus pensamentos filosóficos, uma filosofia da vida e essa frase compôs o primeiro verso da poesia "Quem ama inventa"[29]: "Quem ama inventa as coisas a que ama...".

E volta a filosofar sobre o amor em dois versos em prosa muito bem inspirados:

> Amar é mudar a alma de casa.[30]
> Os que fazem amor não estão fazendo apenas amor: estão dando corda ao relógio do mundo.[31]

O ser social e político

Apesar da fama que o poeta passou a ter após os 60 anos, um soneto[32] publicado no seu primeiro livro (1940) passou a ser objeto de intensa

28 Se o poeta falar num gato, *Esconderijos do tempo*.
29 *A cor do invisível*. O verso também consta no texto Quem ama..., *Da preguiça como método de trabalho*.
30 Carreto, *Antologia poética*.
31 Vigilantes noturnos, *Da preguiça como método de trabalho*.
32 V, *A rua dos cataventos*.

crítica por sua suposta alienação social e política. Convém ler um trecho dele para melhor compreensão:

> Eu nada entendo da questão social,
> Eu faço parte dela, simplesmente...
> E sei apenas do meu próprio mal,
> Que não é bem o mal de toda a gente,
>
> Nem é deste Planeta...Por sinal
> Que o mundo se lhe mostra indiferente!
> ...
> Entre os Loucos, os Mortos e as Crianças,
> É lá que eu canto, numa eterna ronda,
> Nossos comuns desejos e esperanças!...

Marco Tulio de Rose explicou que essa crítica ficou mais forte após a notícia da morte de Pablo Neruda, em 1973, conhecido por suas poesias que continham forte crítica social e política. Passaram a comparar Quintana com o poeta chileno, a quem reconheciam como poeta social e corajoso.

Várias vezes o poeta teve que se explicar sobre a ausência de engajamento em sua poesia. Certa vez, perguntaram-lhe o que achava da poesia engajada e ele respondeu inusitadamente com uma crítica curta ao entrevistador: "O mesmo que acho das perguntas engajadas".

Do mesmo modo, ele também criticou o engajamento de poetas em uma prosa-verbete no *Caderno H*: "Proletário – Sujeito explorado financeiramente pelos patrões e literariamente pelos poetas engajados"[33]. E estendeu a crítica a toda manifestação artística engajada[34], como visto anteriormente. Tanto a entrevista como a prosa foram feitas em plena ditadura militar, em que imperava a censura nos meios de comunicação e na cultura em geral. Armindo Trevisan veio em sua defesa com um texto candente:

33 Proletário, *Caderno H*.
34 Coisas numeradas de 1 a 35, XXIII, *Caderno H*.

> Surpreende-me, sempre de novo, a miopia de leitores da época. Toda a poesia de Quintana contém vírus antiburgueses, vírus *antiestablishment*, anti tudo o que induz o homem à indiferença social e à hipocrisia. Existe nos seus poemas, em geral, uma secreta antipatia a qualquer coisa que humilhe o homem, que o prive de sua liberdade, que o torne explorador de outros homens, que o submeta às leis do mercado e do marketing. O "defeito" de Quintana foi não ser retórico, foi ter ojeriza a palanques, não encher os pulmões de empáfia, de certezas duvidosas sobre a distribuição de renda e os direitos humanos. Quando lemos o poeta, topamos, em cada um de seus versos, com o murmúrio da inocência, o grito – sufocado – dos injustiçados, a dor anestesiada dos miseráveis. Resumindo: o mal de Quintana foi ser um autêntico poeta e – além disso – um poeta inteligente. A política de Quintana era a dos idealistas, a dos homens de boa vontade que sabem que a palavra pode ajudar a combater o Dragão da Maldade, mas não matá-lo. Para matá-lo faz-se mister que os leitores, na companhia do poeta, votem em candidatos dignos desse nome. É verdade que jamais saberemos em quem ele votava. Temos, porém, certeza moral de que Quintana votava a favor dos que lhe pareciam mais próximos de uma utopia socialista. De qualquer maneira, cessem de citar o mencionado soneto como algo depreciador do poeta!

Com efeito, seu antiburguesismo é nítido em sua prosa e poética, como em "O sapo"[35], em que compara um sapo balofo a um velho burguês que passou a noite na farra. Em outro texto, ele comenta o Carlitos de Chaplin, destacando a crítica exagerada aos burgueses, embora reconheça a procedência da crítica:

> Os "burgueses" desprezam o pobre e o párea social, sentimento esse que Chaplin levou longe demais ao transformá-lo num palhaço – o Carlitos[36].

35 *Caderno H.*

36 Em voz mais alta, *Caderno H.*

Em "Jardim fechado"[37], ele ironizou o modo de vida burguês utilizando a imagem de um jardim com vista para a rua, que talvez esteja simbolizando a ostentação. Ele escreveu que esses jardins são "mera ostentação burguesa". No texto, todo jardim deveria ser fechado, voltado para o interior.

> Dias maravilhosos em que os jornais vêm cheios de poesia...
> E do lábio do amigo brotam palavras de eterno encanto...
> Dias mágicos..."
> E que os burgueses espiam,
> Através da vidraça dos escritórios,
> A graça gratuita das nuvens...[38]

Em outro texto, "Dos rituais"[39], ele volta a criticar os salamaleques dos ricos, comparando-os aos rituais dos primitivos: "Quando você estiver metido entre grã-finos, é preciso ter muito, muito cuidado: eles são tão primitivos...".

O modo franciscano como viveu demonstra cabalmente que ele não cultivava os valores burgueses. Viveu e morreu sem bens materiais, apenas com alguns objetos pessoais de pouquíssimo valor.

Se for para usar o soneto referido no início (soneto V) como crítica a uma certa alienação do poeta, é preciso antes compreendê-lo. Retomando o soneto referido, Tania Franco Carvalhal, que prefaciou *A rua dos cataventos* e é estudiosa da vida e obra do poeta, explicou que o soneto faz referência ao cerne do livro, a infância, um tempo perdido que Mario Quintana quer reencontrar. Ele vincula-se a uma concepção romântica – a do poeta que sofre e se situa à margem da sociedade, segundo ela. É essa exclusão voluntária que está expressa no soneto V e que serviu de mote para as críticas por sua suposta alienação. Deste modo, o poeta está isolado do mundo porque sua dor "nem é deste planeta". Tania Carvalhal explica que este lugar fora do mundo "lhe é favorável: assegura-lhe o posto de observador e lhe permite expressar sentimentos próprios que, ao final, serão de todos os leitores".

37 *Da preguiça como método de trabalho.*
38 O milagre, *Antologia poética.*
39 *A vaca e o hipogrifo.*

Com efeito, esse sentimento independe da questão social: pobres e ricos sentem a mesma dor diante do mistério da vida, que é universal. A partir da sua dor individual, ele pode cantar para os Loucos, os Mortos e as Crianças, ou seja, para os que não são deste mundo racionalizado e, assim, ele atinge a dor universal de todos os seres humanos.

Deste modo, a crítica ao soneto V é muito pouco para acusá-lo de alienação social. O conjunto de sua obra pode levar o leitor a ter sua própria opinião sobre o poeta ter sido um crítico social ou não.

Considere-se, ainda, a influência simbolista em Quintana. O simbolismo prezava a arte pela arte, sem se preocupar com o estado da sociedade, de modo que o poeta olhava para dentro de si mesmo para encontrar o que lhe parecia universal: a condição humana. Sua poesia é lírica, ou seja, expressa uma explosão de sentimentos, sensações e emoções que são universais, independentemente das condições sociais e políticas.

Em "O autor invisível"[40], Quintana conta uma história que pode servir para explicar a equidistância dos escritores em relação aos problemas mundanos. Nele, o poeta narra a presença do romancista Sir Bulver-Lytton em uma festa num castelo inglês, que vagava por entre os convidados sem falar com ninguém, como se estivesse invisível. O anfitrião teria explicado aos convidados que aquele comportamento se devia ao fato de o romancista estar gagá. Depois de narrar isso, Quintana comentou:

> Gagá? Mas o que ele estava realizando era o ideal de todo verdadeiro romancista: ser isento de quaisquer inibições, de respeitos de qualquer ordem, e ver, portanto, imparcialmente o mundo. Não embelezar, não reformar, não polemizar: ver!

De certo modo, era isso que Mario fazia em seus poemas: não reformar, não polemizar, ver o homem e seus sentimentos universais, desprezando as questões circunstanciais que ele até podia usar como uma espécie de adereço ao tema.

Armindo Trevisan, que conviveu com o poeta, dá a pista: "Percebi, isso sim, traços de desinteresse das coisas vãs e mutáveis da Província, de

40 *Caderno H.*

solene distraído que caçoava das idiotices da vida. Apesar disso, era um homem razoavelmente informado do que corria e ocorria pela cidade".

Há alguns poemas que contêm inegável crítica social e política, como em "Cocktail Party"[41]:

> Não tenho vergonha de dizer que estou triste,
> não dessa tristeza ignominiosa dos que, em vez de se
> matarem, fazem poemas:
> Estou triste porque vocês são burros e feios
> e não morrem nunca...
> ...
> Eu sigo adiante. Misturo-me a vocês. Acho vocês uns amores.
> Na minha cara há um vasto sorriso pintado a vermelhão.
> E trocamos brindes,
> acreditamos em tudo o que vem nos jornais.
> Somos democratas e escravocratas.
> Nossas almas? Sei lá!
> Mas como são belos os filmes coloridos!

Há aí uma crítica à futilidade e à falsidade da vida: apesar da tristeza, as pessoas trocam brindes. E, também, à ambiguidade política: democratas que defendem a escravidão. Segundo José Eduardo Degrazia, ao analisar justamente essa poesia de sua fase dos anos 1970, "o seu lirismo permanece, mas agora está cheio de um rancor que o transforma... A visão filosófica de Quintana se torna corrosiva e anárquica".

Podemos mencionar, ainda, "Da humana condição"[42]:

> Custa o rico a entrar no Céu
> (Afirma o povo e não erra).
> Porém muito mais difícil
> É um pobre ficar na terra...

Pode ser que haja no poema uma forte crítica à gravíssima questão fundiária no Brasil, onde a terra foi dada pela Coroa aos nobres em ses-

41 *Antologia poética.*
42 *Poesia completa.*

marias e daí dividida entre seus herdeiros pelos séculos afora, até chegar no quadro atual de concentração de latifúndios.

Em outro poema[43], ele indagou: "Quem foi que disse que eu escrevo para as elites? (...) Eu escrevo para a Maria de Todo Dia/ Eu escrevo para o João Cara de Pão (...) Que quase sempre estão em situação crítica!".

Em "Lagosta à moda francesa"[44], ele associa os marginais a um remorso de fundo coletivo. E em "Um simples lugar comum", Mario novamente faz uma crítica social que busca justificar os que são atirados aos crimes: "Todos esses roubos, todos esses assassinatos vêm apenas da fome/ Que conturba este nosso terrível mundo atual"[45].

Quintana comprovou que não era "alienado" em entrevista concedida ao *Correio do Povo*, em 28/02/1982, talvez a mais engajada de toda a sua vida, quando defendeu a dignidade humana e a educação, posicionou-se contra a discriminação racial e a favor da igualdade da mulher e do feminismo, pelo que mereceu finalmente uma carta de elogio do cardeal Vicente Scherer. Nessa entrevista, ao defender o direito de educação para todos, contou que cedeu os direitos do livro *Pé de pilão* para uma creche e sugeriu que 0,5% do valor arrecadado com o livro no país fosse revertido em favor dela:

> Quando lanço uma ideia, as pessoas dizem que são coisas de poeta. Ninguém acredita em pregar prego sem estopa. Este é um prego com estopim. Basta considerar quanto se gasta em orçamento de guerra em todos os países do mundo e comparar com educação. Bastaria que fossem dados 0,5% de cada livro publicado para a educação. Acho que o analfabetismo é uma porta fechada, só gera subemprego, e por sua vez sub-homens e uma porção de outros subs. Resultado: só podem subsistir assaltando, matando, prostituindo. Tudo isso vem do desajuste social provocado pelo analfabetismo, que veda o acesso a profissões condignas com a condição humana. Todo mundo tem a sua mania de salvar a humanidade. A minha é essa.

43 Dedicatória, *A cor do invisível*.
44 *Porta giratória*.
45 *Velório sem defunto*.

No texto "Cantinflas"[46], criticou a dublagem dos filmes porque desobrigaria o público de ler as legendas dos filmes, e que deveria ser uma estratégia para convencer as pessoas à leitura e à alfabetização. E voltou a decretar: "O analfabetismo é uma porta fechada".

Sobre a discriminação racial, vociferou: "As almas não têm cor". Sobre o machismo: "As mulheres não foram feitas para amar, mas para serem amadas, ora bolas! Ninguém tem o direito sobre ninguém, tudo depende da dignidade do ser humano". E sobre o adultério: "É, antes de tudo, falta de critério, de dignidade. Alguém está enganando alguém, quando bastaria um dizer para o outro: vamos deixar disso, e pronto!".

Bem antes do tema da imigração, que hoje preocupa governos e entidades não governamentais, ele antecipou seu posicionamento sobre o assunto com a poesia "A Terra"[47], na década de 1970, que começa assim: "As fronteiras foram riscadas no mapa/ A Terra não sabe disso...".

Em "Roubo infinito"[48], ele se posicionou contra o aborto:

> O aborto não é, como dizem, um assassinato. É um roubo. Nem pode haver roubo maior. Porque, ao malogrado nascituro, rouba-lhe este mundo, o céu, as estrelas, o universo, tudo! O aborto é um roubo infinito.

Por outro lado, essas críticas não eram motivadas por um conservadorismo moral, mas pela sua razão, sua observação do mundo, porque ele se referia aos puritanos de maneira crítica também: "a depravada imaginação dos puritanos"[49]. Fazia o mesmo com os moralistas: "Ah! esses moralistas... Não há nada que empeste mais que um desinfetante"[50].

No que diz respeito à questão política, acontecia um distanciamento deliberado, acentuado pela aversão à política e aos políticos, como já comentamos. Em "Perguntas & Respostas"[51], Quintana comentou sobre as entrevistas que concedia e as insinuações "marotas" de profissionais da imprensa sobre sua suposta alienação social e política. Ele já tinha uma

46 *Da preguiça como método de trabalho.*
47 *A vaca e o hipogrifo.*
48 *Da preguiça como método de trabalho.*
49 Os puritanos, *Da preguiça como método de trabalho.*
50 Ah!, *Da preguiça como método de trabalho.*
51 *A vaca e o hipogrifo.*

resposta pronta: "Calma, calma! Peço licença para observar-lhes que o velho Karl Marx só escrevia poemas de amor... Aí o cara embatuca. Muito obrigado, meu velho Marx".

Há outra referência a Marx em "Armas desiguais"[52]: "Quando o velho Karl Marx proclamou a luta de classes, vocês pensam que os patrões se alarmaram? Qual nada! Babaram-se de puro gozo". O título da prosa-poema já insinua que os barões ficaram tranquilos, porque estavam certos de que tinham melhores armas que os proletários.

Apesar de ter sido criado numa família de maragatos, de seus pais terem conspirado contra o governo estadual; apesar de ter-se alistado na Revolução de 30 nas tropas de Getúlio Vargas, sua poesia não é política, provavelmente pelas mesmas razões alinhadas anteriormente.

No entanto, suas adesões a essas insurgências políticas gaúchas podem dar alguma pista – certamente frágil – de sua orientação política. As lutas políticas entre maragatos e chimangos eram travadas entre membros da elite rural do Estado. Não lutavam por causas que incluíssem social e politicamente as classes inferiores. Mesmo após a criação do Partido Republicano Riograndense, com sua proposta centralizadora, modernizadora da economia, liberal e abolicionista – partido em relação ao qual a família de Quintana se opunha – a prática partidária continuou a mesma de sempre, de defesa da elite rural gaúcha, com uma forte dose de autoritarismo. Até o tema do abolicionismo foi conduzido com ambiguidade, a mesma ambiguidade que marcou a prática política da oposição conservadora e burguesa.

Já com o surgimento de Getúlio Vargas no cenário político, as coisas começaram a mudar. Sua proposta era de romper com as práticas da velha aristocracia rural do café com leite e, para tanto, Getúlio, com sua política de industrialização, propiciou a formação de uma classe operária para a qual governou por longo período, concedendo-lhe proteção social e trabalhista antes inexistentes, como se sabe.

Sabemos que Quintana considerava Getúlio Vargas um estadista. Ele o mencionou em uma entrevista já citada aqui. No texto "Getúlio"[53], escrito em 13/11/1954 e dedicado ao ex-presidente, ele se declara abalado com o seu suicídio e sem conseguir dormir. Então, a partir de 1930, Quin-

52 *Da preguiça como método de trabalho.*
53 *Porta giratória.*

tana demonstrou ser partidário do velho trabalhismo, portanto, afastado das causas burguesas, estrato social de sua família.

Outro detalhe que talvez confirme seu apreço pelo trabalhismo era sua amizade com a poetisa Lara de Lemos, de quem recebia muito carinho e apreço, que retribuía dizendo que Quintana era a sua maior influência. Lara foi a autora da letra do Hino da Campanha pela Legalidade[54], liderada pelo também trabalhista Leonel Brizola, quando os militares se opuseram à posse de João Goulart, após a renúncia do então presidente Jânio Quadros.

Apesar dessas pistas de que não era um liberal conservador e, sim, que tinha uma certa simpatia pelo trabalhismo e suas causas sociais, o poeta não criticou o golpe de 1964, como outros poetas, músicos e intelectuais fizeram – na medida do possível para aquela época de terrorismo de estado. Nem em sua obra, nem em sua vida. Na obra, se limitou a registrar certa preocupação reinante no dia seguinte ao do golpe de 1964:

> E, por falar em pessimismo, naquela ainda indecisa mas já histórica manhã de 2 de abril de 1964, ouvi, no Largo dos Medeiros, um velho dizer a outro: "A coisa não pode estar boa! Anda muita gente de cara alegre..."[55]

Apesar do silêncio reiterado em relação ao golpe de 1964, pode-se encontrar em sua obra uma possível e singela censura nas entrelinhas de um texto:

> O Doutor Dogmático ajeitou os óculos. E decretou: "Meus senhores e minhas senhoras, ilustrados agentes da Censura e demais entidades aqui representadas – como acabei de vos provar, a fantasia está morta".
> E fez um gesto definitivo.
> Porém, com tamanha infelicidade o fez que, da ponta de cada dedo espetado no silêncio do ar poluído, brotaram-lhe inesperadamente flores súbitas. E nenhuma parecia deste mundo.[56]

54 ABREU, *op. cit*, posição 2669.
55 Coisas numeradas de 1 a 35, XXVIII, *Caderno H*.
56 Final de conferência, *Caderno H*.

Ora, o ar poluído bem poderia corresponder àqueles anos de chumbo. O silêncio era a própria censura imperando. E a censura parece incapaz de deter a fantasia que ressurge nos dedos do dogmático que discursa.

Talvez a sua omissão em abordar temas políticos possa ser compreendida pela lembrança que tinha da infância numa família maragata, sempre preocupada com uma possível delação ao governo provincial, autoritário e truculento, o que pode ter contribuído para que ele evitasse se envolver com política.

No entanto, dizer que ele se aproximava do socialismo utópico – como mencionou Trevisan – vai uma grande diferença. Nada indica a simpatia do poeta pelo espectro mais à esquerda da política. E a recíproca pode ser verdadeira: por ocasião de sua candidatura à Academia Brasileira de Letras, consta uma carta que ele recebeu do Partido Comunista relatando que era contra a sua eleição, episódio que será narrado mais adiante.

Talvez se possa reconhecer até uma certa ironia crítica contra o comunismo em alguns poemas[57] [58]. Ele foi diretamente ao ponto no texto "Anacronismo"[59]: "O Brasil é o único país do mundo em que ser comunista ainda é sinal de ideias avançadas".

Quintana foi mais direto ainda quando contou sobre seu alistamento ao 7.º Batalhão, acompanhando a Revolução de 1930: "Mas não cheguei a dar nenhum tiro, pois o poder constituído aderiu. É sempre assim no Brasil: as revoluções ficam na metade, pois o poder adere na última hora. Não pense, contudo, que sou comunista. O sujeito que quer ficar rico não pode ser comunista". Este final de frase foi mais uma troça, pois sabemos que ele não se preocupava com riqueza material. Também há ironia em sua citação sobre a democracia:

> O que há de mais admirável nas democracias é a facilidade com que as pessoas podem passar da crônica policial para a crônica social.[60]

No entanto, quando o Brasil estava recuperando a democracia, Quintana apoiou o movimento democrático e a eleição indireta de Tancredo Neves. Em seguida, em entrevista em 1986, logo após o Plano Cruzado,

57 Apocalipse, *Antologia poética*.
58 Pequenos contos da cidade pequena, *Caderno H*.
59 *Da preguiça como método de trabalho*.
60 Democracia, *Caderno H*.

ele manifestou apoio à Nova República, ao plano econômico e ao presidente Sarney:

> Embora não tenha competência para julgá-lo, tenho confiança nos poetas. E o Sarney é poeta... Ele tem agido com energia e tem agradado ao povo em geral. Me parece que estou incluído neste povo... O povo está mais confiante, atuante, sabe que pode dizer o que bem quiser. Poder dizer o que se quer é uma grande coisa. E poder desabafar. Eu, como poeta, sei que poesia é desabafo. Porque a gente adoece, mesmo, é de nome feio recolhido, não é?

Em outra entrevista, em 1987, com a instabilidade política e a volta da inflação, ele reafirmou a sua esperança:

> Eu não perco nunca a esperança, sabe? Mas, é o diabo. Estou assustado, como todo bom brasileiro. Não quero dar palpite para não complicar mais a situação nacional. A gente só vê na tevê gente dando palpite errado, não é? Uma vez eu disse que o Brasil não pode cair no abismo porque ele é maior que o abismo.

Mais uma vez, em 2/01/1990, perguntado se o Brasil esquecera de acontecer, ele respondeu: "O Brasil é uma verdade que acontece e continuará acontecendo e sempre que não for interrompido por uma revolução". Essa resposta foi dada logo após a eleição de Fernando Collor de Mello, que, segundo o jornalista Carlos Alberto Souza, da *Folha*, não era o seu candidato. Nessa eleição, o poeta teria votado em Lula no segundo turno. Ele dizia que Collor era o maior marajá de todos.

Parece mais fácil dizer o que Quintana não era: não era burguês e não era comunista. Preferia a estabilidade política a golpes, mesmo não sendo favorável à situação. Talvez se inclinasse pelo trabalhismo. E por um governo com algum cariz autocrático, já que apreciava Getúlio Vargas e não se registrou nenhuma crítica sua aos governos ditatoriais militares de 1964 a 1985.

Quanto à forma de governo, Quintana declarou-se monarquista em uma entrevista: "A verdade é que sou monarquista. Vou mostrar a razão". Pega uma propaganda do Instituto Brasileiro de Estudos Monárquicos e diz: "98 anos de República: 12 estados de sítio, 17 atos institucionais, 19 rebeliões militares, 9 governos autoritários depostos". Com efeito, em seu acervo pessoal, há propaganda do Instituto Brasileiro de Estudos Monárquicos, inclusive para o plebiscito de 1993[61] sobre a adoção da monarquia no Brasil; também há correspondências do deputado federal Cunha Bueno, um dos líderes do monarquismo brasileiro e integrante do partido que apoiou o golpe militar de 1964. O príncipe Dom Pedro de Orleans e Bragança também o visitava e conversavam muito sobre a monarquia. Em um texto datilografado para Aldo Borges Campagnola, em 8/02/1988, Quintana manifesta sua crença na vitória no plebiscito e seu apoio à monarquia parlamentarista "após estar exausto de tantos quatriênios republicanos fracassados".

Mario Quintana, portanto, inclinava-se para a monarquia parlamentarista, mas não se pode descartar sua simpatia por um governo autocrático para ter estabilidade, com iniciativas na área social, voltadas à proteção social e à educação.

Seu silêncio durante as atrocidades da ditadura militar pode ser creditado, também, à sua formação militar e a seu respeito pelos avôs militares que lutaram na Guerra do Paraguai e pelo bisavô materno, militar. É fato que Quintana não gostou do Colégio Militar e que não quis permanecer nas tropas de Getúlio.

Se ele manteve respeito e uma certa admiração pela vida militar, pode-se creditar a um tributo moral do qual se julgava devedor em relação a sua família, em razão de tê-la frustrado por não ter se tornado militar, como seus avôs e o bisavô. Intimamente, porém, dizia que a ditadura militar não dera certo, como narra Dulce Helfer.

Além da circunstância familiar, havia uma opção poética de não engajamento por não poder ser comportado em versos. No entanto, a crítica pela omissão em não se opor ao golpe de 1964 e aos governos militares sempre vão persegui-lo.

Como se percebe, enquanto Mario ia amadurecendo como poeta e pessoa, mais afastadas foram ficando as fases da agravante e da atenuante – que têm como pressuposto uma conduta inadequada – e mais próximas ficaram de tornarem-se, a obra e o poeta, credenciais.

61 Resultado do plebiscito: República: 65,48%; Monarquia: 10,13% dos votos.

9.

A fama e as frustrações

Prêmios, honrarias, homenagens

Mario Quintana recebeu inúmeras homenagens, especialmente ao longo das quatro últimas décadas de sua vida, mas continua sendo homenageado e lembrado por seus leitores até hoje.

No entanto, ele dizia não gostar de homenagens: "Não há nada que me apavore mais do que uma homenagem, um discurso". Isso foi em 1968 e ele só estava começando a ser homenageado. Em 1973, ele reiterou sua aversão em prosa: "Prefiro ser alvo de um atentado a ser alvo de uma homenagem: um atentado é mais expedito e não tem discurso"[1].

Daí para frente aconteceram várias outras homenagens. No fundo, pode-se dizer que ele gostava, sim, de ser homenageado, especialmente após os 70 anos, mas talvez não gostasse do formalismo das sessões, com seus discursos e protocolos.

Seguem as principais homenagens em ordem cronológica:

Anos 1920:

1928 – 1.º lugar no concurso realizado pelo *Diário de Notícias*, de Porto Alegre, com o conto "A sétima personagem".

1 Preferências, *Caderno H.*

Anos 1960:

1966 – Saudado na Academia Brasileira de Letras por Augusto Meyer e Manuel Bandeira. Este último fez e declamou uma poesia em sua homenagem:

Meu Quintana, os teus cantares
Não são, Quintana, cantares:
São, Quintana, quintanares[2].

Quinta-essência, cantares...
Insólitos, singulares...
Cantares? Não! Quintanares!

Quer livres, quer regulares,
Abrem sempre os teus cantares
Como flor de quintanares.

São cantigas sem esgares.
Onde as lágrimas são mares
De amor, os teus quintanares.

São feitos esses cantares
De um tudo-nada: ao falares,
Luzem estrelas e luares.

São para dizer em bares
Como em mansões seculares.
Quintana, os teus quintanares.

Sim, em bares, onde os pares
Se beijam sem que repares
Que são casais exemplares.

2 "Quintanares" foi um trocadilho que o próprio Quintana criou no poema Canção de barco e de olvido, dedicada a Augusto Meyer, publicada em *Canções*, em que havia a seguinte estrofe: "Que eu vou passando e passando/ Como em busca de outros ares.../ Sempre de barco e passando,/ Cantando meus quintanares...". A poetisa Cecília Meireles também se referiu aos quintanares, conforme se verá mais adiante.

E quer no pudor dos lares,
Quer no horror lupanares,
Cheiram sempre os teus cantares.

Ao ar dos melhores ares,
Pois são simples, invulgares.
Quintana, os teus quintanares.

Por isso peço não pares,
Quintana, nos teus cantares...
Perdão! digo quintanares.

1966 – Prêmio Fernando Chinaglia pelo livro *Antologia poética*, considerado o melhor livro do ano.

1967 – Título de cidadão honorário de Porto Alegre.

1968 – Homenagem de Alegrete: foi gravada numa pedra uma frase sua. Ele mesmo comentou: "Outra coisa que achei extraordinária – e no mesmo sentido – foi que Alegrete, minha terra natal, resolveu gravar um poema meu em praça pública: a principal da cidade. Fiquei numa situação terrível, aquilo já tinha sido votado, mas como é que eu ia escolher um poema? Se eu achava que não poderia escolher, muito menos outros poderiam. Mas eu não podia cometer a grosseria de recusar. Em discussões que tive com o prefeito e o presidente da Câmara, disse-lhes que não podia escolher um poema porque um engano em bronze é um engano eterno. Discutiu-se, discutiu-se e ficou assentado que ficaria apenas isto na placa: "UM ENGANO EM BRONZE É UM ENGANO ETERNO". Acho que este é um monumento único no mundo, foi uma grande solução. E, depois disto, no caso de não sobrar nada do que fiz, eu lavo as mãos, Alegrete lava as mãos e a posteridade toma um banho de corpo inteiro nas águas do Ibirapuitã".

A pedra está na Praça Getúlio Vargas, no centro de Alegrete, e está reproduzida a seguir com a placa em bronze e a frase do poeta:

Anos 1970:

1976 – Medalha Negrinho do Pastoreio do RS.

1977 – Prêmio Pen Clube de Poesia Brasileira para *Apontamentos de história sobrenatural.*

Anos 1980:

1980 – Prêmio Machado de Assis, da ABL, pelo conjunto de sua obra.

1980 – Prêmio Jabuti, da Câmara Brasileira do Livro: Personalidade Literária do Ano.

1981 – Homenageado pela Câmara de Indústria, Comércio, Agropecuária e Serviços de Passo Fundo.

1981 – Troféu João de Barro da Prefeitura de Porto Alegre.

1981 – Título de Cidadão Honorário de Rio Grande.

1981 – Prêmio Personagem Literária do Ano 1981 da Câmara Brasileira do Livro.

1982 – Prêmio Bienal Nestlé de Cultura.

1982 – Título de Doutor *Honoris Causa* da UFRS.

1983 – Fundação da Casa de Cultura Mario Quintana, em Porto Alegre.

1985 – Patrono da Feira de Livros de Porto Alegre.

1985 – Sócio honorário do Instituto de Cultura Hispânica.

1986 – Sócio honorário da Associação Riograndense de Imprensa.

1986 – Comenda Dedicação e Trabalho da Prefeitura de Alegrete.

1986 – Ordem do Mérito Aeronáutico, Grau de Cavaleiro, do Ministério da Aeronáutica. Segundo o *Correio do Povo* de 24/10/86, ele agradeceu dizendo: "Santos Dumont, há 80 anos, voou com um aparelho. Eu voo há 80 anos sem aparelho", o que está registrado no livro da Base Aérea de Canoas, onde recebeu o prêmio. E ainda brincou: "Depois de 80 anos, virei cavaleiro, mesmo sem ter nunca andado a cavalo".

1988 – Destaque Literatura do *Jornal do Comércio*.

1989 – Membro honorário do Pen Clube Brasil.

1989 – Príncipe dos Poetas Brasileiros.

1989 – Título de Doutor *Honoris Causa* da Universidade Estadual de Campinas.

1989 – Medalha do Mérito Judiciário do TST.

Anos 1990

1994 – Homenagem do Instituto Estadual de Livros, RS, com uma exibição de *Cantando o Imaginário do Poeta*, com poemas de Quintana musicados pelo maestro Adroaldo Cauduro, regente do Coral do Casa de Cultura Mario Quintana.

As homenagens prosseguiram mesmo após a sua morte.

Anos 1990:

1995 – Homenagem pelo aniversário de sua morte, em Porto Alegre.
1997 – Exposição "A cor do invisível" no Centro Cultural do Banco do Brasil, com curadoria de Eloí Calage, no Rio de Janeiro.
1998 – Criação do bairro Mario Quintana em Porto Alegre, na região nordeste da cidade, por meio da Lei Estadual n.º 8.258/1998.

Anos 2000:

2001 – Inauguração da estátua de Mario Quintana junto de Carlos Drummond de Andrade na Praça da Alfândega, feita por Xico Stockinger, em Porto Alegre.
2008 – Lançamento do CD *Pé de Pilão* com músicas de Cláudio Levitan, Vitor Ramil e Nico Nicolaievski e desenhos de Levitan.

Anos 2010

2015 – Criação do grupo Mario Quintana no Facebook, que conta atualmente com mais de 117 mil seguidores, por iniciativa de Dariane Hadad, de Minas Gerais.
2019 – Conclusão do mural de 14×14 m do artista Eduardo Kobra retratando Mario Quintana a partir de uma fotografia de Adolfo Gerchmann, localizado no prédio do Colégio Farroupilha, no bairro Três Figueiras, em Porto Alegre.

Correspondências

As correspondências do poeta estão dispostas em 27 caixas no Instituto Moreira Salles, no Rio de Janeiro, e fazem parte do seu acervo pessoal.

Do exame das correspondências, a maioria recebidas pelo poeta e apenas algumas que ele expediu, destaca-se, fundamentalmente, a extrema manifestação do carinho de amigos e do seu público, bem como manifestações de políticos, desde presidentes, governadores, deputados e ministros a prefeitos e vereadores.

Tem-se uma boa dimensão de quanto Mario Quintana era verdadeiramente querido a partir do tratamento pessoal que consta nelas. Seguem alguns exemplos: "Mario, o Terrível"; "Mariozinho"; "Mario, meu guri" (1992); "Mario, meu amor" (1987); "Mariozinho, meu gatão predileto" (1990); "Pai Quintana" (1986); "Mariofield" (por ser parecido com o dorminhoco gato Garfield); "Fofinho"; "Belo adormecido"; "Meu anjo poeta"; "Meu velho fofinho"; "Querido Mariola"; "Meu guru, meu guri"; "Mario Fofinho" e muitas outras.

Há muitas cartas de mulheres. Numa delas, uma noiva envia o convite de casamento e escreve: "Já que você é um bígamo, não pude casar com você". Outras: "Triste de saber que o amor demora... Tão perto da loucura que andamos!" (1986); "Estou outra vez sozinha. Quando vieres ao Rio minha casa está às ordens. Não há maridos, crianças, nem cachorros, nem qualquer outro susto. Mais abraços." (1976); "Um dia tu me disseste: só sei fazer poesia. Eu te amo desde então" (1988); "Descobri como viver em volta de seu pescoço! Saudades e todo o meu amor. Mil beijos e mais um" e tantas outras reveladoras de apreço e intimidade. As missivistas mais frequentes foram Eloí Calage, Liane dos Santos e Bruna Lombardi, todas muito atenciosas e preocupadas com Mario Quintana.

Elena Quintana listou os seus maiores amigos: "As amigas: Eloí (a primeira), Nora, Baiana, Liane dos Santos, Mara, Rosangela, Sandra, Iolanda, Isabel, Célia, Vera, Marta, Rosaura, Dulce Helfer e Berenice. Amigos: Fernando Troes, Faraco, Napp, Trevisan, Paulo Hecker Filho, Alexandre Filho e Alexandre Leite". Há também uma infinidade de cartas de crianças e adolescentes de todas as idades, possivelmente fruto de sua literatura infantil que tanto agradava às crianças. Numa delas, uma adolescente escreveu: "Quando eu crescer quero me casar com você" (1987). Uma menina agradeceu os livros que ele mandou e que chegaram no dia de seu aniversário (1981).

Interessante observar que até mesmo na assinatura das cartas há demonstração de carinho e bom humor: "Tua Feiticeira"; "Cartas de Boneca Regina" (1984–85); "A tua guria" (1987); "A sua Negrinha"; "A sua Vaquinha"; "Seu pinguim de geladeira"; "Filha dos teus versos", etc.

Muitos poetas enviaram-lhe poesias e livros para avaliação. Alguns diziam que tiveram de ter coragem para escrever-lhe, tratando-o nominalmente como um mito.

Há correspondências corporativas, como da Unimed, em que ele é tratado carinhosamente como "nosso garoto propaganda"; cartão do gerente e funcionários do Porto Alegre Residence Hotel; do Grêmio, pelo seu aniversário (1986); da presidente da Associação Infantil Pé de Pilão – uma creche para os funcionários do *Correio do Povo*, para quem Mario Quintana doou os direitos autorais do livro *Pé de Pilão* (1982).

Há um poema[3] manuscrito de Cecília Meireles, datado de 19/12/1946:

O Natal foi diferente
Porque o Menino Jesus
Disse à Senhora Sant'Ana:
"Vovozinha, eu já não gosto das
Canções de antigamente:
Cante as de Mario Quintana",
Viram-se então os anjinhos
De livro aberto nas mãos
Deslizar no ouro dos ares.
Estudaram nova solfa
Pelos celestes caminhos
Ensaiaram...
Deixaram cair os versos
Que já sabiam de cor
Pelos telhados das casas.
E o milagre das antigas
Foi que até seres perversos
Amanheceram com asas.

3 "Quintanares", 1946, Poesias completas de Mario Quintana.

Tem algumas cartas de Érico Veríssimo, como essa, sem data: "Meu caro Mario, (...) Leio-te todos os sábados no Caderno de Cultura, não direi apenas com o prazer de sempre, mas também com crescente admiração".

Há uma carta de um preso em Jacuí, PEJ Charqueadas, pedindo cadernos e lápis para escrever um livro. E ainda uma carta jocosa na qual a missivista recomenda que ele reze para Santo Antônio para "quem sabe aparecer uma *old lady* inglesa como tu gostas" (1990).

No acervo, como dito, há poucas missivas ou respostas do próprio Quintana. Uma delas foi para a autora de uma dissertação de mestrado, professora Noris Pureza, que escrevera um artigo sobre o poeta no *Diário Popular* de Pelotas, em 30/07/1988, ao que ele respondeu: "Espero que continue a ler-me não apenas com olho crítico, mas com a cegueira do amor".

Há outra, de 1991, em que o poeta remete uma foto sua e repete o texto de "O encontro"[4]: "Eis que descubro um retrato meu, aos 10 anos. Escondo, súbito, o retrato. Sei lá o que estará pensando de mim aquele guri!".

Em 1983, ele pediu a um editor de uma revista que publicasse a foto da sua camareira, recebendo a resposta de que a foto sairia na capa interna da matéria. Provavelmente a revista publicaria uma entrevista com ele – e a camareira, orgulhosa de atendê-lo, teria pedido que sua foto saísse na revista.

Há cartas de cantores comunicando que musicariam ou cantariam poemas de Quintana, como Maria Rita ("A Ciranda Rodava", *Jazzmania*, 1993), Diana Pequeno e Renato Calaça, bem como solicitações para publicar seus poemas, como a da Asociación General de Autores del Uruguay para Musica (1978).

No entanto, há também cartas ríspidas com cobranças de respostas: "Até hoje não tive a gentileza de uma resposta nem a devolução pelo correio... o que me leva a externar o meu desapontamento e decepção pelo seu descaso. Ignorava eu esse lado dos poetas" (1984); "Não recebeu minha primeira carta?" (1987); "Mais de um mês que estou em silêncio com você, e isso depois de pedir a sua mão em amizade. Sequer fiquei sabendo o destino do meu afeto" (1987). Em outra pedindo resposta, ele anotou: "Responder hoje" (1989).

4 O encontro, *Caderno H*.

Notamos então que parte considerável do acervo de correspondências revela um homem bastante querido de seu público anônimo e dos amigos.

E as manifestações de carinho não vinham só em cartas. Sandra Ritzel testemunhou uma história: "Uma vez, estávamos esperando no ponto de táxi, no Parque Moinhos de Vento, e uma menina (devia ter uns 12 anos) o cumprimentou e perguntou se ele precisava de alguma coisa. Ele respondeu que estava cansado de esperar por um táxi. A menina foi até a Rua 24 de Outubro, veio dentro do táxi e disse: poeta, eu trouxe um táxi para o senhor. Mario agradeceu e perguntou se poderia dar um beijo nela. Ela disse que sim, e ele deu um beijo na testa da menina e agradeceu". Naquela semana, ele contou esta história para os amigos que foram visitá-lo, muito feliz e grato.

A saída da Editora Globo

Segundo Elena Quintana e Paula Biazus, sua maior mágoa foi ter saído da Editora Globo. Essa mágoa superava a que ele teve posteriormente com as sucessivas derrotas na Academia Brasileira de Letras.

Ele trabalhou na editora de 1938 até 1955, quando sua relação de trabalho teve fim. Ele mesmo narrou o fato em entrevista presenciada por Elena Quintana: "Retirei-me do quadro de funcionários da Globo quando, por ocasião de um aumento de salário, eu não fui contemplado, sob a alegação de que me demorava muito na tradução de Proust".

Embora fosse um tradutor elogiado, o que veremos mais adiante, ele realmente se demorava no trabalho de tradução dos quatro volumes de uma obra de Marcel Proust por causa dos problemas com o alcoolismo. Como ele não tinha vínculo empregatício estável com a editora, o vínculo foi rompido sem qualquer formalidade trabalhista.

As derrotas nas eleições para a Academia Brasileira de Letras

Mario Quintana concorreu para a Academia Brasileira de Letras por três ocasiões, sem sucesso. Na primeira vez, o poeta teria feito visitas a todos os membros da Academia, como manda o protocolo. Numa carta datada de 24/02/1981, o acadêmico Vianna Moog, que orientava a sua campanha, aconselhava-o a visitá-los e justificava: "acadêmicos são mais suscetíveis que as atrizes".

Em um telegrama sem data ao presidente Austregésilo de Athayde, informou em tom formal, porém jocoso: "Comunico a V. Ex.ª que depois de madura reflexão, resolvi visitar a noiva. Aproveito ensejo para renovar protesto de alta estima".

Nas visitas, Quintana era acompanhado, na maioria das vezes, por Elena Quintana e Liane dos Santos. Elena costumava se hospedar na casa de Liane, que naquele tempo já vivia no Rio de Janeiro, enquanto Mario se hospedava em hotéis. No entanto, as conversas com os acadêmicos eram reservadas, ou seja, não aconteciam na frente de outras pessoas.

Liane dos Santos conta que, certa vez, houve um jantar com acadêmicos e outras pessoas do mundo da cultura na casa de um deles, para o qual Mario Quintana foi convidado e compareceu com ela e Elena, como uma forma de anunciar a sua candidatura à Academia. Neste jantar, alguns acadêmicos ficaram num canto da sala examinando a tradução que Mario havia feito da obra de Proust, comparando-a com a versão original, em francês. Ao final de algum tempo, um dos acadêmicos disse ao outro que era preciso levar Mario para a Academia, o que contou com o assentimento dos demais que confabulavam.

Certa vez, quando foi visitar o general Lyra Tavares, foi recebido pelo general e sua mulher com um prato de sonhos e café, uma tradição gaúcha. Quando viu os sonhos, o poeta perguntou com humor: "Muito obrigado, minha senhora. Como eu, um poeta, poderia comer sonhos? Seria um sacrilégio?!".

Apesar de ter sido bem recebido por todos os acadêmicos, perdeu a eleição para Eduardo Portela, em 19/03/1981. Portela fora ministro da Educação do governo de João Figueiredo e acabara de deixar o cargo quando se inscreveu para a vaga. Por ter deixado o governo desgastado, seus apoiadores gostariam de vê-lo concorrer sem oponentes e, para tanto, procuraram Quintana para que ele retirasse a candidatura, prometendo-lhe apoio na próxima vaga. O poeta se recusou e acabou perdendo por 31 votos a 6. Em seguida, teria ficado abalado e se internado numa casa de repouso. Sua sobrinha-neta Elena confirmou que "ele chegou a ficar com esgotamento" quando perdeu. Após a derrota, ele concedeu uma dura entrevista ao *Globo* dizendo que se os acadêmicos só elegiam quem o presidente da República indicasse.

No mesmo ano, houve outra vaga e Quintana se inscreveu novamente. Em seu acervo pessoal, constam cartas trocadas entre o poeta e dois membros da Academia Brasileira de Letras, que tratavam da campanha e dos bastidores dessa eleição. Um dos acadêmicos, em carta datada de 28/04/1981, questionou Quintana por uma entrevista que ele concedera criticando a Academia, após perder a eleição anterior: "Uma entrevista bastante forte em relação à Academia, na *Folha da Tarde* de São Paulo. Isto realmente me surpreende porque, na verdade, a entrevista teria sido dada após a sua inscrição. É uma dúvida que paira no meu espírito". Não se sabe a resposta do poeta, mas a carta já dava sinais de que a tal entrevista poderia ter ferido a suscetibilidade dos demais membros da Academia.

Em outra carta datada de 24/03/1981, trocada com seu principal apoiador e eleitor, o acadêmico Vianna Moog o orienta como deveria ser seu comportamento. Sugeriu que passasse telegrama para Eduardo Portela congratulando-se pela sua eleição. Também deveria pedir a Clovis Ramalhete, ex-consultor geral da República e então ministro do STF, para enviar *Esconderijos do tempo* ao general Golbery do Couto e Silva, eminência parda da ditadura militar, com uma dedicatória simples, do tipo: "Homenagem de MQ". E explica: "Se ele compreender a sobriedade da dedicatória, tudo bem, e estes votos podem vir ao teu regaço: Adonias, Herberto Salles, Afrânio Coutinho, senador Luiz Vianna. Mas se o Golbery empombar e ficar neutro e amuado por tua incapacidade de fazer massagens no ego dos poderosos, também ganharemos...". Contudo, afirma que seria melhor ter o apoio do general todo-poderoso: "Com o Golbery do nosso lado, a coisa poderá rolar *sur deux roulletes*". Em seguida, Moog orienta Quintana sobre as suas entrevistas: "Passemos agora a outro ponto: as tuas entrevistas, das quais tenho tido notícia por interpostas pessoas. Devo confessar que eu, pessoalmente, as adoro. Tudo nelas é tão Quintana que valeria a pena colecioná-las. Mas, positivamente, não são nada acadêmicas. E a continuarem no mesmo tom largado acabarás chutado para *corner*, o que, convenhamos, no caso, não convém a ti, nem a mim, nem ao Rio Grande, nem ao Brasil, seu diabo!... Como teu guru de estimação, acho que o melhor que tens a fazer nos próximos três meses... é que evites a imprensa, o rádio e a televisão... é preciso antes que tudo calar... Daqui ao fim da jornada só tens um inimigo sério: o Partido Comunista. Sim, Quintana, o Partido Comunista está agindo a todo dar através de suas vanguardas ideológicas, ora ostensivas, ora encapuçadas, à maneira de sua arqui-inimiga a Ku Klux Klan. Para essas vanguardas a missão agora é arredar Mario Quintana do pleito e da marcha do partido sobre a Academia. E enquanto isso não é alcançado, é preciso enredá-lo na teia de entrevistas e notícias comprometedoras, para os quais todos os jornais *soi-disant* capitalistas dispõem de verdadeiras *cohortes* de comunistas travestidos de jornalistas".

A carta é bastante reveladora do poder de influência que o regime ditatorial militar tinha na Academia. É possível permitir a ilação de que o governo poderia controlar os votos de boa parte dos acadêmicos, como os citados na carta, além de outros, como o próprio Lyra Tavares, pela sua formação militar. Por outro lado, a missiva indica a oposição que teria sido feita pelo Partido Comunista à candidatura do poeta.

Não se sabe se Mario mandou o livro para o general Golbery, nem o que teria promovido o Partido Comunista contra ele. O fato é que ele perdeu para Orígenes Lessa em 9/07/1981. A eleição foi bastante disputada, havendo necessidade de três escrutínios. No primeiro, Quintana venceu com 17 votos, seguido de Ledo Ivo, com 12, e Orígenes Lessa, com 8. No segundo, Ledo Ivo passou à frente com 16 votos, sendo seguido por Orígenes Lessa, com 14, e Quintana, com 7. Somente no terceiro escrutínio é que se delineou a vitória de Orígenes Lessa com 21 votos, Ledo Ivo ficou com 8 e Quintana com os mesmos 7 votos. Houve um voto em branco.

O mesmo acadêmico e amigo, em outra missiva datada de 23/08/1981, conta a Quintana os bastidores da votação e a traição que ambos teriam sofrido por parte do presidente da casa: "Não fomos derrotados pela Academia, mas por seu presidente Austregésilo de Athayde, meu ex-dileto amigo nos traiu... E na hora da eleição chamou-me para a mesa a fim de fiscalizar o pleito e entregou-me um papelzinho com o nome do Mario Quintana para que eu o depositasse por ele na urna, na hora de votar no primeiro escrutínio. Tendo ele dado o voto, acreditava eu que jamais poderia ter ou manter suspeitas sobre o seu sempre muito estranho comportamento. E não é que o bandido simulando apoio ao Quintana prevaleceu-se disso para ter acesso à minha lista dos que votariam em ti, para logo agir em consequência: anular o voto do Peregrino, obstaculizar a posse do Portela e deixar o campo livre ao pessoal do Orígenes agir sobre o Menotti. Assim, deu um voto e nos tirou três... Que fdp!". Não se tem registro das respostas de Quintana a essas cartas.

Certamente contribuíram muito para sua derrota algumas entrevistas de Quintana. Numa concedida ao *Correio do Povo*, em 28/02/1982, ele disse: "Sempre fui contra essas coisas que atrapalham o processo criativo. A pessoa tem que fazer salamaleques a qualquer glória do momento. É badalado de todos os lados por candidaturas de fulano ou sicrano. Além disso, tenho pavor da velhada. Gosto muito de velhos isoladamente – mas quando juntos viram velhas. Não considero a ABL para asilo, para a velhice desamparada ou premiação de glórias terminadas. Quem busca unicamente a glória, não a merece".

Aproximando-se da próxima eleição, o candidato Walmir Ayala retirou a sua candidatura em favor de Mario Quintana, numa carta datada de 22/04/1982. Quintana manteve sua candidatura para a terceira vaga e a anunciou em uma entrevista coletiva. O jornal *Zero Hora*, em 10/07/1982, em matéria de Mara Bernardes, cobriu o evento e transcreveu o texto de sua inscrição na ABL: "Tenho a honra de comunicar a V. S.ª a reafirmação de minha candidatura à cadeira 34 da Academia Brasileira de Letras, vacante com o falecimento de nosso saudoso Raimundo Magalhães Júnior – o que faço não só em meu nome como a conselho de meus amigos acadêmicos. Aguardando vossas ordens, subscrevo-me, atentamente". Ao responder às perguntas que se seguiram, disse que era contra os protocolos da Academia como "fazer discursos, receber pessoas, ser cantado para votar em alguém e tudo mais...", mas justificou a sua insistência em concorrer com uma campanha de alfabetização: "Acho que todo o mal de nossa civilização vem da falta de alfabetização. O analfabeto encontra todas as portas fechadas. Então eu queria promover uma campanha angariando meio porcento sobre a capa de cada livro publicado no país. E o que é meio porcento? Não é nada, mas serviria, unidos, para educar as crianças. Esse dinheiro seria doado às creches para auxiliar no ensino e desenvolvimento das crianças". Sobre o uso do fardão ele brincou: "o bom seria trocar para terno e gravata... se usando gravata eu já tenho que me preocupar se ela não está torta, imagine de fardão. Eu iria tropeçar na espadinha...".

Nesse interstício entre as candidaturas, Quintana deu algumas entrevistas que, novamente, não foram bem aceitas pelos acadêmicos.

Ao receber uma homenagem na Unisinos – seu nome foi escolhido para nomear um prêmio do Diretório Central dos Estudantes – diante de uma pergunta sobre suas visitas em campanha para a ABL, ele respondeu: "Acho normal visitar a Academia, assim como é importante que o pretendente visite seu sogro para pedir a mão da noiva. Fui lá e acredito que de palco me saí muito bem, agora, não sei como fiquei nos bastidores".

À *Folha de S.Paulo*, para a coluna Ilustrada de 28/06/1982, de Isa Cambará e Miguel de Almeida, perguntado sobre a eleição de políticos na Academia, respondeu: "Não podemos condenar a Academia por umas poucas pessoas. Não podemos, por exemplo, ir contra a Igreja só por causa dos papas políticos. A qualidade dos que concorrem a vaga é significativa. Mostra que o nível está subindo".

Nessa terceira disputa, Quintana foi derrotado em 4/11/1982 pelo jornalista Carlos Castelo Branco, supostamente apoiado pelo acadêmico e ex-presidente da República José Sarney, por 21 votos a 17. Seu cabo eleitoral na Academia, o gaúcho Vianna Moog, considerou "prejudicial, inverídica e forjada uma entrevista concedida pelo poeta, justo na semana da eleição, em que ele declarava que só se elegem para a Academia os amigos do presidente da República. Pode ter sido o tiro de misericórdia em seu projeto". José Sarney teria tirado cópias da referida entrevista e a teria enviado a todos os membros da Academia.

O grupo de escritores e os gaúchos que vinham apoiando a candidatura de Mario Quintana, até para ampliar a representação do Rio Grande do Sul na ABL, tentaram convencê-lo de uma quarta candidatura, mas o poeta recusou. Após essa derrota, ele divulgou uma nota à imprensa:

> Agradeço muito a torcida de todos vocês, meus colegas jornalistas. Agradeço pelo interesse demonstrado por todos os meus conterrâneos de Alegrete, a todos os riograndenses, de uma maneira geral. Agora, conhecido o resultado da votação, sinto de fato um grande alívio, pois fico desobrigado de bater mais uma vez às portas de quem não me quer por companhia. Agradeço aos acadêmicos que votaram em meu nome e

> só quero dizer a eles que vou aproveitar o tempo que me resta fazendo a única coisa que acredito poder fazer: poesia. Saio de tudo isso de coração leve, sem nenhuma mágoa. Porto Alegre, 4/11/1982.

O jornal *Zero Hora*, de 6/11/1982, publicou que ele teria dito, depois da terceira derrota, que não pretendia bancar o palhaço concorrendo uma quarta vez. A *Folha da Tarde*, de São Paulo, de 29/11/1982, divulgou a nota e lembrou de uma entrevista dele ao *Correio do Povo* na qual ele teria dito que perder três vezes foi trágico, e mais uma vez seria ridículo; que não sabia se tinha existido influência política na eleição de Castelo Branco; e que se julgava em boa companhia já que o escritor Monteiro Lobato tentara duas vezes chegar na ABL, sem sucesso.

Mais adiante, O *Correio do Povo* de 22/06/1983, ao cobrir o lançamento do álbum *Antologia poética de Mario Quintana*, publicou a resposta a uma pergunta da cantora Diana Pequeno sobre a ABL: "Tive a ilusão de que a Academia fosse de letras, mas é de política". Em entrevista de 25/01/1987, Mario criticou severamente a influência política na Academia Brasileira de Letras:

> As minhas relações com a Academia foram sempre boas, eu sempre me dei com gente de lá. Não estou dizendo que "as uvas estão verdes", mas, na verdade eu nunca quis pertencer à Academia. O pessoal de mentalidade futebolística não se satisfazia com apenas um nome gaúcho no time e achavam que devia ter outro lá. Resolveram me candidatar. Quando me candidataram da primeira vez, eu recebi o recado de um senador que estava tudo preparado para entrar o Portela, os votos já estavam prontos e que eu deveria desistir... e eu disse para ele, por telefone, que não haveria de desistir porque o pessoal iria pensar que era covardia minha. E seria muita desconsideração de minha parte. Aliás, eu não gosto de Academia e jamais quis pertencer a ela porque a gente perde um tempo enorme recebendo visitantes estrangeiros de valor muito suspeito. Se pensa que ser estrangeiro é grande coisa, que ser francês ou inglês é uma raridade e não é bem assim. Depois, na Academia, se começa a discutir quem vai ser o sucessor de quem, se recebe impressões de toda a parte para se votar e eu acho que isso atrapalha a vida do camarada, não é? Eu acho que ultimamente a Academia virou um depósito de ministros

> e, com o perdão de alguns amigos que eu tenho lá, um asilo de velhos. Mas eu não tenho nada contra a Academia. De fato, não há contradição minha em lamentar que não tenha sido eleito porque eu tensionava fazer tudo pela Academia, se fosse eleito. Acho que, antes de tudo, ela deveria ter muita gente jovem. Eu acho que já seria uma renovação e acabava com aquela coisa. Na Academia, já não gostaram muito de mim porque dois anos antes da minha candidatura eu tinha dito que a Academia era uma espécie de sociedade recreativa e funerária (risos).

De fato, Liane dos Santos confirma que ele nunca demonstrou um verdadeiro desejo de integrar a Academia. Fazia-o, segundo ela, por um movimento iniciado por um grupo de escritores e jornalistas gaúchos que pretendiam ver ampliada a representação gaúcha. Muitos anos depois, o *Zero Hora*, de 3/02/1988, divulgou que ele respondeu para Ana Amélia Lemos: "A ABL está mais para ex-presidente da República do que para um modesto escritor gaúcho".

A revista *Época*, em reportagem de 29/03/2018, relembrou a corrida eleitoral: "A última candidatura de Quintana foi em 1982, numa campanha aparentemente vitoriosa, mas que acabou por perder o rumo. O poeta passou uma temporada no Rio de Janeiro em busca de votos, escreveu aos acadêmicos e era franco favorito. Em carta dirigida a Otto Lara Resende, dizia que estava novamente candidato, 'satisfazendo assim as esperanças de minha gente e de minha terra e antes de tudo o meu próprio e antigo sonho de poder contar-me um dia entre os membros da casa'".

Também houve um movimento de boicote à Academia por parte de escritores gaúchos, liderado por Moacyr Scliar e Armindo Trevisan, sendo que o primeiro acabou elegendo-se para a Academia em 2003. O fato foi comentado numa carta do segundo para Quintana, datada de 26/11/1988.

As entrevistas que concedeu após as três derrotas realmente inviabilizariam uma quarta candidatura. Nelas há críticas e ironias bastante fortes, que continuaram por muitos anos depois das derrotas. Com efeito, em 2/01/1990 ele foi bastante irônico com os acadêmicos numa entrevista: "... eu simpatizo muito com os imortais da Academia de Letras. Me lembro quando eu fui pedir o voto para eles. Quase todos moravam em Ipanema. Eram tão amáveis, pareciam uns garotos".

E em outra: "Para a Academia é preciso o próprio candidatar-se, mexer os pauzinhos. Ainda mais, eu tenho a coragem de não me animar a solicitar pessoalmente o voto a cada um dos acadêmicos, como é de praxe obrigatória. A vida do acadêmico, por outro lado, é dispersiva. As Academias são uma espécie de sociedades recreativas e funerárias. Você sabe como é, não precisa explicar mais".

Em outra entrevista ele critica abertamente o ingresso de políticos na Academia, ironiza a acadêmica Rachel de Queiroz e, perguntado sobre o que sentiu quando foi derrotado, respondeu: "Bah... aquilo não me causou bosta nenhuma, porque quem queria me colocar lá era o Jean Among e os intelectuais aqui do Rio Grande. Bem, vocês querem, o que eu vou fazer? Porque a vida da Academia é uma coisa muito chata... fazer discursos para os visitantes supostamente ilustres, não é? Sofrendo pressões de um lado e do outro para votar em alguém... pedidos, essa coisa toda... eu nunca tive vontade mesmo de entrar para a Academia, mas como o pessoal quis... Mas aí a dona Rachel de Queiroz, minha amiga, acadêmica, poeta, é o típico da mãe, dessa senhora gorda, tomar café com leite (risos) mandou um recado para mim, que já tava tudo pronto para alguém entrar. Era um ministro qualquer. E eu devia me retirar. Eu disse que não ia me retirar, porque o pessoal ia pensar que era covardia da minha parte...".

Depois de uma provocação irônica do mesmo entrevistador a respeito do livro *Marimbondos de fogo*, de autoria de José Sarney, supostamente o mentor de sua última derrota, Quintana acrescentou, embarcando na ironia da pergunta, que se fosse presidente da República não deixaria políticos entrarem na Academia. E riu em seguida.

O ataque à Academia tornou-se cada vez mais forte: "Entrar para uma Academia de Letras tem algo de hipocrisia, pois o cara é logo obrigado a pronunciar, no discurso de recepção, o elogio de seu antecessor. E o pior é quando ele é honesto e sente-se na obrigação de ler de fio a pavio as obras completas do falecido. Além disso, o acadêmico comete um meio suicídio dedicando metade da vida a solenidades e rapapés, quando poderia empregá-la toda no silêncio e no recolhimento da criação literária".[5]

5 *Porta giratória*, p. 56, *apud Cadernos de literatura...*,*op. cit.*, p. 32.

Em artigo no *Caderno H*, ele explicou que a ideia de concorrer foi de Vianna Moog, que apresentou a candidatura, e complementou: "Pois o que me constrangia era quando alguém protestava por eu não ter sido eleito... Dirá o leitor que é uma contradição minha afirmar ao mesmo tempo que não busco a glória e achar implicitamente que entrar para a Academia seria uma glória. Sim, seria uma glória se a Academia não tivesse se transformado num depósito de ministros e, com perdão de velhos acadêmicos meus amigos, num asilo de velhos! E, se eleito fosse, era meu programa ir apresentando, cada vez que se desse uma vaga, a candidatura de autores jovens...".

É comum dizerem que a sua famosa poesia "Poeminho do contra" foi uma resposta à Academia, o que não é verdade. As eleições na Academia ocorreram no princípio da década de 1980, enquanto o poema foi publicado no *Caderno H*, em 1973. Deve ter sido escrito algum tempo antes, pois o poeta era muito meticuloso e revisava seus poemas muitas vezes antes de incluí-lo numa publicação. Possivelmente, seu móvel eram os críticos literários que ainda não compreendiam, ou nunca compreenderam, a sua poesia.

A indignação dos gaúchos com as derrotas foi bem representada pelo cantor e compositor João Chagas Leite, que compôs e gravou a música "Ave Sonora" em 1993, criticando a Academia, em solidariedade a Quintana:

Ave sonora eu vou embora
Eu vou contigo no voo amigo desta canção
Ave sonora vamos embora
Batendo asas, por sobre as casas em migração
Ave não chora pois se agora somos só dois
Vai ver depois seremos mil
Ave não chora que sem demora
Em um segundo conquista o mundo nosso assobio
Ave sonora saibas que agora
Não há censura nem linha dura pra essa passeada
Ave sonora vamos embora
Que academia é só mania de quem tem plata
Que academia é só mania de quem tem plata

Ave sonora sabe quem mora depois da esquina?
É uma menina quase mulher
Ave sonora vá lá agora
Que a liberdade será verdade se tu quiser
Ave sonora vamos embora
Que a gaiola da nossa viola abriu cancelas
Ave sonora saiba que agora
Não há bodoque que nos coloque com quatro velas
Ave sonora saiba que agora
Não há censura nem linha dura para essa passeada
Ave sonora vamos embora
Que academia é só mania de quem tem plata
Que academia é só mania de quem tem plata
Ave sonora sabe quem mora depois da esquina?
É uma menina quase mulher
Ave sonora vá lá agora
Que a liberdade será verdade se tu quiser
Ave sonora vamos embora
Que a gaiola da nossa viola abriu cancelas
Ave sonora saiba que agora
Não há bodoque que nos coloque com quatro velas
Ave sonora saiba que agora
Não há censura nem linha dura para essa passeada
Ave sonora vamos embora
Que academia é só mania de quem tem plata
Que academia é só mania de quem tem plata
Ave sonora eu vou embora
Eu vou contigo no voo amigo desta canção

No Instituto Moreira Salles, há telegramas se solidarizando com ele, como este: "Tua maior academia é Porto Alegre". Com efeito, conhecendo Mario Quintana, seria difícil imaginá-lo naquelas reuniões da Academia Brasileira de Letras. Sua personalidade avessa a cerimônias e ambientes formais, a integrar escolas literárias e movimentos, a homenagens e, até, à sociabilidade, não se ajusta muito àquele ambiente. Era um homem que, de um modo geral, ironizava a sociedade burguesa, as convenções sociais, a riqueza, a arrogância e a presunção dos sábios e poderosos, enfim, era um homem do contra. No entanto, qual a força interior que fez ele abraçar três candidaturas?

Ele já assumira que não era modesto em entrevista: "Não gosto de dizer nada que se pareça com gabolice. O que não quer dizer que eu seja modesto. O que mais me irrita é quando dizem que sou modesto! Acontece simplesmente que sou muito orgulhoso para ter vaidades". Aqui há um enigma: o poeta seria muito orgulhoso para não ter frustrações e, por isso, contém sua vaidade? Mais adiante, afirmou: "Dizem que sou modesto. Pelo contrário, sou tão orgulhoso que nunca acho que escrevi algo à minha altura. Porque poesia é insatisfação, um anseio de autossuperação. Um poeta satisfeito não satisfaz. Dizem que sou tímido. Nada isso! Sou é caladão, introspectivo"[6].

Seja como for, pelo menos, ele admitiu não ser modesto. No entanto, consciente de sua importância para a literatura brasileira, reivindicou o lugar que lhe era merecido e justo: uma pequena concessão à sua vaidade, que acabou sancionando o seu orgulho. Uma injustiça que a memória nacional deve reparar mantendo viva a poesia de Mario Quintana. Que os outros passem, mas o passarinho do contra permaneça conosco.

A celeuma sobre a entrevista ao Canal Livre, da Bandeirantes

Além das duas primeiras derrotas sofridas e das críticas que vez ou outra vinham do círculo literário, o programa de entrevistas ao vivo Canal Livre, da TV Bandeirantes, realizado no dia 17/04/1982 – antes de sua terceira candidatura à ABL – teria também constrangido Mario Quintana. Em 25/04/1982, *O Globo* veiculou a crítica de Fernando Bueno Guimarães contra o Canal Livre: "(o poeta) foi tratado de forma medíocre e desrespeitosa pela direção do programa e pela maioria dos entrevistadores: obrigaram-no a responder perguntinhas de interesse duvidoso, além de prepararem algumas armadilhas, supostamente inteligentes, que visavam à análise de sua obra, num verdadeiro atentado contra a

6 Apresentação, *Da preguiça como método de trabalho*, p. 11.

inteligência e a sensibilidade do grande poeta, e também do espectador... Segundo nota publicada no *Informe JB*, MQ saiu do programa cansado, com fome e com raiva". No dia seguinte, a *Gazeta de Notícias*, na coluna Poliedro de Sérgio Ribeiro Rosa, também censurou a "ferocidade jornalística" com que a Bandeirantes tratou o poeta, contra a qual MQ teria se defendido com uma frase elegante e irônica: "a bofetada também é uma forma de contato".

Conta-se que, ao término do programa pediram-lhe para que se despedisse. Entre as entrevistadoras, havia um homem que ele só identificou como homem pela voz. Então, para dar o troco, ele disse: "Olha, a mais bonita de vocês aqui é ele!". Contudo, essa versão não corresponde ao fato histórico. Tal qual aconteceu com a sua saída do Hotel Majestic, o episódio dessa entrevista foi distorcido pelas matérias citadas anteriormente. Em primeiro lugar, os entrevistadores eram inteiramente gabaritados. Sob a direção de Roberto D'Ávila estavam: o jornalista Sérgio Cabral, o poeta Geraldinho Carneiro – posteriormente eleito membro da ABL –, a escritora Ana Maria Machado – também eleita para a ABL –, o jornalista do *Jornal do Brasil*, Cícero Sandroni e a jornalista da revista *Claudia*, Beatriz Horta. Esses fizeram perguntas pertinentes sobre a infância do poeta, seus amores, boemia, seu processo criativo, outros poetas como Bruna Lombardi e Adélia Prado, literatura infantil, música, suicídio, morte, Academia Brasileira de Letras, política, etc. Ele identificou devidamente todos os entrevistadores, inclusive repetia seus nomes na medida que eram apresentados ao público, demonstrando conhecê-los. De modo que a versão de que ele identificou um homem somente pela voz, pensando tratar-se anteriormente de uma mulher, não pode ser verdadeira.

A entrevista começou com a sua infância, tema que o poeta costumava evitar. Ele respondeu que fazia tanto tempo, que ele não se lembrava dela. No entanto, depois de alguma insistência, ele respondeu genericamente, escudando-se de falar dele próprio:

> Bem, eu acho que todas as infâncias são sofridas, porque a criança é uma criatura desamparada, todos mandam nela, ela precisa... ela tem medo do pai, ou é muito mimada. Essas coisas todas e... eu acho que a infância é uma invenção do adulto. A gente inventa a infância que teve depois de adulto, sabe. De maneira que (incompreensível) eu tive uma

> infância igual a dos outros. Agora, só que eu lia muito. Porque o que leva a gente à poesia, eu acho, é que há certas coisas que não se prestam para a conversa. Por exemplo, a gente se impressionava com uma, com uma... nuvenzinha solta no ar, assim, uma mancha numa parede. Você não ia mostrar ah olha aí uma mancha na parede, uma nuvenzinha solta no ar. São coisas tão sutis que a gente não sabe por que impressionava a gente, né? Então... eu cheguei à conclusão de que tudo que não se presta para a fofoca é poesia, tá? Ah, poesia, sabe, é isto. Eu acho.

Depois o assunto passou a ser o seu processo criativo:

> Mas olha aqui, a gente nunca é natural. Nunca é natural. Quer dizer, é difícil ser natural. Eu... depende. Às vezes o poema sai pronto já, eu tenho a impressão que sai pronto. Outras vezes eu me esqueço dele e depois vou ver, acho que tá ruim. Isso é uma coisa que depende de tantas coisas. Mas o diabo é a gente lutar com as palavras pra obrigar as palavras, esganá-las, lutar com elas com força até obrigá-las a dizer exatamente o que a gente quer. Isso é, isso é uma coisa pra... É porque cada um, eu acho que cada poeta cria a sua escola poética. Cada poeta é uma arte poética. Não atento a regras de escrever, regras de fazer poema nem nada. Cada um tem que sair do seu próprio bolso. Um poema, para dar a impressão de que foi escrito pela primeira vez, deve ter sido escrito antes várias vezes, né? Aí, porque a espontaneidade é isso.

Então o tema passou a ser o humor. Nesse ponto, os entrevistadores chegaram mais próximo de sua intimidade. Numa pergunta de Geraldinho Carneiro, ele admitiu usar o humor para disfarçar o sentimento:

> Ah, essa contradição. Porque isso talvez seja para disfarçar, não é? Porque tem muita gente que pensa que [incompreensível] porque... o... para... esse é o humor, o humor é muito contrário da ironia, da graçola, da sátira, da má-língua. É uma coisa muito diferente, não é? O humor, não é? E só [incompreensível] não sei qual foi o filósofo que disse, agora filósofo não sou eu, que só pode rir das lágrimas quem já chorou. Esse é o senso do humor, é o humor à custa de si mesmo, a graça à custa de

si mesmo, o riso à custa de si mesmo e não à custa dos outros, que é uma coisa...

Em seguida, Ana Maria Machado indagou se era para disfarçar por medo ou por vergonha do sentimento. Quintana admitiu ser por vergonha.

Indagaram-no também sobre a boemia, pretendendo, obviamente, chegar a seu alcoolismo. Cícero Sandroni perguntou, diretamente, se ele já tomara uma bebedeira ao ponto de cair na sarjeta, e recebeu a resposta: "Sim, como todos vocês". O entrevistador quis saber, então, qual era sua bebida preferida, ao que Mario começou a responder de maneira mais sarcástica, insinuando que os entrevistadores eram burgueses:

> Mario Quintana: Bem, no meu tempo a gente não era grã-fino como vocês, não é? No meu tempo era cachaça e chope.
> Cícero Sandroni: Cachaça e chope, uma combinação maravilhosa, hein! Cruza bem, não! É uma maravilha!
> Sérgio Cabral: E o vinho, o vinho do Rio Grande?
> Mario Quintana: Aquilo é pra burguês, ora bolas!
> Sérgio Cabral: Caro?
> Mario Quintana: É pra burguês e pra exportação, pra vocês, ora...

Então, os entrevistadores foram para a política, que já haviam tentando anteriormente, mas Mario tergiversava. A sequência de perguntas e respostas foi a seguinte:

> Geraldo Carneiro: Tem gente recrudescendo por aí, não sei se você tem tomado conhecimento disso através dos jornais, mas eu queria saber se você, como jornalista, você acredita que o Brasil tá de novo no rumo das trevas?
> Mario Quintana: O quê?
> Sérgio Cabral: Você chegou a temer pelo Brasil?
> Mario Quintana: Hein?
> Sérgio Cabral: Algum momento você chegou a temer pelo que tava acontecendo pelo Brasil? Porque houve um momento grave, assim, digamos. Para localizar, em 1970, 70, 71.... a vida política brasi-

leira estava tensa, extremamente tensa. Isso passou pra você? Você percebeu isso?

Mario Quintana: Mas claro, a gente sente tudo.

Sérgio Cabral: E o que você pensava? O que passava na sua cabeça?

Mario Quintana: Ah, mas a questão era sobreviver, não é?

Cícero Sandroni: Você foi censurado alguma vez na época da censura, de 68 a 74, teve alguma crônica sua censurada no jornal?

Mario Quintana: Não.

Cícero Sandroni: Você sempre escreveu o que quis, jamais teve...

Mario Quintana: Eu sempre escrevi o que quis, nunca se meteram comigo.

Cícero Sandroni: E jamais tiraram, tiveram que publicar uma outra coisa, as crônicas sempre saíam... mas você sentia no jornal o problema da censura... lá no *Correio do Povo*, com seus colegas?

Mario Quintana: Não, não via nada. Eu sempre pude dizer o que quis.

Sérgio Cabral: Você se indignou...

Mario Quintana: A coisa era assinada, né? Era só me processar. É tão simples, né?

Cícero Sandroni: E processaram alguma vez?

Mario Quintana: Não.

O poeta prosseguiu somente respondendo o que queria responder, tergiversando sobre o que não queria falar. Houve, no entanto, um momento mais tenso no final, quando ele se irritou com um dos entrevistadores:

Sérgio Cabral: Você se indignou alguma vez, nesse sentido?

Mario Quintana: Eu fico indignado é com perguntas assim, não é? Eu não sou de pedra, não sou de pau, não sou de...

Sérgio Cabral: Mas você é jornalista e sabe que o problema não é a pergunta, é a resposta.

Mario Quintana: Ah, resposta, é...

Sérgio Cabral: E você não respondeu. Você se indignou? Quando... nesse momento?

Mario Quintana: Estou indignado contigo. Agora vamos fechar com as palavras amáveis, não é?

A frase "estou indignado contigo" foi dita realmente com irritação. Segundos depois, o poeta propôs encerrar a entrevista com "palavras amáveis". Chamaram um comercial e quando o programa voltou, o diretor da entrevista prosseguiu:

> Roberto D'Ávila: Ô Mario, mas eu vou fazer umas provocações pra você mostrar esse seu lado aí mais...
> Mario Quintana: Mais o quê?
> Roberto D'Ávila: Agressivo.
> Mario Quintana: Mas eu não sou agressivo, ora bolas! Vocês me fazem cócegas e eu tenho que rir ou chorar.

Prosseguiram e as perguntas foram se suavizando, porém, em dado momento perguntaram sobre sua vida amorosa, ao que Quintana respondeu que isso só interessava a ele. Em seguida, pediram-lhe para contar algo sobre seu amigo Érico Veríssimo: "Vocês me obrigam a dizer lugares comuns, não é?". Diante da resposta, o diretor do programa prosseguiu:

> Roberto D'Ávila: Mario, eu tô vendo que você tá cansado. Você quer acabar a entrevista?
> Mario Quintana: Eu quero acabar desde que vocês me dirijam palavras amáveis, não me provoquem mais.
> Roberto D'Ávila: Mas a provocação faz parte da amabilidade aqui.
> Mario Quintana: Ah, pois é, não é? Ah, sim, como diz o outro, a bofetada é uma forma de contato, não é? É isso, não é? De maneiras que eu agradeço a vocês todos, agradeço antes de tudo a paciência que os telespectadores tiveram comigo e com os que me entrevistaram.
> Roberto D'Ávila: Mas você achou que a gente foi agressivo com você?
> Mario Quintana: Ah, agora passou, corta, corta...

Nesse ponto, Quintana chegou a ensaiar levantar-se da cadeira. Chamaram outro intervalo e o programa retornou com o tom "amável" reclamado por Quintana, e foi elogiado por todos os entrevistadores. Mario Quintana chegou a rir e demonstrar que gostara das palavras finais de Ana Maria Machado, quando ela declarou que descobrira naquela entrevista que ele era um "velhinho danadinho de esperto", além, evidentemente, de ser um grande poeta.

De tudo isso, algumas reflexões podem ser feitas. Os temas que ele evitou responder eram absolutamente normais para uma entrevista com qualquer pessoa pública. Contudo, sabe-se que Mario Quintana sempre foi avesso a entrevistas; concedeu-as a alguns entrevistadores somente a partir dos 70 anos – essa foi realizada quando tinha quase 76. Em geral, o poeta sempre sentiu desconforto com as perguntas que se aproximavam muito de sua vida pessoal, especialmente de sua infância, vida amorosa e momentos críticos, como o alcoolismo. Quanto à política, Quintana sempre reagia com irritação quando lhe perguntavam sobre suas opções políticas ou lhe cobravam engajamento: o peso da tradição militar da família e seu fracasso em seguir a carreira militar fizeram com que esse tema fosse extraordinariamente sensível para ele. Ao indagarem-no sobre a censura no *Correio do Povo*, o poeta simplesmente respondeu que "não via nada". Na verdade, porém, o jornal também foi alvo da censura, como já demonstramos anteriormente. Parece que Quintana omitiu esse fato deliberadamente na entrevista.

Agora somem-se as circunstâncias de ser exposto num programa de televisão ao vivo, no qual ele não podia simplesmente "despachar" o entrevistador, como fazia em seu quarto de hotel, onde normalmente concedia as entrevistas. Evidente que tudo isso fê-lo sair de sua zona de conforto, o que ficou perceptível para todos, levando-o, provavelmente, a uma espécie de *burnout*. Lembremo-nos de seu histórico de epilepsia e da descrição de sua infância como uma criança que andava pelos cantos da casa, sem querer ser visto. Na verdade, pelas suas condições pessoais, ele não deveria ter aceito ser entrevistado pelo excesso de exposição que sua personalidade, certamente, não suportaria. Por que então a teria aceito? Talvez porque pretendia uma vaga na Academia Brasileira de Letras e gostaria de tornar-se mais conhecido, ou para vender mais livros; não se sabe ao certo.

Indagado sobre o episódio e especificamente sobre o diagnóstico do entrevistado, o poeta Geraldinho Carneiro respondeu: "Li atentamente o seu texto sobre as prováveis razões do desconforto de Quintana durante a entrevista. Concordo inteiramente com as hipóteses que você levanta. Estava em vigor um modelo de entrevista herdado do Pasquim, em que era comum fazer perguntas incisivas sobre vida/obra dos entrevistados. Modelo esse talvez incompatível com a delicadeza de Quintana".

O jornalista Roberto D'Ávila também se manifestou sobre o incidente: "Sempre fui apaixonado pela poesia do Mario Quintana e posso dizer que fui seu amigo. Passados quarenta anos não me recordava desse 'quiproquó'. Ele foi tratado com carinho e reverência por todos, mas certamente imaginava falar sobre poesia e literatura, temas mais afeitos ao mestre que ele sempre foi, porém, de menos impacto jornalístico. Mas passado o tempo, creio que ele estava certo ao se zangar tendo que responder perguntas sobre sua vida pessoal, algo que ele detestava fazer. Grande Quintana!".

Seja como for, a descrição da entrevista desmente em grande medida as matérias que surgiram na imprensa a respeito do programa. Os entrevistadores eram gabaritados e as perguntas não fugiram ao que é usual numa entrevista desse tipo. A sensibilidade do poeta é que não resistiu a uma previsível incursão em sua intimidade.

A derrota na premiação da UBE

Em 1985, Mario Quintana foi indicado ao Prêmio Juca Pato – Intelectual do Ano, da União Brasileira de Escritores. O colégio eleitoral era composto por escritores filiados à UBE e os concorrentes eram escritores que tinham publicado naquele ano.

Frei Betto havia escrito o livro *Fidel e a religião*, em uma época em que o país vivia um momento de euforia com a redemocratização e a possibilidade de recuperar a liberdade política, cerceada pela ditadura militar. Acabou vencendo o pleito. Com efeito, premiar um escritor que escrevera sobre o ícone da esquerda, Fidel Castro, tinha uma simbologia importante que talvez tenha pesado na decisão da UBE.

Não há registro de Quintana ter-se sentido frustrado, tanto quanto ficou com as derrotas na ABL. Talvez o processo eleitoral da UBE tenha sido mais natural, sem necessidade de cumprir protocolos para pedir votos, até porque eram muitos os eleitores habilitados para o pleito.

10.

Em busca dos reversos

COMO DISSEMOS NO primeiro capítulo, Quintana declarou que não tinha reversos, só versos. Pelas tantas entrevistas que concedeu fica absolutamente claro que ele queria ficar conhecido somente pela sua produção literária. Sua vida pessoal, especialmente a juventude e o início da maturidade, permanece envolta em muitas obscuridades.

Por tudo isso, julgamos necessário investigar seu "eu lírico", confrontando-o com as suas entrevistas e os depoimentos dos amigos, para tentar descortinar mais um pouco a vida do poeta.

Por que ele escreve?

Quintana respondeu a Sérgio Dillenburg: "É uma necessidade. Sinto a necessidade de expressar-me. Quanto à comunicação, é um efeito secundário da expressão. Creio que um verdadeiro poeta, ainda que soubesse ser o único sobrevivente humano na face da Terra, ainda assim escreveria poemas. Indagar para que ou para quem? Isso apenas aprofundaria o mistério da criação poética".

Em outra entrevista, perguntado se escreveria mesmo que não houvesse mais público leitor, respondeu: "Escreveria porque não podemos fugir à necessidade de estar vivo. Estar vivo é expressar-se e a poesia é uma forma de expressão e, portanto, de vida". Ele acreditava que a poesia seria capaz de contribuir para a humanização das pessoas e deixou isso expresso em "Comunicação"[1]:

> E o sonho do escritor, do poeta, é individualizar cada formiga num formigueiro, cada ovelha num rebanho – para que sejamos humanos e não uma infinidade de xerox infinitamente reproduzidos uns nos outros...

Em "Carta" (citada a seguir), ele se refere a um medo. Depois, em entrevista, ele explicou a origem desse medo: "Eu tenho medo de ceder a injunções que não sejam a da pura expressão. Pois a gente sente necessidade é de expressão. A badalada comunicação é apenas uma decorrência disso. Um poeta deve escrever como se fosse o último vivente sobre a face da terra... Às vezes, assalta-me o terror de que todos os meus poemas sejam apócrifos".

A entrevistadora Edla van Steen perguntou-lhe:

> — Então, para que escrever?
> — Por isso mesmo! Como o último vivente, ele não tem de pensar o que pensarão os outros. Às vezes.
> — Às vezes?
> — Muita vez o poeta é induzido a modas – quando na verdade não há nada tão ridículo como os figurinos da última estação. Só não sai da moda quem está nu.

Felizmente, Quintana desnudou-se em poesia e continua na moda.

O processo criativo: a dor do parto

O processo criativo de Mario Quintana nunca foi tão bem e racionalmente explicado por ele, como em "Carta"[2]. Supostamente, seria uma resposta a um poeta que lhe pedia conselhos sobre como fazer poesia. E Quintana discorre sobre o que sobra para a poesia em termos de conteúdo: "sobras tu". Explica: "refiro-me ao teu eu, que transcende os teus

1 *Da preguiça como método de trabalho.*
2 *Caderno H.*

limites pessoais, mergulhando no humano" (...) "pois cada homem (...) só vem a compreender e amar o que é essencialmente humano".

Sobre seu processo criativo propriamente, esclarece:

> ...Não sei como vem um poema. Às vezes uma palavra, uma frase ouvida, uma repentina imagem que me ocorre em qualquer parte, nas ocasiões mais insólitas. A esta imagem respondem outras. Por vezes uma rima até ajuda, com o inesperado da sua associação (Em vez de associações de ideais, associações de imagens; creio ter sido esta a verdadeira conquista da poesia moderna). Não lhes oponho trancas nem barreiras. Vai tudo para o papel. Guardo o papel, até que um dia o releio, já esquecido de tudo (a falta de memória é uma benção nestes casos). Vem logo o trabalho de corte, pois noto logo o que estava demais ou o que era falso. Coisas que pareciam tão bonitinhas, mas eram puro enfeite, coisas que eram desenvolvimento lógico (um poema não é um teorema) tudo isso eu deito abaixo, até ficar o essencial, isto é, o poema. Um poema tanto mais belo é quanto mais parecido com um cavalo. Por não ter nada de mais nem nada de menos é que o cavalo é o mais belo ser da Criação. Como vês, para isso é preciso uma luta constante.... E um conselho, afinal: não cortes demais (um poema não é um esquema); eu próprio que tanto recomendei a contenção, às vezes me distendo, me largo num poema que lá vai seguindo com os seus detritos, como um rio de enchente, e que me faz bem, porque o espreguiçamento é também uma ginástica...

O texto vale a pena ser lido por inteiro, porque se constatará como é o seu modo de criar, descrito racionalmente, à luz do dia, sem as sublimações tão caras e tão comuns a Quintana, cuja obra-prima é revelada em suas entrelinhas ("...eu só escrevo para os que gostam de ler nas entrelinhas..."[3]).

Aliás, sobre elas, Carlos Nejar conta que lhe perguntou por que usava tantas reticências e ele, enigmático e usando sempre as suas imagens características, respondeu que os poemas são campos que carecem de cercas. A conclusão possível é que as reticências seriam essa ausência de cercas que liberta a imaginação e o sonho.

3 Que será de mim, *Caderno H*.

As reticências, as entrelinhas, tudo compõe o segredo da sua poesia: "...Aliás, tudo é sempre outra coisa/– segredo da poesia –"[4]. Porque a poesia mesmo "...mora é nas entrelinhas"[5]. E ainda recomendou: "E nunca me perguntes o assunto de um poema. Um poema sempre fala de outras coisas..."[6]. Em outro texto poético arrematou: "Se um poeta consegue explicar o que quis dizer com um poema, o poema não presta"[7].

Em outra entrevista, ele dá mais informações sobre seu processo criativo:

> Um poema tem de ter unidade. É preciso cortar muito. É preciso ter coragem de sacrificar belas imagens, não é? Porque um poema que é muito rico em imagens fica como estes altares barrocos... que têm tanto anjinho que a gente não enxerga o santo. De maneira que poesia é humildade no receber a coisa, é coragem no trabalho de fazê-la.
>
> ...
>
> Eu deixo que o poema se faça. Depois, guardo. Quando vou ler, uns dois ou três meses depois, não me lembro mais do poema. Leio como se fosse de outra pessoa, de maneira que fico com o espírito crítico bem aguçado. A gente sempre tem um espírito crítico mais aguçado em relação a outra pessoa. Mas daí, como eu leio o poema como se fosse de outra pessoa, eu já noto: "Não, isto não está bem. Isto devo tirar".

Agora faz inteiro sentido quando o poeta entregou o exemplar de *Orlando* a Eloí Calage – a biógrafa escolhida – dizendo que ali estava metade da sua biografia: porque o seu processo criativo é similar ao que a autora Virginia Woolf prescreveu e era o usado pelo personagem Orlando.

Os cortes a que ele se refere assemelham-se a um parto para fazer nascer uma criação poética. Por isso ele escreveu que "os poetas morrem de parto"[8]. Em trecho de "Carta"[9], ele escreveu: "para os poetas não existe parto sem dor". Em "Relax", salientou: "...Qualquer poeta sabe como

4 O último poema, *Preparativos de viagem*.
5 Ariel, *A cor do invisível*.
6 O assunto, *Da preguiça como método de trabalho*.
7 Exegeses, *Porta giratória*.
8 *Caderno H*.
9 *A vaca e o hipogrifo*.

dói, como é preciso virar a alma pelo avesso para fazer um verdadeiro poema..."[10].

Em "Da observação indireta"[11], Mario dá mais pistas sobre o seu processo, privilegiando sempre mais as imagens do que as associações de ideias: "...perguntarão como consigo escrever poemas, os quais, no seu estado mais puro, em vez de se expressarem por associações de ideias, expressam-se por imagens, figuras, coisas vistas... Mas foram vistas subliminarmente e depois, na montagem do poema, exsurgem num mundo mais real porque despojados de acessórios insignificativos...".

Em "A leitura interrompida"[12], escreve sobre uma imagem que encontrou em Golding: "o tempo corre por entre nossos dedos como água". E chama isso de um truque poético, mesmo que o verso esteja em prosa: "Quem faz comparações está fazendo poesia", mas esclarece: "Poesia, mesmo, é quando a imagem é insubstituível".

Ele volta ao tema em "O gato"[13], onde explica: "se a poesia tem feito algum progresso foi esse de evitar explanações lógicas, o estilo expositivo, característica da prosa".

Segundo ele, um poema nunca termina: "Um poema só termina por acidente de publicação ou de morte do autor"[14], porque "é preciso escrever um poema várias vezes para que dê a impressão de que foi escrito pela primeira vez"[15].

Acresça-se ao processo criativo boa dose de paradoxo, contradição, surrealismo. Em "Simultaneidade"[16], Quintana explica o paradoxo no qual os poetas – não só ele – vivem:

> — Eu amo o mundo! Eu detesto o mundo! Eu creio em Deus! Deus é um absurdo! Eu vou me matar! Eu quero viver!
> — Você é louco?
> — Não, sou poeta.

10 *A vaca e o hipogrifo.*
11 *A vaca e o hipogrifo.*
12 *Porta giratória.*
13 *Caderno H.*
14 ARS Longa, *Caderno H.*
15 Da difícil facilidade, *Caderno H.*
16 *A vaca e o hipogrifo* e *A cor do invisível.*

Mas, em outro poema[17], o doido é o próprio verso: "O verso é um doido cantando sozinho/ Seu assunto é o caminho. E nada mais! O caminho que ele próprio inventa...".

Apesar de doido, ele é capaz de salvamentos impensáveis: "O poema é uma garrafa de náufrago jogada ao mar/ Quem a encontra/ Salva-se a si mesmo"[18].

E na loucura, ele encontra a lucidez: "A diferença entre um poeta e um louco é que o poeta sabe que é louco... Porque a poesia é uma loucura lúcida"[19].

Em outros escritos, Quintana associa poesia com arte plástica. Ele o diz expressamente em "Panorama de uma geração"[20]: "poesia é também uma arte plástica". E, também, na prosa poética "Poesia"[21].

E conclui com uma bela imagem sobre os pintores, a revelar a sua afinidade e admiração por esses artistas que conseguem captar o instante que passa:

> Perpassa no vento a alma dos pintores mortos, procurando captar, levar (para onde?) as cores deste mundo. Que este mundo pode ser que não preste, mas é tão bom de olhar![22].

Influências

Nas diversas entrevistas que concedeu, Quintana esclareceu que lia muito, especialmente os autores franceses, mas também os russos, citando nominalmente o francês Apollinaire e o russo Dostoievsky. Reconheceu, no entanto, as influências de Camões e da história em quadrinhos infantil *O Tico-Tico*, como as mais importantes.

Luiz Vaz de Camões era lido por seu pai quando ele era criança, numa voz portentosa, que ele lembrava até muitos anos depois. Com efeito, não

17 O verso, *Preparativos de viagem*.
18 S.O.S., *A cor do invisível*.
19 A diferença, *Porta giratória*.
20 *Porta giratória*.
21 *Porta giratória*.
22 Leitura dinâmica, *Porta giratória*.

só a poesia, mas a vida atribulada de Camões encontra afinidades com a de Quintana. Vejamos brevemente.

Camões nasceu provavelmente em 1524, em Coimbra, filho de um funcionário do rei, o que lhe propiciava acesso aos palácios e à realeza, embora vivesse com parcos recursos. Com 18 anos já era conhecido como poeta na corte de dom João III. Em 1549, alistou-se no exército português para combater os mouros em Ceuta, batalha na qual teve um olho vazado. Voltando a Portugal, foi preso e condenado por uma briga. Perdoado pelo rei, foi exilado em Goa, na Índia, onde começou a escrever *Os lusíadas*. Depois, embarcou na armada portuguesa para combater navios mercantes mouros. Foi nomeado como provedor-mor em Macau, em 1556, mesmo ano em que perdeu a mulher Dinamene, chinesa, num naufrágio, do qual ele escapou com vida. Em 1567, acompanhou o novo governador de Moçambique, mas foi preso em Mombaça por dívidas antigas. Passou a viver na miséria e, em 1570, retornou a Portugal. Só em 1572 é que *Os lusíadas* foi publicados, o que lhe valeu uma pensão de 15 mil réis anuais concedida por d. Sebastião, para quem a obra foi escrita. Morreu em 1580 na miséria. Em 1595, surgiu a publicação póstuma do seu livro *Rimas*, lírico, diferente do épico *Os lusíadas*. Mesmo com essa vida atribulada, foi um galanteador que conquistava corações femininos.

Como se vê, em proporções menores, a vida de Quintana também teve uma certa inconstância geográfica, embora em muito menor escala: Alegrete, Porto Alegre, Alegrete, Rio de Janeiro, Porto Alegre, Rio de Janeiro, até se fixar definitivamente em Porto Alegre. Quintana também teve dificuldades financeiras, embora nunca tenha deixado de pagar suas contas. O poeta também se alistou nas tropas revolucionárias de Getúlio Vargas, embora não tenha disparado nenhum tiro.

Quanto à produção poética, também há alguma convergência. Os versos de Quintana têm ritmo, musicalidade, como os de Camões, mas é na lírica, talvez, que eles se encontrem mais: Camões canta o absurdo, o desconcerto do mundo, mas também o amor, um amor idealizado e irrealizável, que, por isso, precisa ser sublimado. Tudo isso não lembra a lírica de Mario Quintana? Só que em Quintana a lírica vem sublimada pelo humor.

Outra influência foi a revista *O Tico-Tico*, publicada de 1905 a 1960. Era uma revista semanal infantil de cerca de 16 páginas, com conteúdo variável: histórias em quadrinhos que continuavam nos números seguintes, pequenas historietas, poesia de autoria de crianças e adolescentes, etc.

A edição de 26/06/1907, n.º 90, ano III, quando Quintana estava próximo de completar 1 ano de idade, continha as seguintes histórias, a maioria em quadrinhos: Juquinha, uma criança – espécie de herói – que fazia algum malfeito e fugia em sua bicicleta, mas atropelado por um cachorro, foi preso e levado à delegacia; um jogo de ilusão de óptica com a imagem de um leão e de uma jaula, para recortar, amarrar e balançar com rapidez até que os olhos enxerguem o leão dentro da jaula; a história do feiticeiro Aladim e a lâmpada maravilhosa; a história de uma dama da sociedade que costumava vestir um casaco de lontra, um chapéu adornado com um pássaro e uma joia com uma serpente: subitamente, durante um pesadelo, vê a lontra nadando numa banheira em seu quarto, o pássaro voando e a serpente pronta para dar o bote – moral da história: a dama passou a usar roupas mais simples; informação sobre a guerra do Paraguai em quadrinhos; outra história em quadrinhos sobre Lili, uma menina que tinha gênio ruim, não gostava de estudar e por isso tinha orelhas de burro, maltratava a professora e seu próprio gato, até que, durante um pesadelo, um anão põe rodas na sua cama e coloca um burro a levá-la pelos mais diversos lugares, mas, de repente, a carruagem-cama tropeça em algo e tudo vai aos ares, até caírem em posições invertidas: Lili passa a puxar a carruagem-cama, o gato vai nela refestelado e o burro a chicoteia; Lili acorda e decide ser uma boa menina.

Algumas curiosidades podem ser apontadas apenas nesse exemplar. Quintana adota a personagem "Lili", que dá o nome a seu livro infantil *Lili inventa o mundo*, de 1983. Os sonhos também estão presentes como transfigurações em muitos de seus poemas. A simplicidade no trajar e, de um modo geral, no viver foi assimilado inteiramente pelo poeta. O feiticeiro Aladim lembra o título de outra obra: *O aprendiz de feiticeiro*. Mais do que o título, Quintana é usualmente tratado como um feiticeiro das palavras, um mago, um bruxo, pelos amigos e pelos críticos.

Além dessas duas influências declaradas, os críticos apontam ainda a influência do poeta português Antônio Nobre. No entanto, em entrevista que Quintana concedeu ao *Correio do Povo*, em março de 1976, ele disse:

> Quanto às influências por mim sofridas, isto é muito relativo, antes de tudo porque a gente gosta de quem se parece com a gente. Lembro-me que, quando era guri, eu lia muito o *Só*, de Antônio Nobre. E Antônio Nobre foi uma espécie de companheiro de infância... Isto fez com que alguns críticos apontassem sua influência na minha obra. Se há, é muito boa para os dois. Mas acho que não há propriamente influência, há é confluência...

Entretanto, em outra entrevista no mesmo ano, ele elevou um pouco a importância de Nobre como influenciador: "Creio que Antônio Nobre que me revelou o mundo da poesia, influiu em mim no princípio".

Antônio Nobre, às vezes, se autodenomina "Anto", personagem de alguns poemas seus, apelido que lhe foi sugerido por uma namorada, a preceptora de crianças Miss Charlotte, que vivia em Leça, perto do Porto, com quem manteve um romance por dois anos. E nosso poeta Quintana, por vezes, se refere a Nobre como Anto, em alguns poemas, o que reforçou a conclusão dos críticos de tratar-se de uma influência.

Só, livro de poemas de Nobre, é leitura obrigatória, curricular, para os alunos da 8.ª série da educação portuguesa, tanto que integra atualmente as Metas Curriculares de Português e o Plano Nacional de Leitura do governo português.

Há também alguma coincidência entre a vida dele e a de Quintana. O poeta português nasceu em 1867, no Porto, e morreu em 1900, de tuberculose, na mesma cidade, um dia depois de ter a ela retornado, com apenas 32 anos. Era já portador de uma doença causada pelo bacilo de Koch. De família burguesa, estudou nos melhores colégios, mas, mesmo assim, foi reprovado em duas ocasiões na Faculdade de Direito da Universidade de Coimbra, cidade na qual passou a viver, mas onde não foi feliz. Resolveu transferir-se para Paris, onde teve contato com os simbolistas franceses, mas sofreu muita dificuldade financeira e sentia muita saudade de seu país, de seus amigos e da infância ao lado da segurança dos pais. Foi na solidão de Paris que ele escreveu muitos dos poemas de *Só*, publicado nesta cidade em 1892. As coincidências entre os dois poetas são marcantes: as doenças, a perda do aconchego familiar e burguês, as dificuldades financeiras, as mudanças de domicílio e a solidão das novas cidades.

Quanto à obra, há em comum o ritmo e a musicalidade, a melancolia, a solidão, a infância e adolescência mitificadas como uma época encantada e feliz, imagens femininas ideais e vagas, ironia pelos anseios não realizados, recurso ao folclore e ao pitoresco de seus países – canções no caso de Quintana; cantigas infantis de embalar, nos dois poetas –, o tema da morte – mas como pacificação –, referências aos astros, ao Sol, à Lua, de modo simbólico; uso de objetos ou hábitos como companheiros de vida – em Nobre, o cachimbo; em Quintana, a bebida e os bares –; o sujeito como ser único, isolado do mundo, que, no entanto, encontra a universalidade humana; resiliência às máquinas modernas, etc.

O pessimismo e a melancolia de Nobre são tão exagerados que lhe valeram inúmeras críticas, às quais ele respondeu: "Mas não sou eu o intérprete das dores do meu país?". Já Quintana utiliza humor fino para lidar com esses sentimentos.

Quintana era erudito, autodidata, leitor assíduo da literatura mundial, especialmente a francesa, e da filosofia. Todas essas leituras e estudos, além de Camões, do *Tico-Tico* e de Nobre, ajudaram a compor a complexa obra de Quintana que, apesar de complexa, pode aparentar simplicidade, tanto que é lida e apreciada por adultos, crianças e não iniciados em literatura. Isso porque para ele:

> A presunção – tão desculpável e até divertida nos moços – é o mais certo sinal de burrice nos velhos.
> O derradeiro fruto da Árvore da Ciência é a simplicidade.[23]

Recusa a aderir a escolas literárias

Quintana é considerado um modernista da segunda geração. No entanto, ele sempre se recusou a integrar qualquer escola literária. Em "Das Escolas"[24], ele pontuou: "Pertencer a uma escola poética é o mesmo que ser condenado à prisão perpétua". Ele reiterou o pensamento em "Das Escolas Poéticas"[25]: "A minha escola poética? Não frequento nenhuma.

23 Da presunção, *Da preguiça como método de trabalho.*
24 *Caderno H.*
25 *Caderno H.*

Fui sempre um gazeteador de todas as escolas. Desde assinzinho... Tão bom!".

No texto "A eternidade está dormindo"[26], em que atribui as mazelas do mundo ao pesadelo da eternidade, ele aconselha os poetas a não se filiarem a nada:

> Portanto, poeta, não te filies a nada, muito menos às escolas poéticas. Evita, principalmente, as academias de letras, tanto as provincianas como a academia-mãe: nunca se sabe...

Registre-se que isso foi escrito antes de suas três candidaturas à Academia Brasileira de Letras. Em entrevista, ele explicou: "A poesia é alérgica a cátedras".

Em "Nariz e narizes"[27], ele decretou: "O segredo da arte – e o segredo da vida – é seguir o seu próprio nariz".

Em "Liberdade"[28], ele declarou: "O preço da poesia é a eterna liberdade.../ E aderir a determinada escola poética é o mesmo que internar-se, voluntariamente, num asilo de incuráveis".

No entanto, ele reconheceu uma leve influência modernista: "Corrente poética que não me filio é ao Parnasianismo. Nunca me filiei. É muito fria. Poesia feita de fora. Ah, e também, à poesia concreta, porque está abaixo da minha compreensão. Quanto ao resto, aproveitei a liberdade que deu a evolução modernista. Porque o poeta modernista tem tanta liberdade que pode até fazer um poema clássico". Ainda sobre o Parnasianismo disse ironicamente que foi uma boa ginástica: "Deu uns belos rapazes. Mas ocos, ocos..."[29].

Realmente é difícil encontrá-lo dentre aqueles que se dedicavam aos problemas sociais ou políticos, nacionais ou regionais, características dos modernistas de segunda geração. Tampouco sua poesia é sombria, pelo contrário, o seu humor a transfigura. Do mesmo modo, rejeitava o regionalismo: "a verdadeira obra de arte transcende as fronteiras"[30].

---

26 *A vaca e o hipogrifo*.
27 *A vaca e o hipogrifo*.
28 *Da preguiça como método de trabalho*.
29 História literária, *Porta giratória*.
30 Panorama de uma geração, *Porta giratória*, e que foi a reprodução parcial da primeira entrevista que concedeu em 11/07/1936.

Apenas quanto à forma é possível dizer que Quintana se aproveitou da liberdade formal, embora, por vezes, tenha buscado rigor formal, como no seu primeiro livro, *A rua dos cataventos* (1940), composto de sonetos metrificados e rimados, justamente quando o movimento modernista pregava o abandono às formas fixas. Sua ligação com o Modernismo será aprofundada mais adiante.

Do mesmo modo, é difícil enquadrá-lo estritamente na terceira geração, diante de sua aversão ao Concretismo e, também, aos temas sociais e políticos que permeavam a produção literária. A rigidez da forma, característica que retornou na terceira fase, encontrou um Quintana livre, que só recorria a ela quando algum poema assim o pedia, como em "Canções" (1946). Além disso, o poeta se permitiu a originalidade de entremear poesia e prosa nos livros seguintes à sua estreia, como um tipo de prosa poética, ou poema-prosa, repletos de aforismos, como em *Sapato florido* (1948). Também custa-nos crer que ele tenha se envolvido no embate entre integralistas e comunistas, o qual permeava duas das escolas modernistas.

Certamente, ficou à margem de tudo isso, aproveitando-se do que julgava vir de dentro dele mesmo, sob a influência simbolista das ideias espiritualistas, que transcendiam à realidade objetiva, a preocupação com o humanismo, o cotidiano e a linguagem coloquial e simples, que tão bem soube utilizar, sem perda da elegância e precisão dos textos. Essa característica de voltar-se para dentro de si a fim de encontrar o universal é insinuada em "O inominável"[31], no qual ele se refere a um eu irredutível como sendo o eu profundo: "o assunto primeiro e último dos poemas, o campo de batalha dos anjos".

Embora tenha se recusado a enquadrar-se em alguma escola literária, não há dúvida que Quintana se insere no Modernismo, se for considerado apenas o aspecto da liberdade de formas e temas. Contudo, em sua coluna "Caderno H" no *Correio do Povo*, transformada posteriormente em livro, ele afirmava que o Modernismo "libertou o verso, mas não libertou o poeta"[32]. Ele explica:

31 *Porta giratória.*

32 Resposta, *Caderno H.*

> (...) Havia, antes, uma arte poética cujos rudimentos estavam ao alcance de todos e que, se não ensinava a fazer um poema perfeito, ao menos permitia fazê-lo sem imperfeições.
> Agora, qualquer poema é uma aventura, boa ou má. O poema livre, como o seu nome diz, não é obrigado a ter versos de medida clássica, muito embora os possa ter, visto que um bom verso clássico é tão natural ou expressivo como outro qualquer. Mas, se as linhas do poema que você estiver fazendo "livremente" não se complementarem, se o todo não apresentar uma misteriosa unidade, o poema se desagrega. Tudo tem de estar interdependente, como num sistema planetário. O poema livre é um jogo de equilíbrio, prestes a desabar ao mínimo descuido do construtor.
> Quanto à armação de um poema em versos regulares, é coisa tão segura como empilhar paralelepípedos.
> Também os parnasianos precisavam saber equilibrar-se, é claro, mas trabalhavam com rede de segurança... (...)

Quer dizer: o poema pode ser livre, sem rimas, mas há que existir sempre a harmonia e o mistério, como deveres dos poetas, o que dá muito trabalho a um poeta comprometido com sua arte, como vimos em seu processo criativo.

Na mesma coluna e obra, em "Oito e meio", ele discorre sobre o filme "8 ½", de Fellini, do qual era apreciador, associando-o a um quadro de Picasso, modernista. Ele começou dizendo que o filme retrata muito bem a alma humana, "com suas idades sucessivas convivendo, o acontecido e o imaginado tendo ambos o mesmo poder traumático e o mesmo pé de realidade". Já em alguns quadros de Picasso, "a boca, a face, o perfil, as orelhas rejuntam-se, não arbitrariamente e sim para formar uma harmonia nova, de maneira que seu arreglo final não nos amedronta como um monstro, mas tranquiliza-se como uma obra clássica". E conclui o pensamento fornecendo pistas para os intérpretes de sua própria poesia:

> ...Em resumo: não o desprezo da lógica, mas a aceitação da lógica imagista – o que, como todo verdadeiro modernismo, é tão velho como o mundo, porque usa apenas a velha linguagem dos sonhos e das histórias de fadas.

Imagens, sonhos, encantamentos, mistérios, são os componentes de sua poesia, mas o poeta ainda guarda, ao final, a surpresa:

> ...a poesia é o mistério evidente. Ela é óbvia, mas não é chata como um axioma. E, embora evidente, traz sempre um imprevisível, uma surpresa, um descobrimento.[33]

Apesar dessa declarada recusa a aderir a uma escola modernista, a opinião geral é que sua obra tem, sim, características modernistas. A apresentação do número dedicado a ele dos *Cadernos de Literatura*, do Instituto Moreira Salles, consigna que ele teria assimilado duas tópicas da poesia moderna: "o tema da cidade e uma dicção contaminada pela fala comum", reinventando "o mote modernista de uma linguagem que cobrisse o abismo entre o erudito e o popular, entre os registros culto e popular".

Surrealismo/realismo mágico

Os críticos costumam dizer que, depois de certo tempo, a obra de Mario Quintana foi assumindo uma tendência surrealista. Isso teria acontecido a partir de *Apontamentos de história sobrenatural*, de 1976. Neste livro, o poema "Depois do fim" pode ser apontado como exemplo desta fase:

> Brotou uma flor dentro de uma caveira.
> Brotou um riso em meio a um *De Profundis*.
> Mas o riso era infantil e irresistível,
> As pétalas de flor irresistivelmente azuis...
> Um cavalo pastava junto a uma coluna
> Que agora apenas sustentava o céu.
> A missa era campal: o vendaval dos cânticos
> Curvava como um trigal a cabeça dos fiéis.
> Já não se viam mais os pássaros mecânicos.
> Tudo já era findo sobre o velho mundo.
> Diziam que uma guerra simplificara tudo.

33 Poesia, *Porta giratória*.

Ficou, porém, a prece, um grito último da esperança...
Subia, às vezes, no ar, aquele riso inexplicável de criança
E sempre havia alguém re-inventando o amor.

Carlos Nejar não tem dúvida em dizer que Quintana "é igualmente o poeta do fantástico, com a carga de um surrealismo abissal, o curto-circuito da inteligência".

Armindo Trevisan destrinchou o humor e o surrealismo em "Tableau"[34]. O texto começa dizendo que nunca se deve deixar um defunto sozinho para, depois, o eu lírico dizer que esteve num velório e deu uma breve saída para beber algo e, quando retornou, surpreendeu o defunto, que estava sozinho, comendo uma das velas. Trevisan desmontou o poema para afirmar que o velório deveria ser, mas não é, um momento privilegiado de saudade e de carinho. No entanto, Quintana denunciou a falsa piedade dos vivos usando fantasia pura, com alusões realistas "que tornam saborosa a sua dimensão surrealista".

De acordo com Trevisan, esse surrealismo que caracteriza Quintana se distingue pelo humor, mas um humor-denúncia, de conteúdo moral, para investir contra as convenções sociais. Ele cita como exemplo outro texto poético, "Velha história"[35], que conta a história de um homem que estava pescando e consegue pegar um peixinho, tão pequenininho e inocente que o pescador fica com pena e o coloca no bolso traseiro de sua calça. Entre eles nasce um companheirismo e o pescador passa a levá-lo para todos os lugares, como se fosse um cachorrinho, andando a trote pelas calçadas. Até que, um dia, quando passeavam pela margem do rio onde se conheceram, o homem se apiedou do peixinho por retirá-lo do convívio dos seus e o devolveu ao rio chorando. Quintana constrói um fim surpreendente: "E a água fez um redemoinho, que foi depois serenando, serenando... até que o peixinho morreu afogado...".

Talvez esteja nesse texto poético o tal surrealismo moral a que se refere Trevisan. Em um texto pretensamente ingênuo, quase que escrito para crianças, surge, com força arrebatadora, a crítica contra o egoísmo humano, que se apropria da natureza e dos animais para deles extrair prazer, sem perceber o malefício que poderá advir de seu comportamen-

34 *Sapato florido.*
35 *Sapato florido.*

to aparentemente bem-intencionado. O tom quase infantil da narrativa possibilitou que fosse lido até por crianças, ao ponto de o poeta receber de uma estudante que veio a ser, futuramente, sua amiga Dulce Helfer, onze desenhos feitos a nanquim retratando toda a história, em 1969. Os desenhos podem ser consultados no livro *O melhor de Mario Quintana*, tantas vezes citado aqui.

O surrealismo também surge em "Apocalipse"[36], em que os homens foram destruídos, mas ficaram as bibliotecas. E como não havia quem as frequentasse, as coisas podiam libertar-se de seus nomes:

> E eis que veio uma peste e acabou com todos os homens.
> Mas em compensação ficaram as bibliotecas.
> E nelas estava escrito o nome de todas as coisas.
> Mas as coisas podiam chamar-se agora como bem quisessem.

Velório sem defunto[37] também é exemplo de seu surrealismo. Começa questionando para onde irão as cidades do sonho, que parecem com as nossas, mas, de repente recebem uma chuva multicolorida, em meio a voos rasantes dos pterodáctilos.

Em "Claro enigma"[38], o poeta assume que "a poesia é um sintoma do sobrenatural". Em "Tempo"[39], ele escreveu: "Mas esse tão badalado realismo fantástico existiu sempre: é a poesia".

Ao responder à revista *Zero Hora* sobre a existência de um conteúdo subjacente à sua poesia, ele, de certo modo, confirmou esse aspecto sobrenatural: "A poesia não se entrega a quem tenta defini-la. Ela não é ilógica, mas tem outra lógica, algo especial... a poesia é um sistema sobrenatural... O verso é uma espécie de fórmula mágica".

Vez por outra, Mario era criticado por algum elemento que fugia à lógica de um poema. No entanto, ele mesmo comentou que um leitor entendera quando ele mencionou um boi no poema "Boi do barulho"[40], e explicou: "Porque esse boi é um pronome. Está em lugar de todo um mundo perdido, de tanta gente sumida...".

36 *Sapato florido.*
37 *Velório sem defunto.*
38 *Caderno H.*
39 *A vaca e o hipogrifo.*
40 *A vaca e o hipogrifo.*

Filosofia e psicologia

Não há dúvida de que Mario Quintana era autodidata; lia sobre filosofia e suas leituras eram assimiladas em alguns de seus poemas. Ele já escreveu sobre a admiração que tinha por Heráclito, que lhe parecia ter vivido de trás para frente. Mas também o abominava porque "tudo que penso ele já havia pensado 23 séculos antes"[41]. Em "Bilhete a Heráclito"[42], ele conversou com o filósofo:

> Tudo deu certo, meu velho Heráclito,
> porque eu sempre consigo
> atravessar esse teu rio
> com o meu eu eternamente outro...

Há uma canção – "Canção do Dia de Sempre"[43] – que é pura influência de Heráclito:

> Nunca dês um nome a um rio:
> Sempre é outro rio a passar

Em "Elementar meu caro Watson..."[44], ele se refere a um pensamento de Pascal: "E eu penso como, até ele, deveria sentir-se mal/ com a COISA que o espiava, sempre e sempre".

O filósofo Quintana surge também em "Pequeno poema didático"[45], no qual a imagem do tempo e da vida são indivisíveis:

> Todos os poemas são um mesmo poema,
> Todos os porres são o mesmo porre,
> Não é de uma vez que se morre...
> Todas as horas são horas extremas...
>
> E todos os encontros são adeuses!

41 No tempo da era, *Caderno H.*
42 *A vaca e o hipogrifo.*
43 *Canções.*
44 *Apontamentos de história sobrenatural.*
45 *Apontamentos de história sobrenatural.*

O momento presente também é objeto de uma reflexão filosófica belíssima: "Este momento é a flor da eternidade!"[46].

Tolerante com a natureza humana, ele sentencia que "pecar com inocência não é pecar"[47].

Em Carrossel[48], ele filosofa sobre a beleza e a verdade:

> ...dir-se-ia que a beleza e a verdade são as duas faces da mesma moeda. Nada disso: elas são a mesma moeda. Tanto assim que, quando o sábio joga cara ou coroa, encontra a beleza e, quando o poeta joga cara ou coroa, encontra a verdade.

Em "Paz"[49], ele a define filosófica e singelamente: "Os caminhos estão descansando".

No texto poético "Na aurora do mundo"[50], Quintana descreve o primeiro ato de humanismo – o pensar no outro, hoje denominado alteridade:

> A primeira criatura que pensou numa outra criatura ausente, como deve ter-se espantado! Não sabia que se tratava do seu primeiro pensamento humano.

Herculano Moraes define a poesia de Quintana como uma síntese da vida, de nascentes filosóficas, psicológicas e sociais, caracterizando-o como um filósofo da existência.

Armindo Trevisan utiliza o texto "O anjo Malaquias"[51] para demonstrar o pensamento metafísico, filosófico e a complexidade de Quintana, que ficam escondidos na aparente simplicidade e no humor. No texto, o poeta conta uma pequena história sobre Malaquias, um "inocentezinho" que estava prestes a ser devorado pelo monstro Ogre. Porém, eis que Nossa Senhora, apiedada, interfere e, para possibilitar a fuga de Malaquias, cria-lhe asas para ele sair voando da mesa e se livrar de Ogre. Ocorre que, devido à urgência da operação, as asas nasceram em lugar errado,

46 Meu bonde passa pelo mercado, *Preparativos de viagem*.
47 Poema para Juliano o Apóstata, *Apontamentos de história sobrenatural*.
48 *A vaca e o hipogrifo*.
49 *A vaca e o hipogrifo*.
50 *Da preguiça como método de trabalho*.
51 *Sapato florido*.

na altura da sua “bunda”, de modo que Malaquias voou de cabeça para baixo e traseira para cima, numa cena esdrúxula, e o faz chorar. Daí que Quintana fecha a história enumerando as pessoas que ouvem o choro, inclusive “um de nós”. Trevisan faz uma interpretação admirável desse texto, considerando-o socrático, “uma parábola sobre a humildade, sobre a necessidade de converter-se para entrar, não já no Reino dos Céus, mas simplesmente no Reino do Homem...”.

Com a interpretação de Trevisan, Quintana insinua que o leitor (e todo ser humano) não se enxerga como o pobre-diabo-anjo Malaquias e o induz a acreditar que apenas as pessoas fracassadas ouvem o pranto do anjo. Mas, no final da prosa, Quintana desfere o golpe (o “soco no estômago”), estendendo a lista até chegar no próprio leitor:

> E quantas vezes um de nós, ao levar o copo aos lábios, interrompe o gesto e empalidece... – O Anjo! O Anjo Malaquias! – ...E, então, pra disfarçar, a gente faz literatura... e diz aos amigos que foi apenas uma folha morta que se desprendeu... ou um pneu estourou, longe... na estrela Aldebaran...

A arte, ou a magia, de Quintana está em apresentar essa história de maneira engraçada, que faz o leitor rir pelo absurdo da cena, leitor que se coloca como espectador, quando, na verdade, também ele está sendo retratado (“um de nós”) como um personagem desse absurdo que é a vida. Trata-se de uma lição de humanidade, de empatia e de como colocar-se no lugar dos outros.

Com humor, referindo-se a esse texto, Paulo de Gouvêa diz que “no céu nunca houve um anjo problema até o Mario meter um lá dentro. E de contrabando”.

Quintana está mesmo sempre na contracorrente.

Trevisan também cita três poemas filosóficos de Quintana[52]: “Momento” – “a vida é cheia de pacotes”–, “Epílogo” e “O recurso” – “Oh! Não há nada como a irresistível marchinha do nosso bloco invicto e soberano, para entulhar este horrível silêncio!” –, nos quais sugere a influência de Pascal.

52 *Sapato florido.*

Há também algo de psicanalítico, essencialmente freudiano no "Anjo Malaquias", na linha da célebre sentença de Freud: "todos nós não passamos de miseráveis pecadores". Também Lya Luft percebeu esse seu lado psicanalítico: "expondo com habilidade de psicanalista e brilho de poeta, nossas dores e encantamentos".

Em "Da influência dos espelhos",[53] ele joga com o que as pessoas são e como as demais as veem, advertindo: "alguns acabam adaptando-se a essas imagens enganosas, despersonalizando-se para o resto da vida, num segundo 'eu'. O eu dos outros". Ele volta à mesma imagem dos espelhos em "Nos salões do sonho"[54] para indagar o motivo pelo qual nos sonhos não há espelhos e propõe a seguinte resposta: "...Seremos acaso tão outros? Tão outros mesmo que não suportaríamos a visão daquilo/ Daquela coisa que nos estivesse olhando fixamente do outro lado,/ Se espelho houvesse!..."

Há aí um certo psicologismo nesses dois poemas, como, talvez, uma luta entre o consciente e o inconsciente – o ego, o id e o superego, numa visão freudiana? –, luta que se repete em "Esporte"[55], mas na qual o anjo da guarda assume o papel de superego: "O único esporte que pratico é a luta livre com o meu anjo da guarda".

Para Trevisan, em uma pergunta retórica, o anjo da guarda seria "a figuração da consciência, do outro eu, o que nos olha de fora".

Quintana nos apresenta uma filosofia do cotidiano, dos objetos, dos pequenos temas da vida, extraindo deles a transcendência que os liga ao universo e ao humanismo. Na maioria das vezes, a mensagem filosófica está encoberta pela simplicidade e pelo humor, o que enseja sempre duas leituras: a primeira nos faz rir, a segunda nos faz pensar. Afinal, para ele: "um poema é um soco na alma"[56].

53 *Porta giratória.*

54 *Velório sem defunto.*

55 *Porta giratória.* A mesma imagem de luta contra o anjo da guarda inspirou o poema Catástrofe, em *Velório sem defunto.* Consta que, na velhice, o poeta perguntava a suas amigas se ele estaria repetindo algo que já escrevera, pois a memória já começava a falhar.

56 Capricho e cautela, *Da preguiça como método de trabalho.*

Elementos das obras

Os temas podem dizer muito da personalidade angustiada de Quintana. Armindo Trevisan anota que o tema central de Quintana é o cotidiano, do que são exemplos as ruazinhas – pois a rua é a casa de todos –, o bar, a tristeza, a morte, os sapatos, os móveis e apetrechos de casa – vassouras, trepadeiras, cortinas, etc. –, para os quais o poeta se utiliza de uma grande variedade de metáforas, como a cromática – azul, amarelo, cinza, roxo, negro, dourado –, a musical – goteiras, realejos, correntes – e a marítima – velas, rosa-dos-ventos, algas, espumas.

Além da infância, do amor, da cidade de Porto Alegre, outros temas de Quintana são o tempo, o progresso, os anjos, a morte, as coisas e os animais, entre outros, que surgem com frequência em sua obra. Indubitavelmente, porém, a passagem do tempo e a morte são os mais relevantes e por eles o poeta expressava o absurdo da vida.

O Tempo

A inexorável passagem do tempo é um tema recorrente – "Ninguém quebra a lei do tempo"[57]. No entanto, vez por outra, ele ensaiava certos desafios à inexorabilidade de sua passagem, como a encontrar pequenos momentos que parecem abrir brechas na realidade, como se a sublimasse, como no poema "O Tempo"[58] em que utiliza a espontaneidade das crianças para desafiá-lo: "(...) Mas que raiva impotente dá no Velho/ Quando encontra crianças a brincar de roda/ E não há outro jeito senão desviar delas a sua cadeira de rodas!". Aqui o Velho é o tempo, em sua cadeira de rodas.

Essa tentativa de sublimar a passagem do tempo está em outros poemas, bem como de relativizá-lo ou de inverter a sua lógica, quando ele escreve que as horas são mais longas que os dias, estes mais longos que os anos e os anos mais longos que a vida[59].

Em suas poesias, há muitas referências ao relógio simbolizando a passagem do tempo. Em "Tempo perdido"[60], Mario nos traz uma belíssima

57 Canção do fundo do tempo, *Apontamentos de história sobrenatural.*
58 *Apontamentos de história sobrenatural.*
59 Horas, *A vaca e o hipogrifo.*
60 *Caderno H.*

imagem quando se refere a um tempo passado sem pressa, no qual o relógio da parede "(...) não media o tempo simplesmente: ele meditava o tempo". Mas há outros relógios, ferozes, como aqueles antigos, de parede, que permanecem mais de uma vida humana e devoram gerações da mesma família[61]. Mas é sempre um sofrimento a sua passagem, embora os relógios permaneçam insensíveis – "Só num relógio é que as horas/ Vão passando sem sofrer"[62]. A associação deste tema com a morte, também inexorável, é inevitável.

A Morte

Do mesmo modo que Quintana sublimava a passagem do tempo, também o fazia com a morte, a ponto de dizer que era simplesmente a passagem de um Estado (da federação) a outro[63], com completa naturalidade, como um anoitecer tranquilo "e a gente nem soubesse que era o fim...", para atingir a libertação e poder ficar "deitado de sapatos"[64]. De certa forma, ele quer crer que a vida e a morte se misturam, numa constante transformação, como em "Em ser e estar"[65], chegando a dizer que "a morte é o aperitivo da vida"[66].

Muitas vezes ele se refere à morte como outro mundo pelo qual ele tinha grande curiosidade, "mas também não tenho muita pressa..."[67].

Armindo Trevisan afirma que o tratamento da morte pelo poeta chega a dar-lhe dignidade, atenuando-a, suavizando-a, inclusive com muitos diminutivos, dando-lhe contornos lúdicos. Segundo Trevisan, o "ludismo serve para enfeitiçar os monstros" e, assim, tornar a morte mais palatável.

Em carta enviada a Liane dos Santos, em 24/02/1987, ele escreve sobre a morte nos seguintes termos: "O meu argumento da continuação da vida é bem terreno, aliás. Imagina um cozinheiro que, desde as 6 horas da manhã começa a preparar, com capricho e amor, uma bela macarronada daquelas e que, ao meio-dia em ponto, lança tudo pela janela! Um absurdo. Ora, desde o princípio dos tempos, umas criaturas siamesas foram

61 *Caderno H.*
62 Coração, *Preparativos de viagem.*
63 Morte, *Caderno H.*
64 Este quarto, *Apontamentos de história sobrenatural.*
65 *Apontamentos de história sobrenatural.*
66 A morte viva, *A vaca e o hipogrifo.*
67 *Velório sem defunto.*

evoluindo até o ponto de uma delas te estar escrevendo agora... E daí? Tu tens o meu livro *Esconderijos do tempo*? Num dos seus poemas, dou a entender que a nossa evolução não para no ponto a que chegamos hoje". Ou seja, conjugando seus poemas com a carta referida, chega-se à conclusão de que o poeta talvez acreditasse que a vida se transforma em alguma outra coisa depois da morte, que não representa, assim, a finitude.

O Progresso

O progresso é retratado sempre como uma referência melancólica do passado e que impede ou dificulta o contato pessoal.

Quintana faleceu antes da explosão das redes sociais, mas é possível imaginar como a realidade virtual lhe teria contrariado se a tivesse conhecido, pois as invenções anteriores já provocavam suas críticas. Em "Mundo misterioso"[68], ele escreveu: "Vivemos, sempre e sempre, em comunicação com uns distantes fantasmas", fazendo alusão a uma comunicação sem que o outro estivesse presente ali, ouvindo e olhando, participando.

Em "Mundos"[69], parecia até que ele antevia o mundo paralelo das redes sociais:

> é um mundo nosso, de tocar com os dedos,
> não este – onde a gente nunca está, ao certo,
> no lugar em que está o próprio corpo
>
> mas noutra parte, sempre do lado de lá!
> não, não este mundo – onde um perfil é paralelo ao outro
> e onde nenhum olhar jamais se encontrará...

Sobre a parafernália eletrônica, ele escreveu em "Criação e invenção"[70] que só Deus é capaz de criar as coisas, mas o diabo as inventa, e a mais diabólica das invenções foi o rádio. Em "Máquina de escrever"[71], Quintana até se insurgiu contra a velha máquina de escrever, há anos superada pelo computador: "...como pode ser íntima uma carta escrita

68 *Caderno H.*
69 *Apontamentos de história sobrenatural.*
70 *Caderno H.*
71 *Caderno H.*

à máquina?/ Traz ideia de distância,/ de pequena mas intransponível distância.../ como um beijo dado de máscara". Imaginem o que ele diria do computador e seu CTRL+C e CTRL+V?

Na entrevista que concedeu ao *Correio do Povo*, em março de 1976, sobre a moderna Porto Alegre, ele disse: "Tudo atrapalha: os veículos, os buracos. Não sei como viver agora. O pessoal tem a mania de preparar tudo para o futuro... Quando vai chegar a vez dos vivos? E depois isso de preparar o futuro... ninguém sabe como serão os futuros homens!".

Em uma entrevista, ele construiu o seguinte texto[72]:

> Não pretendo que a poesia seja um antídoto para a tecnocracia atual. Mas sim um alívio. Como quem se livra de vez em quando de um sapato apertado e passeia descalço sobre a relva, ficando assim, mais próximo da natureza, mais por dentro da vida. Porque as máquinas um dia viram sucata. A poesia, nunca.

Em todos esses textos – e em outros também – percebe-se que a insurgência do poeta era com a perda de uma dimensão humana que o progresso provoca.

Os Anjos

Os anjos são frequentes em sua obra. Além da parábola filosófica e psicanalítica do Anjo Malaquias, examinado anteriormente, em "If"[73], a pureza dos anjos ganhou esse belíssimo verso: "Os anjos dão tudo de si/ Sem jamais se despirem de nada."

Em "Leituras secretas"[74], os anjos vêm com um toque de humor: "Os livros de poemas são os livros pornográficos dos anjos". Eles e os sonhos são os únicos que se movimentam na casa escura, à noite, "atravessando os espelhos como se entrassem numa outra sala"[75].

Assim como ele tentava humanizar Deus, ele também o fazia com os anjos. Dizia que, nele, um anjo e um demônio conviviam e, ao contrário do que se podia pensar, não brigavam entre si. Essa parece, também, ser

72 De uma entrevista para o boletim do IBNA, *A vaca e o hipogrifo*.
73 *Apontamentos de história sobrenatural*.
74 *A vaca e o hipogrifo*.
75 Sono, *Sapato florido*.

a tônica do poema "O anjo"[76], em que ele se refere ao anjo da guarda de asas negras, mas com "uns olhos tão verdes como os teus", num diálogo do sujeito poético com seus dois anjos. Entretanto, em "Catástrofe"[77], o sujeito poético luta corpo a corpo com o seu anjo da guarda, ao ponto de os dois ficarem mortos no chão, "para maior alívio de Nosso Senhor/ para sempre livre de nós dois!".

O anjo do poeta era mundano, até mesmo "filante de cigarros", ao ponto de Quintana chantageá-lo para que lhe contasse fofocas do Paraíso, sob pena de não lhe dar mais cigarros, como na prosa "A continuação da história do velho"[78].

Em "Antro noturno"[79], o poeta discorre sobre as duas espécies de anjos: os que intercedem pelas pessoas e os que são dedos-duros. Ou seja, os anjos de Quintana têm os defeitos e as virtudes humanas. Ao mesmo tempo que ele os humaniza, também dignifica, sem santificar, a humanidade defeituosa.

Deus

Sua poesia não é religiosa. No entanto, Armindo Trevisan escreveu que "lá no íntimo, talvez desejasse tornar-se crente – apesar dos pesares, apesar da religião católica, apesar das religiões do mundo! Nenhuma religião lhe parecia suficientemente pura para confiar-lhe a alma".

O poeta declarou acreditar em Deus: "Deus está em toda parte. Mas porque procurá-lo no mundo exterior? Se Deus está em toda parte, está dentro de cada um de nós e a cada um compete descobri-lo". Porém, fazia reserva à doutrina católica da Santíssima Trindade. Dizia somente acreditar no Deus vivo, que seria Jesus Cristo – porque sua existência estaria provada –, nos anjos e em São Jorge com seu dragão.

Também não prezava a teologia: "A teologia é o caminho mais longo para se chegar a Deus"[80]. Num poema, escreveu: "Deus é mais simples do que as religiões"[81]. E em um texto poético – "Paraísos"[82] – arrematou:

76 FACHINELLI, *op. cit.*, p. 211.
77 *Velório sem defunto.*
78 *Da preguiça como método de trabalho.*
79 *Velório sem defunto.*
80 Da teologia, *Caderno H.*
81 Dogma e ritual, *Apontamentos de história sobrenatural.*
82 *A vaca e o hipogrifo.*

"As religiões cresceram entre os humildes porque aqueles que estavam por cima já se julgavam no Paraíso".

Apesar de sua poesia não ter uma carga religiosa, há algumas que se referem a Deus, como essa publicada na revista *Ibirapuitã*. Trata-se de um Deus mundano, como os seus anjos, que também sofre das mesmas mazelas humanas:

> Deus não está no Céu. Deus está no fundo do poço...
> É preciso emprestar-Lhe todas as nossas forças
> Todo o nosso alento
> Para trazê-Lo ao menos à face da Terra...

A demonstração de sua crença em Deus surge com uma tergiversação: "o essencial é saber se Deus acredita na gente".

Quintana, sendo Quintana, não poderia tratar do tema Deus sem dar uma alfinetada em alguém, como sempre: "Mas há os que se refugiam de Deus nas igrejas"[83], ou seja, os que frequentam igrejas, porém, na verdade, se afastam de seus ensinamentos.

As Coisas e os Animais

Quintana se detém em coisas e animais usando-os como metáforas, para daí extrair reflexões sobre a vida. Uma das coisas recorrentes é a "ruazinha", descrita muitas vezes em *A rua dos cataventos*. Em "As ruazinhas"[84], ele expressa sua importância: "É que expressais alguma coisa minha.../ Só para mim!".

Outra coisa sempre presente são os sapatos. Aliás, dois de seus livros têm sapato no título: *Sapato florido* e *Sapato furado*. Ele mesmo brinca com essa obsessão em "Autoleitura"[85]:

> A minha obsessão por sapatos e vacas
> Diverte os amigos
> Os inimigos

83 Elementar meu caro Watson, *Apontamentos de história sobrenatural*.
84 *Preparativos de viagem*.
85 *Preparativos de viagem*.

> Os psicólogos
> Creio que diverte também até as próprias vacas
> – menos a poesia!

Segundo Manoela Sawitzki, "foi partindo da trivialidade da vida – flores, grilos, sapos, fantasmas, retratos, ruazinhas – que, fatalmente, esbarrou nas ambiguidades da solidão, na certeza da finitude, na iminência da morte. Porém, talvez o mérito de Quintana tenha sido saber, como poucos, rir-se das limitações e precariedades de sua condição humana, ao invés de apenas lamentar-se delas".

Não só coisas lhe serviram de metáforas. Além das vacas, os grilos e sapos também estão presentes – "Os grilos são os poetas mortos"[86]. A vaca até mereceu um título de livro: *A vaca e o hipogrifo*.

Elementos da natureza também foram sempre muito empregados em seus versos: rios, nuvens, céu, vento, caminhos. Nos versos de "As coisas"[87], talvez esteja a sua explicação para tantas referências aos elementos da natureza: "...não houve nunca quem lhes desse ao menos/ um segundo olhar!".

Em "Da paginação"[88] talvez esteja a explicação de tantas coisas, objetos e animais que animam sua obra:

> Os livros de poemas devem ter margens largas e muitas páginas em branco e suficientes claros nas páginas impressas, para que as crianças possam enchê-las de desenhos – gatos, homens, aviões, casas, chaminés, árvores, luas, pontes, automóveis, cachorros, cavalos, bois, tranças, estrelas – que passarão também a fazer parte dos poemas...

Nesses generosos espaços em branco de seus poemas, certamente está o menino Quintana desenhando nas margens vazias e convidando os leitores para fazer o mesmo.

86 Os grilos, *Preparativos de viagem.*
87 *A cor do invisível.*
88 *Sapato florido.*

O Envelhecimento

Há, em Quintana, um entrelaçamento entre o tempo e a morte, mediado pela velhice que, às vezes, surge ironicamente, como experiência: "A experiência de nada serve à gente/ É um médico tardio, distraído:/ Põe-se a forjar receitas quando o doente já está perdido..."[89].

Em "Envelhecer"[90], ele associa a velhice aos caminhos, tema também recorrente em sua obra: "Antes, todos os caminhos iam/ Agora todos os caminhos vêm...".

Em "Idade"[91], escreveu com o humor de sempre: "Estou nessa idade em que o juiz consulta o relógio e as arquibancadas já vão se esvaziando...".

No entanto, para ele, a velhice contém todas as idades, inclusive aquele "menininho que durante a vida inteira não conseguiu jamais morrer dentro de nós!"[92].

Musicalidade, ritmo, dança

Com ou sem rima, a poesia de Quintana contém musicalidade, ritmo, dança. Por isso, a associação fácil com a música, a ponto de muitos compositores pretenderem musicar suas poesias.

Ele elogiou a poesia de Chico Buarque, a voz de Milton Nascimento, a música "Cânticos peregrinos" de Wagner, a canção folclórica russa "Barqueiros do Volga" e a música de Gustav Mahler. Disse que não gostava de música só com açúcar, nem de ópera: "parece namoro de gato e rato, não termina nunca e não deixa a gente dormir". Sobre Mahler, sua preferida é a Quarta Sinfonia: "pois é uma música angustiada e eu como todos neste fim de século estamos angustiados".

Em outra oportunidade, reconheceu afinidade entre Mahler e sua própria produção poética: "Acho que a cadência e a melodia dos meus versos se aproximam da música angustiada de Gustav Mahler, sobretudo a Quarta Sinfonia, com aqueles motivos se desenvolvendo, se entrelaçando, sem que haja solução final. Ele corta de repente a progressão sonora:

89 Da experiência, *Espelho Mágico*.
90 *Sapato florido*.
91 *Porta giratória*.
92 *Velório sem defunto*.

parece que a lua caiu no chão". Talvez Quintana estivesse se referindo ao seu "soco no estômago".

Aliás, os dois tinham estilos inovadores. Mahler (1860–1911) não seguia os modelos tradicionais. Segundo os críticos, embora Mahler não tivesse pretensão de encontrar um estilo próprio, na obra considerada um testamento de todo o seu trabalho, a Décima Sinfonia, haveria um canto à dor humana, ao sofrimento, à necessidade de um espírito humanístico.

Em Quintana também se vê um chamado ao espírito humanístico universal a partir das coisas simples, do cotidiano da vida, assumindo o sofrimento humano e a angústia, uma feição sublimada pelo humor. Para ele, a angústia ajuda a produzir poesia. Numa entrevista disse: "A angústia ajuda a criar porque um poema sempre se faz num estado de inquietação, que não deixa de ser angústia. Embora não seja uma angústia de desespero, mas uma angústia que traz esperança".

A musicalidade natural de Quintana torna seus poemas facilmente musicáveis. Diana Pequeno e Maria Rita foram algumas cantoras que lhe procuraram para musicar seus poemas. Caetano Veloso foi levado ao seu hotel, após um show, por Dulce Helfer, chegando por volta de 1 hora da madrugada. O poeta foi avisado e o esperou. Os dois conversaram e riram muito, embora ele tenha tido dificuldade de ouvir o que Caetano falava, pois estava praticamente surdo de um ouvido e, do outro, tinha dificuldade de ouvir vozes masculinas. Dulce contou que Quintana ouvia música muito pouco e, por isso, não conhecia o estilo de Caetano, tendo perguntado a ela "ele é bom?". Até hoje Caetano Veloso não musicou nenhum poema de Mario Quintana, como teriam combinado.

Inúmeras vezes, Mario Quintana se referiu à importância do ritmo e da musicalidade na poesia, mesmo no verso livre: "No verso livre, é preciso a gente ir equilibrando versos de diversos tamanhos, de diversos ritmos, para ficar como aqueles jogos de cubos ou castelos de cartas que, ao menor vento, desabam. Então, é preciso que o poema tenha equilíbrio, senão desgoverna e parece prosa".

O ritmo é composto pela métrica dos versos, pelos acentos – a intensidade vocálica –, pelas pausas e pelas rimas. Quintana era mestre em dosar esses elementos. O verso seria "uma fórmula mágica. Um poeta vale, feiticeiramente, pelo seu poder encantatório"[93], de acordo com ele.

Em "Carta"[94], referida anteriormente, supostamente uma resposta a alguém que lhe perguntara como fazer poesia, ele voltou a falar do ritmo para diferençar a prosa da poesia, bem como a discorrer sobre a importância da métrica, comparando-a a um caderno de caligrafia onde se aprende a escrever. Para ele, só quem aprendeu a metrificar tem autoridade moral para criar um ritmo livre.

Em "O apanhador de poemas"[95], ele fez uma elucidativa metáfora entre o poema e um pássaro engaiolado que precisa ser capturado sorrateiramente com armadilhas. Quer dizer, o poema precisa ser capturado pelo poeta, num instante mágico.

Em outro poema[96], ele faz uma interessante metáfora sobre o ritmo, dizendo servir para os leitores respirarem, terminando o poema com um verso bastante célebre: "Quem faz um poema salva um afogado".

Em "Poesia e emoção"[97], ele associa o palavrão ao ritmo e a emoção da poesia: "O palavrão é a mais espontânea forma da poesia...".

Humor

O humor de Quintana era uma ferramenta por meio da qual ele transcendia a vida, sublimava os sentimentos, a tristeza, a solidão e o absurdo da vida. Como acentuou Armindo Trevisan, o humor é um "anestésico da sensibilidade" e Quintana usava-o para "escamotear a reação emocional do leitor".

Trevisan talvez tenha sido quem melhor compreendeu seu humor e nele descobriu seu significado. Em um prefácio, Trevisan afirma que o humor de Quintana, especialmente em "Aventura no parque"[98], estaria "em estado líquido, em alta voltagem, o que supõe no leitor um mínimo

93 A forma mágica, *Porta giratória*.
94 *Caderno H*.
95 *Da preguiça como método de trabalho*.
96 Emergência, *Apontamentos de história sobrenatural*.
97 *A vaca e o hipogrifo*.
98 *Sapato florido*.

de cooperação poética". É preciso citar a prosa poética por inteiro para melhor compreensão:

> No banco verde do parque, onde eu lia distraidamente o *Almanaque Bertrand*, aquela sentença pegou-me de surpresa: "Colhe o momento que passa". Colhi-o, atarantado. Era um não sei quê, em um flapt, um inquietante animalzinho, todo asas e todo patas: ardia como uma brasa, trepidava como um motor, dava uma angustiosa sensação de véspera de desabamento. Não pude mais. Arremessei-o contra as pedras, onde foi logo esmigalhado pelo vertiginoso velocípede de um meninozinho vestido à marinheira. Quem monta num tigre (dizia, à página seguinte, um provérbio chinês), quem monta num tigre não pode apear.

Trevisan explica: o humor, livre do coração, é inteligência pura. E é essa inteligência que Quintana supõe no leitor de "Aventura no parque".

Enfim, no mundo real, colher o momento que passa pode também surpreender o irracional do mundo, simbolizado pelo inseto. E, ainda, quem colhe o momento que passa, não pode apear dele.

Quintana não fazia isso só na sua obra, mas também no seu cotidiano. As tiradas engraçadas, as respostas de bate-pronto, espirituosas, transformaram-se na sua marca registrada, pela qual passou a ser conhecido popularmente, ao ponto de encobrir a seriedade, a excelência de sua obra e o refinamento de sua poesia.

Ele distinguia o humor da ironia e da sátira. Em "Ironia e humor"[99], ele os define: "A ironia é o espírito à custa dos outros; o humor é o espírito à custa própria". E voltou ao tema em "Diferença"[100].

Juarez Fonseca reuniu em livro 130 casos engraçados que os amigos contavam sobre ele. O autor foi editor, juntamente com Guaraci Fraga, de uma antologia de humor chamada de *14 Bis*, composta de catorze humoristas gaúchos da década de 1970, e convidou Quintana para fazer parte como homenageado especial, que aceitou prontamente. Juarez dizia que Quintana tinha o "*timing* da piada e gostava de seu lado *clown*".

Vamos resumir apenas alguns casos contados no livro, remetendo os leitores ao próprio livro citado, que vale a pena ser lido com deleite. A

99 *A vaca e o hipogrifo.*
100 *Da preguiça como método de trabalho.*

essas histórias deve-se acrescentar aquele sorriso maroto e o olhar provocativo que o poeta demonstrava em suas entrevistas.

- Conta-se que, logo após o atropelamento que sofreu, em vez de ficar preocupado com a pancada, para surpresa de todos, pediu para anotarem a placa do carro para jogar no bicho, combinando os números da placa (IQ 1002) com a data (6/05/1985).
- Ao ser convidado por Manuel Bandeira para ir à sua casa no Rio de Janeiro, ele respondeu que recebia o convite como uma ordem, acrescentando "mas você não imagina como sou chato no intervalo dos poemas".
- Em 20/07/1969, enquanto todos na redação do *Correio do Povo* estavam reunidos em frente à TV para assistirem à chegada do homem na Lua, ele pegou um pedaço de papel e escreveu: "Todo astronauta que se preze há de trazer pelo menos um dos anéis de Saturno e uma camisa de Vênus".
- Os amigos contam que o levaram para passear de carro e Quintana sentou-se no banco traseiro, no assento do meio. Em dado momento, pararam e saltaram do carro, mas o poeta não conseguia sair do carro. Os amigos riam e ele disse "só consigo sair com cesariana".
- Contam os amigos que um deles o encontrou bebendo de manhã e perguntou: "Já bebendo?", ao que o poeta respondeu: "Já não, ainda".
- Quando morava numa pensão, chegou tarde e foi recebido pelos latidos dos cães de uma casa vizinha, ao que ele retrucou com palavrões. A dona da pensão, acordada em sobressalto, reclamou com ele do palavreado e o poeta respondeu: "E a senhora, por acaso, sabe os nomes feios que estes cachorros estão me dizendo?".
- Ao pedir mais um "vale" no trabalho, no *Correio do Povo*, o funcionário da tesouraria respondeu que ele já tinha um monte de vales naquele mês. O poeta, então, indagou: "Afinal, são vales ou montes?".
- Sobre a saída da cidade natal, Alegrete, ele explicava: "Lá quem não é estancieiro é boi. Como não tenho vocação para nenhuma das duas coisas, vim para Porto Alegre".

- Nos últimos anos de sua vida, preferia ficar no quarto escuro, quieto, mas queria que sua sobrinha-neta Elena permanecesse ali com ele. Ela protestou perguntando-lhe o que ela faria ali e ele respondeu: "Simplesmente, me adora!".
- Uma vez ele pediu a uma de suas acompanhantes, Mara, que caminhava com ele pela rua, que comprasse uma revista *Playboy* que tinha na capa uma mulher com seios desnudos (fala-se em Sônia Braga ou Luiza Brunet). A moça comprou a revista e ao entregá-la, ele a recusou dizendo ser melhor Mara portá-la, porque as pessoas iriam ver que ela era uma moça muito sabida.
- O poeta era frequentador assíduo da residência de Érico e Mafalda Veríssimo. Enquanto conversavam, Mafalda ia fazendo uma meia de crochê e sempre a dava de presente a Quintana. Em uma das ocasiões, ele recebeu a meia, virou-se para Érico e disse, referindo-se a Mafalda: "Deve estar pensando que sou uma centopeia".
- Sobre as constantes visitas de colegiais que iam até seu hotel para fazer entrevistas que as professoras passavam como dever, ele dizia: "Sou a falta de assunto predileta das professoras".
- Em entrevista sobre reencarnação, céu e inferno, ele disse: "Acho que o céu deve ser muito chato, porque lá tem chatos de todos os séculos. Talvez seja melhor aqui, pois aqui a gente só aguenta os chatos da geração da gente".
- Ao final das muitas perguntas das colegiais, ele já cansado, indagaram-lhe por que ele nunca se casara: "Porque as mulheres são muito perguntadeiras".
- Sobre as visitas de Bruna Lombardi, sua amiga, ele brincou: "Não sei o que ela quer comigo, mas eu estou cheio de más intenções".
- Uma rede de TV chamou o poeta e Bruna para uma entrevista e só pagou cachê para Bruna. Os amigos de Mario ficaram indignados, mas ele justificava: "Ora, as pernas dela são muito mais bonitas que as minhas".
- Certa vez ele contou que sua cama desabara. Perguntaram-lhe como era possível aquilo e ele explicou: "Sonhei com a Sophia Loren".
- Ao fazer suas frequentes caminhadas pelas ruas de Porto Alegre, uma senhora aproximou-se e beijou-lhe a mão. Ele respondeu imediatamente: "Não faça isso, eu não sou o papa. Sou o papão!".

- Em uma dessas caminhadas, em companhia do amigo Sérgio Faraco, era muito comum as crianças e os estudantes se aproximarem dele para conversar ou perguntar alguma coisa. Nessa veio caminhando em sua direção uma jovem de corpo escultural. Ele cochichou ao amigo: "Até agora, na minha rede, tinha dado só peixinho".
- No dia em que teve de desocupar seu quarto no Hotel Majestic, a imprensa local estava toda lá fazendo a cobertura e perguntaram o que ele iria fazer com aquele problema. Ele respondeu, ao vivo: "Realmente, minha filha, trata-se de um grande problema nacional".
- Em mais uma de suas andanças pela cidade, apiedou-se de uma muda de árvore praticamente morta e escreveu uma carta à prefeitura, que, imediatamente, plantou uma nova muda no mesmo lugar, chamando o poeta para batizá-la, em cerimônia coberta pela imprensa. Um repórter perguntou-lhe qual era a espécie da árvore plantada e ele saiu-se com esta: "Eu não sei, mas em compensação ela também não sabe o meu nome".

O poeta também sabia ser sarcástico:

- Quando visitava Alegrete na década de 1970, um general, tido como um sujeito muito grosso, ao encontrá-lo na rua, falou: "Então, Mario, quem te viu e quem te vê! Ontem as borracheiras (bebedeiras), hoje um poeta nacional!", ao que o poeta respondeu de bate pronto: "Então, general, quem te viu e quem te vê: sempre a mesma coisa!".
- Um ministro de Estado, passando por Porto Alegre, entregou-lhe seu livro para autografá-lo enquanto dizia: "Gosto muito dos seus versinhos", ao que o poeta respondeu imediatamente: "Muito obrigado pela sua opiniãozinha".

Quanto a este último caso, apesar de no livro constar um ministro de Estado, Sérgio Faraco esclareceu que, na verdade, se tratava de um general.

Sérgio Faraco também conta outra passagem demonstrando que Mario tinha uma espécie de humor "desconfiado": quando foi apresentado à poetisa Henriquetta Lisboa, ela teria mencionado o prazer em conhecê-lo pela primeira vez, ao que Mario respondeu que se tratava da terceira vez. Faraco conta que Mario sabia que se tratava realmente do primeiro contato entre os dois, mas respondera daquela forma porque ficara desconfiado de alguma possível ironia por parte de Henriquetta. Daí que Faraco concluiu: "Esses registros marsupiais e um tanto traidores indicam que o poeta era dado a travessuras, como qualquer pessoa com senso de humor e propensa, com brandura, a uma ou duas malvadezas diárias. Anjo? Não sei, não... mas quero supor que ele não pensava como parece que pensava, quero supor que só não queria perder a piada".

Há uma história engraçada sobre a falência do jornal *Correio do Povo*, recontada por Sérgio Faraco. Mario foi ao jornal, mesmo após seu fechamento, sentou-se à sua mesa, ligou o ar-condicionado e dormiu por cerca de duas horas. Foi acordado pelo segurança que lhe indagou o que estava fazendo ali, no jornal fechado, e ele respondeu: "Estando sem receber meu ordenado, vim aqui sestear na fresca para descontar os juros".

Celso Gutfreind também conta outra história que revela o humor do poeta. Celso era estudante de Medicina e fazia plantão no pronto-socorro de Porto Alegre. Em uma madrugada, apareceu Quintana com sangramento no nariz; foi diagnosticado com pressão alta, medicado e conversaram bastante. Celso, ao final do plantão, ofereceu-lhe carona até o hotel em que residia e ultimou o prontuário de atendimento. Quintana quis olhar o prontuário e quando viu o diagnóstico nele escrito – epistaxe hipertensiva – exclamou: "Que lindo!", fazendo graça com o nome da patologia. Tempos depois, Celso foi convidado por Sérgio Saraiva, jornalista do *Jornal do Comércio*, a visitar Quintana no hotel, próximo de seus 80 anos, quando seria apresentado não como médico, mas como um jovem poeta. Quando Quintana o recebeu, ficou estupefato por ser atendido no hospital por um poeta.

Liane dos Santos explica que seu humor era muito inteligente e dá como exemplo uma passagem em que ela mostrou ao poeta uma belíssima fotografia dos dois, um olhando nos olhos do outro, na qual ela escreveu: "um encantado no outro". Imediatamente, Mario escreveu embaixo: "Que outro?". Ou seja, uma resposta que abria um leque de possibilidades de interpretação: não haveria outro, além dos dois?; quem seria o outro, talvez oculto? E era sempre assim com Mario Quintana; segundo Liane, nada podia ser interpretado literalmente. Essa passagem exemplifica porque o consideravam um feiticeiro das palavras: com poucas palavras, ele propiciava muitas interrogações.

Ela conta, também, que a amizade entre os dois despertava fofocas na redação do *Correio do Povo*, onde os dois trabalharam. Certa vez, vendo que Liana e Mario interagiam com intimidade na redação, uma pessoa se aproximou e perguntou com desdém:

> — Quer dizer que ela escreve?
> — Escreve — respondeu Mario.
> — E como ela escreve?
> — Como eu — respondeu o poeta serenamente.
> — Como tu? — surpreendeu-se a inquisidora.
> — Sim, como eu, da esquerda para a direita — respondeu sorrindo.

Segundo Liana, Mario captou a má-fé, a ironia da pessoa que perguntava e, serenamente, soube devolver também com ironia.

A literatura infantil

A demonstrar a sua grande versatilidade com as palavras, além de transitar entre a prosa breve e a poesia com extrema competência, Mario Quintana ainda se dedicou à literatura infantil.

Os primeiros livros foram escritos em 1948 (*O batalhão das letras* e *Pé de pilão*), sendo que o segundo só foi publicado em 1975. Seguiram-se *Lili inventa o mundo* (1983), *Nariz de vidro* (1984), *Sapo amarelo* (1984), *Primavera cruza o rio* (1985) e *Sapato furado* (1994). Não é à toa que seu acervo de correspondências é recheado de cartas de crianças, desenhos, cartões de aniversário e de Natal, e tantas outras homenagens carinhosas vindas de crianças e de adolescentes que aprenderam a ler e a gostar de Mario Quintana.

Perguntado por que resolveu escrever para o público infantil, Mario respondeu: “Mas eu escrevi para mim. Eu sempre escrevo para mim. Mas fico muito contente que até elas (as crianças) gostaram". E emendava: "Porque toda história infantil não é só para criança, é para adultos também. Os que não conservam em si a criança, são desgraçados".

Na entrevista que concedeu ao *Correio do Povo*, em março de 1976, ele disse: "Fiz *Pé de pilão* para contar uma história a mim mesmo. Sofro muito de insônia, então leio noite adentro ou começo a fazer versos... Este sucesso foi grande surpresa para mim, porque eu tinha medo era das crianças. Elas estão acostumadas com histórias em quadrinhos... não é que os bichinhos gostaram!? Fiquei muito contente...".

Mario tinha 42 anos quando escreveu os dois primeiros livros infantis, mas escreveu para aquela criança dentro dele, aquela que ficava presa num aquário e via a vida passar por trás da janela do quarto, porque era adoentado. Foi fazendo assim a sua terapia, cuidando da doença da criança, de sua solidão, de sua sensação de vazio, terapia transformada em letras, transfigurada por brincadeiras, que ele começou a conversar com as crianças e a ser entendido por elas.

Foi tão grande o sucesso com o público infantil que *Batalhão das letras* começou a ser adotado como livro-base para a alfabetização por professoras da rede estadual, como fez a professora Maria Inês Rahde Fernandes, da Escola Estadual Quero-Quero, de Rio Branco.

Pé de pilão foi outro sucesso estrondoso. Também escrito em 1948, somente foi publicado em 1975, com ilustrações de Edgar Koetz. O nome do livro passou a batizar a creche que havia no *Correio do Povo*, para quem Mario doou os direitos autorais da edição. Logo ele que vivia sempre às voltas com dificuldades financeiras.

Quintana duvidava do sucesso dos livros infantis e temia que as crianças não iam lê-los porque haviam sido conquistadas pelas histórias em quadrinhos estrangeiras que invadiam as bancas de jornais: "O ruim de tudo é que as crianças hoje leem muito as histórias em quadrinhos. E, com isso, elas quase não conseguem ler mais corrido. Essas histórias são uma subliteratura de homens das cavernas, de interjeições, de *bacs*, *bangs*, *bugs* e essas bobagens todas". O que diria o poeta da concorrência de hoje com os jogos eletrônicos, acessados pela internet dos celulares...?

Mesmo assim ele persistiu e o sucesso veio. O lançamento de *Pé de pilão*, pela Editora Globo, em 13/06/1975, foi um acontecimento social em Porto Alegre. A fila começava na editora, na Rua da Praia, dobrava a Av. Borges de Medeiros "e chegou quase a entrar novamente na Globo pela porta dos fundos". Cerca de 800 pessoas aguardavam na fila, das 16 às 21 horas, com direito até a um cardeal, dom Vicente, que supostamente a teria furado.

O título, *Pé de pilão*, evoca uma infância antiga, folclórica. Pilão era aquela peça de tronco de madeira, cavada no centro, onde os antigos socavam farofa de carne seca e a farinha de cachorro (amendoim, açúcar mascavo e farinha de mandioca), muito usadas nas festas infantis. Depois, a expressão pé de pilão passou a denotar um pé pesado, como um soldado marchando folcloricamente: "Pé de pilão... marcando o batalhão".

Por que o sucesso? Mario imaginou o porquê: "Tratei de contar uma história dentro do espírito genuinamente infantil, contar uma história para esse menino Mario... porque em geral as pessoas que escrevem para crianças fazem num tom falso – elas imaginam como as crianças devem ser... As crianças, nos seus brinquedos, gostam muito de rimar, não aquelas rimas entrecruzadas, mas as rimas parelhas. De modo que as estrofes, os períodos do meu livro constam de duas linhas ponto, contando a coisa com vivacidade. É uma leitura fácil para as crianças... E por ser pura brincadeira, não contém a dose de sadismo... Eu lia a 'A Gata Borralheira', era uma história terrível... *Pé de pilão* não tem lição de moral".

Assim surgiram os versos:

> O pato ganhou sapato
> Foi logo tirar retrato.
> O macaco retratista
> Era mesmo um grande artista.
> Disse ao pato: "não se mexa
> Para depois não ter queixa".
> E o pato, duro e sem graça
> Como se fosse de massa!

Mas a simplicidade, em Mario, não é só simples. Maria Dinorah a percebeu: "É pura singeleza que ali vai num brinquedo de palavras que vira festa. É a alma infantil projetada em rimas, é sua infância no sentido amplo, de jogos, sapatas, risadas, carrosséis, balanços... É a sua imaginação, a identificar-se com a fantasia e com a poesia, ingredientes de si mesma, e por isso inerentes a seu agrado e busca".

Nada em Mario é tão simples e engraçado que não tenha entrelinhas, mensagens a serem garimpadas: "A mensagem. Mas também ela veio implícita e explícita: — Criançada, brinquem a valer, mas estudem também. É importante", ainda de acordo com Dinorah. Além de outra, confessada por ele: "o gosto pela leitura e não só pelas figuras", como conclui Isa Silveira.

Vamos apresentar breves resenhas de alguns de seus livros infantis:

O batalhão das letras (1948)

Este livro foi o primeiro infantil escrito pelo poeta, numa noite de insônia, como contou, e o primeiro a ser publicado, justamente quando ele recebia as primeiras críticas por *A rua dos cataventos* e *Canções,* por não aderir à tendência modernista de versos livres. As ilustrações são de Marilia Pirillo.

É um livro interessantíssimo porque, além das histórias curtas, auxilia na alfabetização das crianças. Cada letra do alfabeto ganhou uma quadrinha de quatro versos, todos rimados e ritmados, que não dá vontade de parar de ler. De fato, no acervo do poeta há cartas de professoras da rede de educação pública do Rio Grande do Sul informando que este livro foi usado por elas nas classes de alfabetização com bastante eficiência.

Não só para a alfabetização o livro se presta. Há, também, boas lições de tolerância à diferença e de compreensão humana, como no poema dedicado à letra "I":

> O I é a letra do índio
> Que alguns julgam iletrado...
> Mas o índio é mais sabido
> Que muito doutor formado!

Talvez as crianças não saibam o que seja iletrado, mas Quintana, com o uso de palavras mais difíceis, pretendia contribuir para alargar o vocabulário das crianças, acreditando que os professores e os pais as explicassem para os pequenos leitores.

O poema sobre a letra "P" tem um verso que ele repetiu em algumas entrevistas:

> Quem diz que ama a poesia
> E não a sabe fazer
> É apenas um poeta inédito
> Que se esqueceu de escrever...

Pé de pilão (1948)

Como dito anteriormente, o livro só foi publicado muito tempo depois, em 1975. A justificativa para tal atraso seria supostamente a dificuldade de escolha do ilustrador, que acabou sendo o chileno Gonzalo Cárcamo. A obra foi selecionada para o Programa Nacional da Biblioteca da Escola (PNBE/FNDE_MEC/99).

O livro conta a história de uma avó fada que nunca envelhecia e de seu netinho, que foram enfeitiçados e transformados em uma velha muito velha e em um pato, respectivamente, por uma outra fada mascarada. Depois de algum tempo um procurar pelo outro, a avó faz uma prece a Nossa Senhora e, ao acordar, de manhã, o feitiço havia sido desfeito e os dois se reencontram.

O livro ainda tem uma mensagem para que as crianças estudem "como uma traça", "passa sempre nos exames/ como a luz pela vidraça".

A publicação traz uma bela apresentação de Érico Veríssimo, que escreveu:

> Meus amigos, na minha opinião, Mario Quintana é hoje em dia um dos cinco maiores poetas de todo o Brasil. *Pé de pilão* é um livro que ele escreveu para crianças de várias idades, mas que também pode – e deve - ser lido por gente grande... Conheço Mario Quintana faz uns bons quarenta anos. É o sujeito mais "diferente" que tenho encontrado na vida. Antes de tudo é um poeta, e ser poeta não é apenas fazer versos, prosa com rima. Ser poeta é saber ver o mundo como o veem os anjos, as fadas, e ao mesmo tempo possuir o dom de comunicar a quem lê o que ele vê e sente; em resumo, é ter olhos para revelar a face secreta

> das pessoas e das coisas... Quintana também é um mágico, só que suas mágicas são feitas com palavras...

Foi aqui que Veríssimo afirmou que Quintana é um anjo disfarçado de homem, em trecho citado mais adiante. Registramos, mais uma vez, que os direitos autorais desse livro foram doados à Creche Pé de Pilão, do jornal *Correio do Povo.*

Lili inventa o mundo (1983)

Como já dissemos, a revista infantil *Tico-Tico* foi uma das maiores influências que o poeta recebeu. A revista tinha, entre tantas seções, uma história em quadrinhos com uma personagem chamada Lili. Quintana, no entanto, criou sua própria Lili, tornando-a personagem de muitos de seus poemas e textos, publicados esparsamente em suas obras. E, em 1983, reuniu-as no livro *Lili inventa o mundo*, acrescentando ainda outros publicados no *Correio do Povo* e em outros livros. A seleção foi feita por Mary Weiss e a ilustração foi de Suppa.

O livro também está classificado como literatura infanto-juvenil e é dedicado aos seus sobrinhos-bisnetos Paula e Pedro Biazus, bem como à Soraia.

Nariz de vidro (1984)

Esse livro está classificado como literatura infanto-juvenil, mas, na verdade, é uma pequena coletânea de poemas já publicados por Mario Quintana, selecionados por Mary Weiss e ilustrados por Cláudia Scatamacchia. Talvez essas ilustrações é que tornaram o livro atraente para o público juvenil. Cada poesia tem duas ilustrações inspiradas no tema tratado.

O livro abre com um belo poema – "O adolescente" –, este sim, dirigido aos adolescentes, mas toca a todos adultos também: "A vida é tão bela que chega a dar medo/.../Adolescente, olha! A vida é nova.../ A vida é nova e anda nua/ vestida apenas com o teu desejo!".

Sapato furado (1994)

Este livro infanto-juvenil é uma pequena antologia organizada pelo próprio Mario Quintana, mas selecionada por seu sobrinho-neto, Diogo de Oliveira Biazus, então com 10 anos de idade, e ilustrado por Rubens Matuck.

Realmente conta com versos leves, facilmente acessíveis a adolescentes, com algumas exceções, como "Tableau!", mais complexo e já referido anteriormente. Além desses, há poemas-aforismas, gênero em que Quintana também se notabilizou e que pode agradar adolescentes, tais como:

> Amizade
> Quando o silêncio a dois não se torna incômodo.
>
> Amor
> Quando o silêncio a dois se torna cômodo.

No final do livro, há um pós-escrito de seu amigo Sérgio Faraco, escritor que não trata sobre os poemas e, sim, sobre a vida do poeta, texto já referido, que a ele voltaremos mais adiante.

As traduções

Quintana foi tradutor profissional, remunerado, da Editora Globo, convidado por Érico Veríssimo e por Henrique Bertasso. Traduziu mais de uma centena de títulos, a partir de 1934, até pedir demissão por discordar da política salarial da empresa, em 1954.

A primeira obra traduzida foi *Palavras de sangue*, do italiano Giovanni Papini, em 1934, que obteve grande sucesso editorial. Daí para a frente, foram outras traduções de gêneros variados, desde romances policiais até Shakespeare. Sua reputação de grande tradutor, contudo, firmou-se quando concluiu (com outros tradutores) a tradução da complexa obra de Marcel Proust, *Em busca do tempo perdido*, em quatro volumes, de 1948 até 1954.

Quintana dominava mesmo o francês, língua falada em sua casa, naturalmente, como contou em entrevista. Para as traduções de outros idiomas, usava, como apoio, as traduções da obra em francês. Aos poucos foi se firmando também em outros idiomas, como o inglês e o italiano. Era um autodidata. Certa vez comentou que precisava matricular-se num curso de inglês porque sabia ler e escrever o idioma perfeitamente, mas não sabia falar.

Suas traduções foram elogiadas pela crítica especializada. Maria da Glória Bondini colheu do livro de José Otávio Bertasso uma passagem em que um famoso historiador e crítico literário da época, Brito Broca, visitou a editora e testemunhou Quintana trabalhando na tradução de Proust. Brito Broca teria ficado abismado com a facilidade do poeta em traduzir os longos períodos proustianos – que Quintana dizia que costumavam dobrar a esquina – sem qualquer hesitação.

Bondini confirma a maestria do tradutor de Proust: "De fato, Quintana traduzia como se lesse, mas captando a frase completa, seus torneios originais e instantaneamente a remanejava para conformá-la a um ritmo mais característico do português, de modo que seu texto fluía naturalmente. Essa capacidade de apreender, interpretar e selecionar o que seria mais pertinente para o ouvido brasileiro tornou Proust mais próximo do público interessado". Ela chega a comparar um trecho do original com um trecho traduzido por ele para concluir também pelo apuro no português, de modo a evitar que a tradução literal incorresse em erros de sintaxe no idioma português. Em seguida, examinando traduções de várias obras em outras línguas ela reconhece a qualidade das peças, conservando "uma margem para manobras linguísticas que ressaltam o sentido original, em favor da fidelidade, mesmo que eventualmente exijam uma interferência criativa para alcançar esse efeito".

Os críticos e as críticas

Neste tópico, não objetivamos empreender uma crítica literária da obra de Mario Quintana, tarefa que cabe aos literatos, mas, tão somente, elencar as críticas que lhe foram feitas e seu pensamento sobre os críticos.

Algumas das críticas já comentamos antes. No geral, a crítica especializada, quando não desaprovava a sua obra, a subestimava ou silenciava sobre ela. Quando se referia ao poeta considerava-o um poeta menor.

Marco Tulio de Rose, seu amigo e advogado, sintetiza algumas delas já referidas aqui anteriormente – falta de ligação com a lida diária do gaúcho e ausência de crítica social e política – e outras duas: o excessivo formalismo e o lirismo. Quanto ao formalismo, o poeta se defendeu:

> Há coisas que vêm como canções, assim o poema. Logo, ele exige forma. Quando começo a fazer um poema eu não sei como ele vai ser, como vai sair. Mas não cai do céu. É preciso lutar até que ele diga o que tem para dizer. O poeta nada mais faz do que ajudá-lo. É aquele trecho da Bíblia que me impressiona: "Jacó lutando contra o anjo para que ele o abençoe".

Uma das críticas veio de James Amado (irmão de Jorge Amado) ao qual Quintana respondeu com seu jeito sarcástico:

> Li com espanto e apreço o ensaio que você remeteu para a Província de São Pedro e no qual tem a bondade de avisar-me que tomei o bonde errado em poesia, apressei-me, então, a ver o que têm feito os poetas que segundo v. tomaram o bonde certo. Eis Dom Pablo Neruda: publica ele, numa revista nossa, uma ode à sra. mãe de Luiz Carlos Prestes. Abro outra revista e surge-me o sr. Camilo Jesus com um poema para Anita Leocádia, filhinha do sr. Luiz Carlos Prestes. Desconsolo-me. Vejo que cheguei tarde, muito tarde. Agora só me restam as tias do sr. Luiz Carlos Prestes.

O fato é que a crítica nunca o perdoou por ter lançado um livro de sonetos – *A rua dos cataventos* – em pleno vigor do movimento modernista. Soou como um desafio ao Modernismo, uma reminiscência do passado, o que foi considerado imperdoável. Em entrevista, ele explicou por que estreou na literatura com os sonetos: "Ora, como eu tivesse escrito também sonetos e como o soneto era uma forma meio desmoralizada, eu fiz questão de estrear com um livro de sonetos para provar que os sonetos também eram poemas. (Provei.) Provei-o muito antes de outros fazerem 'a descoberta do soneto'".

A situação ainda piorou, segundo Antonio Carlos Secchin, prefacista de *A vaca e o hipogrifo*, porque o segundo livro veio com versos livres (*Canções*, de 1946), quando predominava a disciplina formal da Geração de 45. E o quarto livro foi destinado ao público infantil (*O batalhão das letras*, de 1948). Esse início serviu como motivo para afastá-lo das tendências literárias de cada momento e da boa vontade da crítica da época, passando a ser considerado um poeta menor.

No prefácio de *Esconderijos do tempo*, de 1980, José Eduardo Degrazia relatou que, desde a sua estreia, Quintana adotou uma posição passadista a qual nunca mais abandonou e, por isso, ficou marginalizado. Não só sua poesia tinha a forma do passado, como seu tema era o próprio passado: a sua infância e o "mundo perdido do interior e das pequenas cidades". No entanto, Degrazia refutou essa crítica. E também refutou a crítica a seu lirismo, ao analisar sua produção a partir de *Apontamentos de história sobrenatural*, de 1976, e apontar "a transformação do lirismo em rancor e anarquia".

Paulo Becker também o criticou porque ao escrever em vários gêneros literários, como poemas, contos, crônicas, epigramas, provérbios e artigos em jornais, o poeta "perde em densidade e capacidade de permanência ao submeter-se às contingências do novo veículo".

Somente em 1964 é que a crítica literária passou a ver com bons olhos sua obra, a partir da crítica de Fausto Cunha intitulada "Assassinemos o poeta", publicada no livro *A luta literária*. No texto, Fausto afirma: "Uma poesia difícil, porque intensamente alusiva e de um 'humor' sutil, irredutível. Uma clareza ilusória, porque de um instrumento multívoco". Dentre os críticos favoráveis à sua obra, além de Fausto Cunha, podemos citar Paulo Mendes Campos, Augusto Meyer, Celso Pedro Luft, Massuad Moisés, José Paulo Paes, Alfredo Bosi e Fábio Lucas. Este último procurou explicar a excelência de sua obra e o sucesso popular alcançado, sustentando que Quintana soube explorar o apego sonoro, os fechos empolgantes, a linguagem afetiva e sentimental, a alegria e descontração no sentimentalismo patético e o humor que usou como protesto contracultural.

Hoje, porém, não se discute mais a excelência da poesia e da prosa de Mario Quintana. Assim, o fizeram consagrados autores como Monteiro Lobato, Manuel Bandeira, Carlos Drummond de Andrade, Cecília Meireles, Lya Luft, Moacyr Scliar, Carlos Nejar, Armindo Trevisan, Paulo Leminski, além dos críticos literários. Carlos Nejar pontuou que Quintana "é de uma natureza rara de grande poeta – a do que gosta de sonhar, escrevendo, com o rigor de quem passa cuidadosamente os seus poemas a ferro".

Sobre os críticos, Quintana foi também extremamente crítico. Em "Estranha curiosidade"[101], ele afirma que "o crítico é um camarada que contorna uma tapeçaria e vai olhá-la pelo lado avesso". Em "Mágica e mistério"[102], ele se refere "a esses que insistem em desmontar os poemas, como se quisessem desmascarar o poeta".

Ele considerava a interpretação literária despicienda: "Mas para que interpretarem um poema? Um poema já é uma interpretação"[103]. E volta ao tema logo em seguida: "e se eles te apertarem muito sobre o que quiseste dizer com um poema, pergunta-lhes apenas o que Deus quis dizer com este nosso mundo"[104]. Nessa entrevista, ele retrata bem sua relação com os críticos e a desatenção desses em relação a sua obra: "em vez de me julgarem pelo que eu sou, julgam-me pelo que eu não sou. É como quem olhasse um pessegueiro e dissesse: mas isto não é um trator!". Possivelmente foi para estes críticos que Quintana escreveu o seu célebre "Poeminha do contra"[105]:

Todos esses que aí estão
Atravancando meu caminho,
Eles passarão...
Eu passarinho!

Já dissemos que esse poema é muito anterior às eleições da Academia Brasileira de Letras, portanto, não se dirige aos acadêmicos que não o elegeram, como pensam alguns comentadores de Quintana.

101 *Caderno H.*
102 *Caderno H* e *Da preguiça como método de trabalho.*
103 Coisas numeradas de 1 a 35, *Caderno H.*
104 Fatos consumados, *Caderno H.*
105 *Caderno H.*

Alguns prefaciadores (e comentadores)

Para entender o homem, é preciso compreender um pouco de sua obra e como surgiram os títulos que ele deu a cada uma. E nada melhor do que dialogar com os comentários dos prefaciadores de alguns de seus livros – o que faremos agora, tentando guardar a máxima fidelidade com o que eles escreveram.

A rua dos cataventos (1940)

Tania Franco Carvalhal foi uma das mais respeitadas críticas de sua obra. No prefácio para este livro, ela o caracteriza como um livro de sonetos com forma fixa, deslocado do conjunto da obra do poeta, que, preponderantemente, desenvolveu-se com versos livres e libertos da métrica e da rima em fase posterior.

O título do livro remete à sua rua, a "ruazinha", que é uma referência nas obras posteriores. Rua que o poeta espreita da janela aberta, dia e noite, lugar onde se desenrola a vida: com seus cataventos, bondes e lampiões. Essas ruas pertenceriam ao seu passado: a infância, referência primordial do livro, mas também seus antigos camaradas de boemia. Os outros temas são: a morte, um caminhante de sapatos velhos, ventos andarilhos, nuvens, quase sempre presentes em outras obras também.

Canções (1946)

Gilda Neves da Silva Bitencourt foi a prefaciadora de seu segundo livro, o qual daria continuidade à linha poética iniciada nos sonetos, mas enfatizando o elemento rítmico e sonoro próprio das canções, que remontariam a antigas cantigas folclóricas, infantis e de roda, populares, e com o uso recorrente de reiteração para buscar a cadência desejada.

Neste livro já se insinua a influência do surrealismo, transferindo diretamente ao papel conteúdos profundos da mente sem interferência do consciente e, para isso, usando processos de associação de ideias e imagens aparentemente desconexas pelo prazer de juntar as palavras. Há riqueza de imagens visuais e sonoras, até a menção do som do silêncio.

Essas imagens evocam, também, um toque impressionista, com alegria, claridade, a beleza poética do momento fugidio, tocadas pelo olhar mágico do autor, mas reunidos numa estética modernista, por conta da exploração do espaço gráfico. Outros temas são: evasão, descompromisso, infância e morte. Entretanto, para além das considerações da prefaciadora, há um sentimento de inutilidade da vida, enquanto espera "um amor para amar".

Sapato florido (1948)

Este livro teve o prefácio de Armindo Trevisan, um dos maiores intérpretes da obra de Quintana, tantas vezes citado nesta biografia. A obra é uma coletânea difusa, aparentemente sem nexo, na qual textos de diversas índoles se sucedem, faltando-lhes um elemento reiterativo – o verso, que seria a repetição de ritmo e de sonoridades verbais. No entanto, o poeta procedeu assim conscientemente: ele sabia que as pessoas não descobririam tão facilmente a poesia neles contida. Tratava-se, segundo Trevisan, de uma nova poesia, a da prosa sem verso e sem rima, diversa da prosa-prosa. Contudo, tematizaria as coisas líricas da existência cotidiana, inclusive em esplêndidos micro poemas.

Trevisan adverte que "a excessiva folclorização de sua biografia não tem permitido a muitos leitores surpreenderem nele o filósofo, o desmascarador privilegiado de certos estados de ânimo, hipócritas ou travestidos de boas intenções".

O aprendiz de feiticeiro (1950)

Antes de examinar o prefácio de Maria Luiza Berwanger da Silva, convém ler o que o próprio Mario Quintana explicou sobre o título deste livro:

> Encomendaram-me uma suma de minha poesia, o que me enche de perplexidade. Pois não foi aereamente e sim muito de propósito que dei a um dos meus livros o título de *Aprendiz de feiticeiro*, tirado de uma lenda alemã. Esse incauto aprendiz, na ausência de seu mestre, pôs-se a lidar com forças desconhecidas, e o que aconteceu foi uma incontrolável multiplicação de vassouras, no meu caso uma multiplicação de poe-

> mas... Se eu conheço algum segredo é o da sinceridade, não escrevo uma vírgula que não seja confessional. Esse desejo insopitável de expressar o que tem dentro de si é o mesmo que leva o crente ao confessionário e o incréu ao divã do analista. O poeta prescinde de ambas as coisas, e os que não são poetas, mas gostam de poesia, desafogam a si mesmos através dos poemas que leem: porque na verdade vos digo que não é o leitor que descobre o poeta, mas o poeta que descobre seu leitor.[106]

Assim, o poeta utilizaria a ilusão da feitiçaria, significando transfiguração e travestimento, como máscaras, mas, das quais, a aparente simplicidade das formas desvia da multiplicidade do significado. Realmente, talvez seja o livro mais difícil de Quintana, o mais surrealista.

Em *Aprendiz de feiticeiro*, são frequentes os recursos da decifração, transcendência, reconfiguração, transfiguração, inquietação. Ela cita como exemplo o poema "Sempre" – "veio o Todo e apagou o vestígio de Tudo" – e, quando menos se esperava, "ele surgiu de um salto vendendo súbitos espanadores de todas as cores!" (a multiplicação das vassouras?). É evidente que o leitor é surpreendido com o fecho desse poema, pois não espera que, ao final de tudo, surja um fato novo: a venda de espanadores. Com isso, Quintana transfiguraria o cotidiano.

Maria Luiza recorre a um trecho do filósofo Octávio Paz para explicar a magia de Quintana. Diz o filósofo: "O objeto mágico abre diante de nós seu abismo relampejante: convida-nos a mudar e ser o outro, sem deixarmos de ser nós mesmos...Pedimos à arte o segredo dessa mudança e buscamos em toda obra, seja qual for sua época e seu estilo, este poder de metamorfose que constitui a essência do ato mágico". Assim, com esta técnica mágica, Quintana marcaria o diálogo com o outro e o elogio da diversidade.

Espelho mágico (1951)

Apesar de publicado em 1951, foi escrito em 1945, como se pode observar na dedicatória feita pelo autor a Monteiro Lobato. Logo abaixo da dedicatória, há uma citação do Eclesiastes 7:16: "Não sejas muito justo; nem

106 *Porta giratória.*

mais sábio do que é necessário, para que não venhas a ser estúpido". O livro contém 111 quadras de quatro versos, com variação métrica, todas satíricas.

O prefácio coube a Lúcia Sá Rebello, que aponta os elementos do universo poético do autor: o paradoxal, o insólito, o misterioso, o sobrenatural, o lado secreto e incomum, o onírico, todos espelhando ironia, crítica e humor.

A orelha da edição examinada conta, ainda, com um texto da organizadora Tania Franco Carvalhal explicando que os dois últimos versos de cada quadra espelham os dois primeiros, invertendo-os: talvez venha daí o título *Espelho mágico*, por meio do qual o poeta aponta sua crítica com fina ironia.

Caderno H (1973)

Depois de um longo intervalo de cerca de vinte anos após a publicação de *Inéditos e esparsos* (1953)[107], surge o *Caderno H*. Lembremos que Quintana se entregou ao álcool por um longo período e somente parou de beber porque o vício o estava afastando da poesia.

Paulo Rónai escreveu na contracapa deste livro que ele reúne os textos publicados na coluna "Caderno H", quando trabalhava no *Correio do Povo*. O nome "H" seria porque os textos só chegavam à redação no último minuto, na hora agá! Para ele, trata-se de uma crítica do período que une o senso poético, o senso de humor e o bom senso, na melhor prosa da época.

Seriam crônicas (ou minimáximas, como ele as chama), escritas sem qualquer afetação, em linguagem coloquial, com uma "naturalidade total", pela clareza e leveza, e que encerram sínteses que desaconselham a leitura dinâmica. Há também uma filosofia mundana, simples, direta, acessível ao leitor.

107 O autor não teve acesso a este livro de Quintana.

Apontamentos de história sobrenatural (1976)

Antes de passarmos ao prefácio, cumpre ler o que Mario Quintana escreveu na apresentação do livro:

> É o primeiro livro em que os poemas saem numa ordem cronológica. Antes saíam numa ordem lógica. Alguns pensaram que a cronologia da publicação indicava uma evolução do autor. O fato é que nunca evoluí. Fui sempre eu mesmo...

E acrescentou bem-humorado que o livro seria a comemoração não propriamente do seu aniversário, mas a comemoração da vida. Convém refletir, também, sobre o que dele escreveu Armindo Trevisan, já que considerou *Apontamentos* um verdadeiro acontecimento literário. Ele encontra um Quintana diferente, "quase chinês", pelo lado espiritual, e assinala dois aspectos que sobressaem: a metafísica do instante e a obsessão pelo mistério. Diz, ainda, que Quintana foi um mestre da instantaneidade da imagem poética porque a imagem vem antes que o pensamento. E Quintana o sabia bem. E neste livro o poeta ainda aborda o problema do tempo, no qual o passado vincula-se a uma catarse para ser desvelado.

Tania Franco Carvalhal apresenta mais um prefácio precioso para entender o poeta e sua obra. Ela explica que o livro é uma síntese, pois contém as várias tendências, tantos formais como temáticas, anteriores, que já apareciam em Quintana. Ela também cita o uso recorrente das imagens, pois para ele palavra é imagem, como no poema "Momento": imagem de imagens. Os poemas têm ritmo, como em "Emergência". Mantém a temática ligada ao cotidiano, às coisas simples. Volta a tematizar a infância, onde surgem personagens como as velhas tias, Lili, o Anjo Malaquias..., como numa mitologia pessoal. O lirismo de Quintana, segundo a prefaciadora, descobriria as coisas simples do dia a dia, porém a revestiria de mistério, dando-lhes outra dimensão e outro valor, como no poema "Data".

Mais uma vez o poeta revela-se como um eterno caminhante entre o passado e o presente, entre memória e imaginação e outros duplos significados. Reflete sobre o tempo e a morte (compreendida como perdas e desilusões), esta última, o grande tema do livro, como transparece em

"Este quarto". A morte também se apresenta associada ao vento: como se estivesse a vida em suspensão. Ele também associa vida e morte: "vida e morte se combinam como os dois lados da mesma moeda".

A vaca e o hipogrifo (1977)

Hipogrifo é uma figura lendária, um animal produto do cruzamento de um grifo (águia) com uma égua. Antonio Carlos Secchin prefaciou este livro, repetindo o que Armindo Trevisan já constatara: a obra seria uma amostra do estilo enganosamente fácil do poeta, com seu tom informal, a observação despretensiosa do cotidiano, a descontração por meio da qual ele se aproxima do leitor, no entanto, ao fundo, ele trata das grandes questões da humanidade. "Assim, em 'Libertação', a morte não é passaporte para o Além, mas apenas um bom pretexto para, afinal, nos deitarmos sem ter de tirar os sapatos. Se os anjos povoam o imaginário do autor, não o fazem para fins redentores, fazem-no para eles próprios incidirem no pecado, por meio da inestimável colaboração de Quintana: 'Os livros de poemas são os livros pornográficos dos anjos'. São eles, os anjos, que ingressam no humano, ao invés de nos guiarem ao angélico", estatui Secchin.

O livro é de prosa, havendo alguns poucos poemas entremeados, confirmando que o poeta sempre navegou na contracorrente. Secchin explica: "Numa época de intensa prática do versilibrismo, o poeta estreia (*A rua dos cataventos*, 1940) com um livro de sonetos de métrica ortodoxa. A seguir, quando predomina a disciplina formal da Geração de 45, nosso autor lança as *Canções* (1946), várias delas vazadas em verso livre. Depois, rompe com o próprio verso, em *Sapato florido* (1948), substituído por fulgurações líricas em prosa. Se *O Aprendiz de feiticeiro* (1950) é constituído por poemas de métrica e estrofação inconstantes, *Espelho mágico* (1951) apresentará 111 peças rigorosamente talhadas em forma de quadras, cujos versos serão sempre rimados. Como constatamos, cinco livros sequenciados com cinco configurações inteiramente diversas".

O estilo deste livro, composto de prosa e poesia, já fora experimentado por Mario no *Caderno H*, de 1973, mas prevalece a prosa: 228 textos em prosa contra 42 poesias, além de alguns que contêm os dois gêneros.

As temáticas são a infância e o reino animal. O nome já o revela: a vaca e o hipogrifo (um animal mitológico), por meio dois quais ele revela os grandes problemas da humanidade.

Esconderijos do tempo (1980)

Comecemos com a explicação do próprio Quintana. Ele fez um poema que depois foi incluído em outro futuro livro, no qual trata dos esconderijos do tempo, e explica a sua ideia básica, que acabou se transformando em título e fio condutor da obra: "Essa espécie de choques cronológicos – que eu, num poema desconhecido, denominei esconderijos do tempo – são como se a roupa nova da cidade estivesse aqui e ali remendada com trapos velhos"[108]. Ou seja, a ideia é que o passado se esconde e se entrelaça no presente.

Armindo Trevisan também explicou sobre esse livro: "o hábito de considerar Quintana um poeta fácil e cristalino não permitiu, às vezes, descobrir o Quintana histórico, mergulhado na dor, na alegria e na agitação geral dos seres vivos. Em *Esconderijo* isso transparece indisfarçavelmente. O tempo abstrato cede lugar a uma concretude pungente... abre-se espaço para uma garrafa com tóxico. Porque o tóxico quintaneano tem uma função: a de produzir no leitor um estado de alheamento provisório, que o dispõe para outras visões, ou diferentes visões".

José Eduardo Degrazia foi quem prefaciou *Esconderijos do tempo* e foi além da obra, fazendo uma análise crítica da trajetória do poeta. Segundo Degrazia, Quintana seria muito mais complexo do que aparenta, porque desenvolve sua poesia com refinamento e sofisticação "em seus paradoxos e ironias, profundo no que tange ao mergulho de impressões próprias da alma, com um viés psicanalítico", mas de maneira estudada para parecer fácil e ingênua. No entanto, sua complexidade decorreria do olhar filosófico, derrotista, autoindulgente e às vezes corrosivo, "que se vale de uma dolorida visão de exclusão do mundo moderno".

Depois dessa breve introdução, Degrazia apresenta o livro como um paradoxo entre a vida e a morte, o mundo de lá e o mundo de cá. Tudo o que era bom e conhecido ficou para o outro mundo. O mundo de cá

108 De um diário de viagem, *Porta giratória*.

é que seria estranho. E, no entanto, conclui que a forma irônica e divertida de Quintana deu-lhe inegável sucesso: "A mídia se encarregou de transformá-lo de um sarcástico e mal-humorado cidadão, num velhinho simpático e engraçado, num avozinho malcriado mas ao mesmo tempo carente de atenção. Passados dez anos de sua morte é necessário que se faça uma limpeza dessas falsas imagens que se colaram à figura de Mario Quintana. Estamos à espera de um escritor que faça a biografia do poeta limpando-a de todas essas máscaras que ele mesmo às vezes fabricava e que a mídia se encarregava de reproduzir".

Nessa trajetória recuperada por Degrazia, Quintana revelaria o passadismo, o simbolismo, o ramo casimiriano (o estilo pungente de Casimiro de Abreu), o antirracionalismo e o uso do fantástico, aproximando-o do realismo mágico dos anos 1960 e 1970, para concluir que o poeta evoluiu, diferentemente do que ele próprio declarara.

Baú de espantos (1986)

Para Antonio Hohlfeldt, essa obra tem a capacidade de surpreender e de causar espanto. E, pela primeira vez, Quintana datou os poemas neste livro. Os temas surgem em pares de opostos: fim do mundo x eternidade; Deus x diabo; poeta x poesia; velho x antigo; passagem do tempo x progresso; anonimato x solidão, ausência física x presença pela memória; tempo que corrói a vida x infinitude da morte. Há também uma preocupação de distinguir conceitos: o anonimato é voluntário e positivo, a solidão é negativa.

Hohlfeldt concorda com outros críticos que veem no poema de Quintana tão somente a ponta do iceberg, um disfarce do poeta: "Ele parece falar de uma coisa aparente, mas na verdade está a tocar em outra coisa mais profunda e séria". Para isso, ele usa uma espécie de encantamento, criando uma atmosfera de revelação do mundo, a partir da indagação. O recurso constante à infância seria justamente para poder perguntar, pôr em dúvida, se espantar, porque o cerne da obra é o espanto da descoberta.

Afirma que a poesia, tal qual um baú, é um pacote que deve ser aberto para causar espantos, surgidos da convivência com a realidade. Os espantos seriam uma espécie de revelação, um procedimento que ocorre repentinamente, como uma iluminação.

A morte e sua significação também estão presentes. O próprio poema vive esse constante morrer aparente para renascer, como em "Teus poemas" – "não os dates nunca... um poema não pertence ao tempo". Há um processo de *continuum* nos poemas; o poema continua sempre/ o voo do poema não pode parar. E a responsabilidade do poeta é como a dos deuses: "vim sacudir o que estava dormindo há tanto tempo dentro de cada um de vós".

Preparativos de viagem (1987)

Ana Chiara escreve que, neste livro, "Quintana nos convida a preparar uma viagem de aprovação incondicional da vida, de júbilo e de afirmação, com voltas ao passado, num memorialismo coletivista", mas também projeta o futuro que se aproxima, refletindo sobre a fugacidade da vida. O núcleo de seus poemas é a temporalidade do momento que passa, tempo marcado pela brevidade. Os personagens são principalmente as musas (reunidas numa só, Maria), o adolescente, o velho (das coisas e do poeta).

Chiara afirma que "uma das condições mais exclusivas das personas de Quintana é a do celibatário que frequenta essas páginas sempre solitário, mas com vida amorosa... parece contabilizar amores passageiros, em favor de uma solidão povoada e libertária".

Ele usa diminutivos, em linguagem coloquial e graciosa, com o objetivo de escamotear o que há de reflexivo e meditativo nesses poemas. O tom irônico serve de divertimento – desvio nos trilhos da viagem – para lograr uma relação intimista com o leitor.

Conclui Chiara: "A aparente graça escamoteia para os incautos o trabalho de uma poesia reflexiva e meditativa, grave e prestigiosa do silêncio que possibilita pelo clarão da página branca o intervalo para a apreensão calma e contrária ao ritmo da vida urbana. (...) um poema particular e manuseável".

Da preguiça como método de trabalho (1987)

Mario Quintana escreveu uma apresentação para esse livro, aproveitando parte de uma entrevista que concedeu à *Isto É*, em 14/11/1984:

> Minha vida está nos meus poemas, meus poemas são eu mesmo, nunca escrevi uma vírgula que não fosse uma confissão (...) A preguiça é a mãe do progresso. Se o homem não tivesse preguiça de caminhar, não teria inventado a roda. Não poderia viajar pelo mundo inteiro.
> Conta-se que em fins do século passado, num remoto país do Oriente, a viagem da capital à fronteira levava nada menos que trinta dias, e ainda por cima a lombo de camelo. E sucedeu que um engenheiro britânico ali residente, em nome do progresso, resolveu remediar a coisa.
> — Enfim — concluiu ele, após uma audiência com o respectivo xá, ou coisa que o valha — construindo-se a estrada de ferro de que o país tanto necessita, a viagem até a fronteira poderá ser feita em um só dia!
> — Mas — objetou o velho monarca, que o ouvira com uma paciência verdadeiramente oriental —, o que é que a gente vai fazer dos vinte e nove dias que sobram?!
> (...) Certa vez, abalancei-me a um trabalho intitulado "preguiça". Constava do título e de duas belas colunas em branco, com a minha assinatura no fim. Infelizmente não foi aceito pelo supercilioso coordenador da página literária.
> Já viram desconfiança igual?
> Censurar uma página em branco é o cúmulo da censura.
> Em suma: o que prejudica a minha preguiça prejudica o meu trabalho.

Porta giratória (1988)

Tania Franco Carvalhal escreveu este seu último prefácio de uma obra de Quintana antes de falecer, em 2006. O livro é uma seleção de crônicas, mas entre elas há poemas curtos, em geral constituídos de um só verso, com alguns poemas-aforismas. Tania credita ao jornalismo a habilidade de Quintana em fazer escritas rápidas, nas quais ele seria capaz de captar a poesia diretamente do cotidiano, revelando um lado oculto que, normalmente, não seria percebido pelos demais. Essa linguagem em forma clara seria produto consciente de elaboração que buscaria sempre reduzir o pensamento à expressão mais pura. Por isso, ela diz que se trata de uma simplicidade construída.

Segundo ela, na expressão "porta giratória", estaria incluída também a noção de movimento, de voltas rápidas, de giros bruscos que apontam para a ideia de variedade, do entrar e sair constante a que alude o título escolhido. E há também mistério: "quando o poeta associa a poesia ao mistério – a poesia é o mistério evidente, mas traz sempre o imprevisível... – é a junção de dois elementos opostos, mistério-evidente, que identifica a poesia". Ela conclui que é o poeta extraindo de pequenos "nadas" um sentido oculto.

A cor do invisível (1989)

Em *Da preguiça como método do trabalho*, há um texto chamado "A cor do invisível", no qual Mario Quintana dá uma ideia do porquê desse título e qual foi sua ideia básica. Afirma que certo autor reuniu num livro contos reais na primeira parte, e contos fantásticos na segunda. Para Quintana, cada parte ficou amputada da outra, porque não há razão para separar o mundo que está na cara do mundo invisível, ou espiritual, pois ambos pertencem ao mesmo mundo: "Existem cores no espectro que a nossa vista é incapaz de distinguir... acreditemos na cor dos seres por enquanto invisíveis para nós, como é chamado invisível este oceano de ar no qual vivemos".

O prefácio desse livro coube a Fabrício Carpinejar, que considera Quintana um poeta provocador, contra o consensual e a unanimidade. Sua poesia nos põe a pensar, com sua graça nostálgica. A provocação do poeta desarmaria lugares-comuns "com a liberdade destrutiva de uma criança, onde a alegria é a medida do tamanho do castigo".

De acordo com Carpinejar, o próprio Mario teria ajudado a mitificar sua figura como um distraído, um homem cujos pensamentos passeiam nas nuvens, mas, na verdade, ele monta uma biografia paralela a partir de sua visão literária. Sua poesia torna-se "um indulto, para cometer sandices e despropósitos... a professar um ensinamento e uma lição de vida". Suas reflexões seriam seguras, ainda que ambivalentes. Seu pessimismo não deixa de ser um charme, movido pelo ceticismo com a moralidade vigente. Sua autocrítica seria a postura que encontrou para amar seus defeitos e conviver em paz com eles.

Velório sem defunto (1990)

Este livro se apresenta, curiosamente, na forma horizontal, isto é, o livro tem que ser lido nessa posição, tal como um defunto permanece deitado no leito de morte. Aliás, esse foi o motivo pelo qual Quintana trocou de editora, pois a sua editora na época não aceitou que o livro fosse composto na posição horizontal.

Liana Milanez é a autora do prefácio. "A obra de Quintana chega à plenitude nestes poemas, mas ele ainda está insatisfeito: sua inquietude é o verdadeiro defunto ausente... Ele continua achando que o sublime da vida é o mistério das coisas. Um mistério que ele segue buscando, e que nutre cada verso que faz sobre o cotidiano, sobre a infância e sobre o mundo, sempre carregado de lirismo e de verdades."

Neste resumo dos prefácios de quase toda produção literária de Mario Quintana, não listamos as antologias poéticas tampouco o *Diário poético*, que saía anualmente, uma espécie de calendário com um poema por dia. Resta-nos, ainda, consignar que somente com a *Antologia poética* de 1966, aos 60 anos, é que ele ficou conhecido nacionalmente.

Registre-se também que, em 1979, foi publicada em Buenos Aires, Argentina, uma coletânea intitulada *Objetos perdidos y otros poemas*, com tradução de Estela dos Santos e organização de Santiago Kovardloff.

11.

Quando o juiz consulta o relógio e as arquibancadas já vão se esvaziando

O atropelamento

Em 1985, o poeta foi atropelado e fraturou o fêmur; teve de colocar um parafuso de aço no quadril esquerdo[1] e passou a usar bengala.

Quem narrou o acidente foi Alberto Gosch em um artigo: "Mario Quintana é o poeta do Rio Grande do Sul, admirado e respeitado por todos... A primeira impressão que se tinha dele: criatura absorta, distante, desligado de todo o burburinho de uma redação de jornal, fumando um cigarrinho, concatenando ideias, fantasiando, explorando mundos infinitos, desvendando mistérios de outras galáxias, filosofando, celebrando, mergulhando no espaço entre as estrelas, resolvendo enigmas do pensamento... Quintana não é poesia de versinhos ou de riminhas: inteligente e culto, instruído, ilustrado e esclarecido – tem um profundo conceito das coisas. Tanto vive no passado, como conhece a atualidade. Acompanha o dia a dia da sociedade, conhece o chavão das ruas e é doutor *honoris causa* do bom humor... Sua poesia é geográfica, astronômica, matemática... Tanto pode fazer um poema de difícil interpretação, como escrever

1 Regresso à casa paterna, *Porta giratória*.

uma historinha que as crianças adoram e se divertem... Pois o Mario – o poeta querido da cidade – acaba de ser acidentado. Ao deixar a sede da redação do jornal – o *Correio do Povo* – onde até hoje trabalha – ganhou a rua. Procurou passar entre dois carros estacionados, junto à calçada. Um deles deu uma marcha à ré e desastrou o poeta – quebrando-lhe o fêmur... Levado imediatamente para o pronto-socorro da cidade, foi encaminhado, em seguida, para uma mesa de cirurgia no Hospital da PUC, onde foi operado".

No Hospital da PUC, na Avenida Ipiranga n.º 6690, o poeta ficou no quarto 927. Depois foi removido para o Hospital Moinhos de Vento. Conta-se que ele insistiu em anotar a placa do carro para jogar no bicho.

A bengala que ele passou a usar serviu de mote para uma carta que ele recebeu, de uma mulher, datada de 6/09/1989: "Querido Marinho... um beijo cúmplice... A cumplicidade de nossa bengala estreita ainda mais esse meu envolvimento". Inúmeras foram as cartas que recebeu do público e de políticos desejando-lhe pronto restabelecimento.

Cerca de dois anos depois, a perna voltou a dar problema. Ele contou em carta a Liane dos Santos, em 24/02/1987:

> Tive alguns probleminhas. Há cerca de um mês, ao descer uma escada, a perna não pôde sustentar-me, como se fosse de pano. Depois, ao andar na rua, senti tantas dores que tive de parar. Eu não sou medroso, mas sou assustado, imagino sempre o pior. Fui falar com um dos médicos que me operou e disse-lhe que temia a cadeira de rodas. Tranquilizou-me: essas dores são frequentes em tais operações, depois de certo tempo, mas passageiras. Estamos aguardando que o outro operador chegue de férias. Pode haver necessidade de trocar o parafuso. Assim, poderás conseguir um amigo biônico, que irá trocando peças (não todas!) à medida que necessário.

Felizmente, o temor do poeta de precisar usar cadeira de rodas realmente não se confirmou. Nem a troca de parafuso.

Os últimos anos

A partir de 1980, ele passou a receber a devoção de suas secretárias Sandra Ritzel e Mara Leite Garcia, e da sobrinha-neta Elena Quintana, pelas quais demonstrava extremo carinho.

Mara fora balconista de uma agência lotérica na Rua Marechal Floriano e, de tanto ele ir lá jogar, acabou por convidá-la para ser uma de suas secretárias. Dizia que Mara era a única coisa que ganhara na loteria. No entanto, posteriormente à sua morte, Mara teria ingressado com uma reclamação trabalhista contra a herdeira Elena Quintana.

Elena passou, então, a administrar a vida de Mario, com a assessoria de seu advogado Marco Tulio de Rose e do publicitário Enio Lindenbaum, que tinha uma agência de publicidade chamada Sabiá, falecido em 29/02/2021.

Dulce Helfer contou que Quintana passou a ficar deprimido cada vez que fazia aniversário e não queria receber ninguém. Em certo aniversário, teria deixado Sérgio Napp – diretor da Casa de Cultura Mario Quintana – e sua esposa esperando por hora e meia. Foi preciso que Dulce praticamente o obrigasse a se levantar, vestir-se e receber as pessoas que lhe prestariam homenagens. E, normalmente, depois da pressão, Mario acabava de bom humor, pelo menos aparentemente.

Quintana brincava, como sempre, até com o envelhecimento. Em entrevista ao jornal *O Estado de S. Paulo*, em 14/04/1982, disse que sua saúde estava boa, mas: “Se estou gagá, agora, é de forma precoce, posso garantir; pois sempre fui um jovem precoce”.

Antes do atropelamento em 1985, ele já fora internado em janeiro de 1983, por conta de uma fratura de costela, mas também por mal-estar e perda de peso. Seu médico Leo Weiss não descartava a possibilidade de câncer.

Em 1991, submeteu-se a uma cirurgia de catarata. A coluna Antena Dois do *Correio Braziliense* publicou, em 16/01/1991, que seu estado era bom, apesar de o poeta dizer que sua saúde andava precária, acrescentando: “Acho que o diabo tem medo de mim”.

Submeteu-se a nova cirurgia de catarata e para implante intraocular em 1993, feita pelo médico Zeniro José Sanmarti. Quando teve alta, o

Correio do Povo de 26/11/1993 registrou uma frase sua ao deixar o hospital: “Agora vou ser alfabetizado de novo”.

No final da vida, mereceu a companhia constante de Elena, Mara, Sandra, Liana Pereira (Baiana) e Sérgio Faraco. Passeavam com ele, assistiam TV sem som “para ver “se os atores são bons e mudam de cara”, como ele dizia.

Pouco antes de completar 87 anos, ele e sua equipe, composta por Rosangela Costa, Mara Garcia, Isabel Kafer, Elena e Iolanda Lima (três eram enfermeiras), combinaram que ele teria direito a um porre no ano 2000. Perguntaram-lhe quem gostaria que elas chamassem e ele respondeu que sua convidada seria uma antiga e perdida paixão: “O tempo é que nem borracha. Tenho saudade de uma paixão infeliz, de um amor mal correspondido. Mas não lembro mais do nome dela. Só lembro do sentimento”.

Na verdade, o poeta sempre achou que ia morrer cedo e tinha realmente muito medo da morte. Ele dizia, gracejando, que tinha curiosidade, mas nenhuma pressa, de saber o que tinha do outro lado. Também dizia que, do mesmo jeito que não gostava de dormir ao lado de ninguém, também não queria estar morto perto de ninguém.

Faleceu em 5 de maio de 1994, às 17h20, no Hospital Moinhos de Vento, aos 87 anos, após sete dias de internação. Seu médico Airton Galarça da Silva tratava uma infecção intestinal associada a insuficiências respiratória, cardíaca e renal.

O jornal *Zero Hora*, no Segundo Caderno, Especial, de 6/05/1994, informou que a morte foi anunciada às 17h38. O corpo foi velado na Assembleia Legislativa do Rio Grande do Sul, tendo chegado às 21h45. Junto da mortalha branca, colocaram um livro de orações que pertenceu à sua mãe e uma tampa de vidro sobre o seu rosto. Dulce Helfer chegou a pedir para que o caixão não tivesse vidro, para fazer a vontade de Mario, mas Elena teria respondido: “O tio está morto e quem manda agora sou eu”.

Consta que Mario Quintana era mantido com respiração artificial. Nos últimos dias, esteve acompanhado por Elena, pela secretária Mara Leite Garcia, a atendente Rosangela Costa, que se revezavam, e pelos amigos Armindo Trevisan, Sérgio Faraco e Sérgio Napp. Dulce Helfer chegou imediatamente no hospital quando soube da morte e guardou o corpo, sem o olhar, juntamente com Liana dos Santos, para que Elena cuidasse das providências práticas para o sepultamento. Sandra Ritzel também se fez presente.

Antes de morrer, ainda brincou com a morte: "A morte é a libertação total: a morte é quando a gente pode, afinal, estar dormindo de sapato". A imprensa divulgou um verso supostamente de despedida:

> ...morrer é simplesmente esquecer as palavras
> E conhecermos Deus, talvez,
> Sem o terror da palavra DEUS![2]

Na verdade, os versos já existiam há algum tempo. O que pode ter acontecido é que o poeta, pressentindo a aproximação da morte, os tenha declamado durante a internação, como se fossem algum poema novo, inédito.

Eloí Calage parece ter percebido isso. Ela escreveu uma carta a Elena Quintana, suspeitando: "Mas já desconfio um pouco se terá sido escrito mesmo no hospital. A beleza do verso permanece, mas a desconfiança é porque está apropriado demais e, conhecendo o Mario, às vezes acredito que isso terá sido pensado antes. Ele foi capaz de fazer poesia da própria morte".

Na verdade, ele sempre fez poesia com o tema da morte. Também já usara o tema do velório, que foi objeto de um poema, no qual teria associado os olhares dos presentes como "incômodas moscas" para os quais pediu para pintar sobre sua face morta, em vermelho, "...um silencioso, um debochativo sorriso de *clown*..."[3]. Por isso que Dulce Helfer pediu que o caixão não tivesse vidro, para que ele não fosse visto pelas pessoas.

O atestado de óbito lavrado pelo oficial Calixto Wenzel do Ofício de Registro Civil das Pessoas Naturais da 1.ª Zona, em 6/05/1995, registrou como causa da morte: insuficiência circulatória periférica, insuficiência cardíaca congestiva, pneumonia de aspiração, doença pulmonar obstrutiva crônica e cirrose, atestados pelo seu médico Airton Galarça da Silva. Foi declarante do óbito Cláudia de Oliveira Biazus, irmã de Elena Quintana.

2 A noite grande, *Esconderijos do tempo*, também publicada em *Nariz de vidro*.
3 Ah! Esses olhares, *Preparativos de viagem*.

A família recebeu inúmeras condolências vindas de todos os cantos do país, do público, de artistas e políticos.

Foi enterrado no Cemitério São Miguel e Almas, na Avenida Oscar Pereira s/n, na Porto Alegre que o amou tanto. Para Sandra Ritzel ele dizia, rindo, que seu epitáfio deveria dizer: "Aqui jaz Mario Quintana, e sob protestos". Já Liana dos Santos disse que Mario gostaria que o seu epitáfio fosse: "Um dia meu cavalo voltará sozinho".

Muito tempo antes, durante a cerimônia de translado do corpo do seu avô médico militar para a Praia Vermelha, no Rio de Janeiro, foi-lhe perguntado como gostaria que fosse seu próprio epitáfio. E o poeta teria respondido: "Mario Quintana – Tombou heroicamente em combate, ao comando do Marquês de Caxias, na conquista da Ponte de Itororó, em 6 de dezembro de 1868". Poucos anos antes, ele já havia escrito sobre esse desejo na prosa-poesia "Que horas são"[4]:

> Eu que tanto desejava que minha
> Biografia
> Terminasse de súbito
> Simplesmente assim:
> "Desaparecido na batalha de Itororó!"
> (Desaparecido? Meu Deus, quem sabe se ainda estou vivo?!)

É preciso contextualizar a resposta de Quintana no tempo e no momento da cerimônia em que foi proferida. Ele estava na referida cerimônia militar de translado dos restos mortais de seu avô para o mausoléu em homenagem a este, pelas Forças Armadas, por sua atuação na Guerra do Paraguai. Com a frase, possivelmente, ele pretendia agradecer a homenagem das Forças Armadas na pessoa do Duque de Caxias (patrono do Exército), ao mesmo tempo que também prestaria homenagem ao parente herói daquela guerra, como se desejasse tê-lo conhecido e não fosse privado de sua companhia.

Naquela época não havia ocorrido o revisionismo histórico da figura do Duque de Caxias e da própria atuação brasileira na Guerra do Paraguai. Essa controvérsia, que contesta o Duque pela repressão violenta aos

4 *A vaca e o hipogrifo.*

escravizados fugidos, bem como o Exército brasileiro pela sua participação no massacre de crianças paraguaias, forçadas a lutar, é contemporânea de nossa época.

Havemos que nos lembrar, também, que o Paraguai invadiu o Rio Grande do Sul e que as tropas lideradas por Caxias e Osório conseguiram, a duras penas, libertá-lo, de modo que ambos os personagens históricos são referências para os gaúchos como Quintana. Não se deve julgar alguém pelo seu passado com base no tempo presente. O passado ficou no passado e lá deve ser prescrutado. A poesia de Quintana, porém, está projetada para o futuro.

O testamento

Mario Quintana fez o seu testamento em 22/02/1994, no 5.º Tabelionato de Porto Alegre, indicando a sobrinha-neta Elena Quintana de Oliveira, que também usava os nomes Helena Quintana e Helena Quintana de Oliveira, sua herdeira universal, ou seja, herdeira da totalidade dos bens que viesse a ter à data de seu falecimento.

Uma de suas preocupações era que sua obra tivesse apenas um titular, um herdeiro, para evitar o risco de haver discussões e isso dificultar futuras edições. Para ele, não publicar mais equivaleria a "matar o autor", como narrou Paula Biazus.

O ato foi lavrado pelo 1.º oficial ajudante Shisue Furosawa e testemunhado por cinco pessoas: Antonio Carlos dos Santos Ribeiro, jornalista; Ivo Egon Stigger, jornalista; Jaime Copstein, jornalista; Lia Gomes da Silva, advogada e Liliana Berry Veiga De Rose, advogada.

No documento, não havia qualquer relação de bens, o que foi esclarecido no inventário que se seguiu, iniciado em 11/08/1994. Ficou claro que o único bem inventariado seriam os direitos autorais das obras do poeta, além de um pequeno saldo de PIS e FGTS.

No entanto, o que deveria ser um inventário bastante simples tornou-se um transtorno para Elena. Isso porque o Estado do Rio Grande do Sul superavaliou os direitos autorais, com o objetivo de aumentar o imposto de transmissão que o espólio deveria recolher. Fê-lo no valor de R$ 315.772,40, pelas contas do auditor estadual Rodrigo Gayer, apresentadas em 5/06/1995, mais de um ano após a morte do poeta. O juiz nomeou um perito, o editor Sérgio Antônio Fabris, que avaliou os mesmos direitos em R$ 75.160,80 em 29/08/1997, numa projeção para os próximos 48 meses.

Elena chegou a peticionar no sentido de que os bens deixados eram inferiores à cobrança do Estado e que o inventário seria negativo, ou seja, os bens deixados seriam inferiores às dívidas e, portanto, deveria ser encerrado como se não tivesse qualquer bem a ser transmitido. Enfim, o processo se arrastou até 25/03/1999, cinco anos após o falecimento de Quintana.

Mesmo sem saber que seu inventário iria, absurdamente, demorar tanto, e chegar ao ponto de os impostos superarem o ativo, ele escreveu um aforismo – Justiça[5] – que talvez venha a calhar com as agruras de sua herdeira: "Dizem que a Justiça é cega. Isso explica muita coisa..."

A sobrinha-neta Elena

A sobrinha-neta Elena Quintana de Oliveira passou a ser a organizadora da vida e da obra de Mario Quintana em 1980, quando eles se conheceram. Elena mostrou ao poeta os detalhes do espetáculo teatral *A Estrela e a Sucata*, em 1980, que montara com poemas do tio-avô. Dali em diante, os dois não se desgrudaram mais. Ele a provocava, brincando: "Deus dá filhos, o diabo dá sobrinhos", conforme ela teria contado numa matéria jornalística. O poema "Cocktail Party"[6] foi dedicado a ela.

Elena era formada pelo Departamento de Artes Dramáticas da UFRGS e foi fundadora do Grupo de Teatro Oficina Perna de Pau, que circulou por parte do Sul, do Uruguai e da Argentina encenando uma peça com base no livro *Esconderijos do tempo*, de Mario Quintana.

Depois da morte do tio-avô, herdou os direitos autorais de sua obra e passou a morar no Sítio Ipê Amarelo, em Montenegro, onde criou um hotel para cães. Foi assim, na companhia de cerca de vinte cães que ela faleceu em 1.º/07/2019, aos 63 anos, de enfisema pulmonar. Apesar de não ter muita idade, ela já estava bastante debilitada pela doença.

5 *Da preguiça como método de trabalho.*
6 *Antologia poética.*

Elena ia fazer um andar em sua casa para as coisas do tio, na Travessa Santos Ferreira n.º 85, Partenon, mas morreu antes de concretizar seus planos. O acervo do poeta estava na PUC-RS, mas em 1.º/03/2007, talvez com esse intuito, ela enviou carta ao reitor Joaquim Clotet e pediu a sua devolução. O acervo está no Instituto Moreira Salles, no Rio de Janeiro, desde 2009.

Os direitos autorais passaram, então, para Paula Quintana de Oliveira Biazus, jornalista, e Diogo de Oliveira Biazus, formado em computação, bisnetos do irmão de Mario, Milton de Miranda Quintana, e sobrinhos de Elena, porque ela faleceu sem deixar descendência. Originalmente, Paula não tinha Quintana no sobrenome – era o nome materno de sua mãe, Cláudia Quintana de Oliveira, falecida em 2008 de aneurisma cerebral –, porém, como foi indicada e treinada por Elena, anteriormente, para assumir a gestão dos direitos autorais no futuro, fez a inclusão oficial do nome para ser mais facilmente identificada com o poeta. Paula acompanhou Elena algumas vezes aos dois últimos hotéis em que Quintana viveu, até os 16 anos, quando o poeta faleceu.

Paula Biazus conta que Mario e Elena tinham muito em comum. Não é à toa que faziam aniversário com um dia de diferença: ele 30 de julho e ela, 31 de julho. Ambos prezavam a solidão: Elena vivia sozinha no sítio e Mario nos quartos de hotel. Ambos foram viciados em álcool e em cigarro. Ela parou de beber em 1988, quando se vinculou ao Alcoólicos Anônimos, e de fumar em 2013, mas seu pulmão já estava bem comprometido, pois começara a fumar aos 13 anos. Certamente, o fumo a levou ao enfisema, que foi agravado por uma pneumonia no final da vida.

12.

Quem foi Mario de Miranda Quintana?

COMO DEFINIR ALGUÉM que assumiu que só “às vezes” é Mario Quintana? O fato é contado por Sérgio Faraco. Este estava conversando com o poeta quando veio se aproximando um gari varrendo a calçada, e quase os varreu junto. O gari olhou irritado, mas quando reconheceu o poeta, perguntou: “O senhor não é o....”. O poeta respondeu: “Às vezes... quase sempre... e pode varrer meus pés que não quero me casar”. A resposta “às vezes” remonta a Rimbaud, que a teria usado anteriormente e era muito lido por Quintana.

Érico Veríssimo deu-lhe uma boa definição: “Ser poeta é saber ver o mundo como o veem os anjos, as fadas, e ao mesmo tempo possuir o dom de comunicar a quem o lê o que ele vê e sente. Em resumo, é ter olhos para revelar a face secreta das pessoas e das coisas. Mario Quintana é um homem que caminha sozinho, como aquele gato do conto inglês. Bom, vou revelar a vocês um segredo. Descobri outro dia que o Quintana na verdade é um anjo disfarçado de homem. Às vezes, quando ele se descuida ao vestir o casaco, as asas ficam de fora”.

À mesma conclusão chegou Sérgio Jockman: “o Mario é um anjo todo molhado, que toca seu flautim teimosamente em nossos telhados”.

Paulo de Gouvêa, ao homenagear os 70 anos de Mario Quintana, escreveu numa crônica: “Quem mais aéreo do que o poeta? Tenho a impressão de que Mario Quintana tem origens extraterrenas e veio para esta terra onde habito e todos habitam em um disco voador ou pendurado em algum colorido para-sol bordado. Tocou no solo, olhou para as nuvens (as únicas coisas eternas são as nuvens, ele disse), olhou as anêmonas dos seus futuros poemas e, como se fosse coisa mais natural do mundo, ficou por aqui".

Esse anjo ou extraterrestre tinha uma rotina estrita. Quem conta é Marco Tulio de Rose:

> Cinco horas da manhã de qualquer dia da semana útil e o poeta-jornalista Mario Quintana está entrando na redação do *Correio do Povo*. Seu trabalho vai até oito e trinta, nove, quando sai para a noite. Até lá, qualquer um que entre no jornal pode assistir a uma cena *sui generis*. Debruçado numa máquina, tendo um texto em francês ou inglês ao lado, com um cigarro perene aceso à boca, o poeta traduz para o português. Um dedo só, que velho jornalista que se preze só admite escrever com um ou, quando muito, dois dedos. O texto sai na hora, de uma língua para outra, tendo como canal um cérebro que teima não ter boa memória e um dedo teimoso. No resto do dia, quando não está descansando no seu quarto do Hotel Majestic (e ai de quem o perturbe), Quintana pode ser encontrado, ou numa livraria ou dentro da sessão de cinema (de preferência o melhor filme que estiver passando) ou passeando, simplesmente passeando por uma rua da cidade. Dentro do que se poderia chamar de vida regrada está inscrita uma sensibilidade capaz de produzir cenas do cotidiano incapazes de serem traduzidas num poema a não ser por quatro ou cinco sujeitos em todo este vasto Brasil.

Logicamente que esses hábitos foram da época em que Mario ainda trabalhava no *Correio do Povo*. Aos poucos, os hábitos foram mudando com o tempo: o próprio Quintana admitiu que passou a acordar tarde e os amigos dizem que ele tirava cochilos à tarde. Muitos iam visitá-lo à tarde e o encontravam cochilando.

Já bem velho, o amigo Sérgio Faraco costumava passear com ele às sextas-feiras, de automóvel, pela beira do rio Guaíba, até um bar onde ele gostava de parar para comer pastéis de camarão. Quando voltava ao hotel, Quintana costumava custar a dormir e ficava comendo barras de chocolate e bebendo seu inseparável café preto.

Costumava ler vários livros ao mesmo tempo, especialmente romances policiais, ficções científicas, poesias, etc. Ele mesmo narrou essa rotina de leituras, o que foi consignado em artigo de Moacyr Scliar: "Passo de um para outro, quando não me dá na telha deixar tudo de parte, pegar num lápis e na prancheta escrever um poema. Tudo isso na cama e noite adentro, enquanto para não fumar no quarto, como barras de chocolate; findas as quais, acendo um cigarro". Os epílogos de Quintana sempre surpreendem!

Quanto à aparência física, Moacyr Scliar o descreve: "um homem magrinho, encurvado, vestindo um terno surrado, sempre fumando seu cigarrinho e sempre sorrindo". E acrescenta: de personalidade reservada, com fama de tímido.

A descrição física corresponde à sensação que teve José Lourenço de Lima, depois de assisti-lo lendo seus poemas a convite da Biblioteca Pública Estadual. "A figura frágil e a pequena estatura do poeta parecem fazê-lo menino, infância que se ajusta à natureza da poesia".

Seu andar era digno de troça dos amigos. Augusto Meyer o descreveu: "Parecia atrapalhado com excesso de dedos e atirava as pernas como quem vai chutando balões coloridos, das mais estranhas formas...". Eloí Calage dizia que seu andar parecia um "navio em alto mar".

Quanto à timidez, Mario a recusava, dizendo-se apenas introvertido, e reclamando, segundo Scliar: "Não sei por que sujeitam os introvertidos a tratamento. Só por não poderem ser chatos como os outros". Mas o poeta também negava a introversão, às vezes: "Sei que me acusam de introversão. Se eu fosse de fato um introvertido, não faria poemas. Pelos poemas sinto-me compensado, especialmente por causa do público jovem. Pois isso prova que, tendo eu atravessado umas três gerações, conservo leitores em todas elas, inclusive a minha. Portanto, deve haver algo de permanente na minha poesia".

Se antes sempre foi avesso a entrevistas, que ele chamava de inquéritos, ao chegar aos 70 anos, passou a gostar delas: "achei que já era tempo de ser conhecido, e gosto de ser conhecido".

Seja como for, negada ou assumida, a introversão às vezes tornava a convivência com ele difícil. Lya Luft, que o visitava com alguma frequência, confirma: "Conviver com ele não devia ser fácil. Mario, como pessoa, era bom a conta-gotas, enquanto durasse sua paciência e a minha coragem. Nem todo mundo gostava de falar com ele, havia quem o achasse duro, sarcástico e evasivo". Ele também declarou não gostar que tentassem convencê-lo: "...não gosto que procurem convencer-me de coisa nenhuma". O jornal *Correio da Manhã* fez uma matéria em homenagem aos seus 60 anos, na qual o descreveu assim:

> Quem o conhece, sabe o quanto é difícil separar a sua figura, gestos, palavras, das imagens que entrega poeticamente. Quem não o conhece pode ter ouvido falar nas duas formas de como ele tem sido apresentado: homem áspero, arisco, ou poeta distraído. Nem uma, nem outra. Delicado com os outros, ele o é consigo mesmo. Por isso nunca fez corte à fama, muito fútil "para o trabalho que dá". Foge também dos lugares onde pode ser olhado como bicho diferente ou exótico. Na aparência é suave, alegre, com gestos imensos e, de vez em quando, uma conclusão assim: "A mentira é uma verdade que se esqueceu de acontecer".

O importante de citar essa matéria jornalística é que foi escrita por ninguém menos que Eloí Calage. Embora a matéria não tenha sido assinada, há uma carta de Eloí em que ela avisa Mario da publicação, assumindo a autoria do texto, aditando que a escreveu com "extremo carinho".

Com as palavras, sua fama era de mago, mito, bruxo. Lya Luft resume o porquê: "seus sofrimentos o tornavam cada dia mais um bruxo das palavras e das metáforas... com palavras transfigurava isolamento, incompreensão, solidão e cansaço em pura beleza".

Um bruxo, um mito, que não pretendia ser o maior poeta vivo do Brasil, na época. Na entrevista que concedeu ao *Correio do Povo*, em março de 1976, ele disse: "eu não sou cavalo de corrida para chegar em primeiro lugar".

Ele, que não demonstrava prezar muito a vida interiorana do campo – chegou a dizer que "a natureza é chata como um cartão-postal em tamanho natural"[1], declarando-se um tipo urbano[2] –, quando se deparou com uma Porto Alegre que foi perdendo o ar bucólico para a especulação

1 O citadino, *Porta Giratória*.

2 No texto poético Forasteiro, em Da *preguiça como método de trabalho*, Quintana assumiu gostar é do centro urbano e não do campo, "furungando cafés e livrarias".

imobiliária, passou a se preocupar em preservar o verde, a vista, a possibilidade de enxergar o céu das janelas.

Como já mencionado anteriormente, ao caminhar entre o hotel e a Praça Marquesa de Sevigné, Mario se deparou com uma muda de árvore morta. Escreveu então uma carta à Secretaria Municipal do Meio Ambiente solicitando que se plantasse outra muda naquele lugar. O secretário municipal Carlos Augusto de Souza respondeu-lhe convidando-o a plantar uma nova muda no local. Depois, Quintana passou a chamá-la de Gabriela. Infelizmente, a muda que o poeta plantou morreu, mas depois a prefeitura plantou outra no mesmo lugar.

Do mesmo modo, dedicou "Uma surpresa"[3] a uma solitária palmeira, espremida entre os tapumes das demolições das casas no entorno da Praça da Alfândega e que, milagrosamente, por esquecimento ou por sentimento, teve a vida poupada pelos empreiteiros e continuou lá "verde de esperança de melhores dias".

Há alguns textos interessantes para entender quem foi Mario Quintana. Numa entrevista ele respondeu o que mais o irritava nos outros e em si mesmo: "As perguntas íntimas. As respostas evasivas". Com efeito, sempre que confrontado com a sua intimidade, o poeta desconversava, usava ironia, o que por vezes era visto como certa rudeza.

Sobre o futuro, respondeu usando sua ironia inteligente: "O futuro é uma espécie de banco, ao qual vamos remetendo, um por um, os cheques de nossas esperanças. Ora! Não é possível que todos os cheques sejam sem fundos"[4]. Para ele, "a solidão é o silêncio que a gente faz dentro de si mesmo, em qualquer ambiente, seja barulhento ou não". Já sabemos quão cara era a solidão para seu processo criativo, mas, com esta afirmação, podemos compreender como ele se portava nas solenidades, nas reuniões formais a que se submeteu muitas vezes para ser homenageado e em qualquer outro evento social, além de seu círculo de amigos íntimos: o arredio Quintana estaria cultivando a solidão, ali mesmo em público, rodeado de pessoas.

Ao responder uma pergunta sobre sua vida amorosa e se andava em busca do tempo perdido, ou se satisfazia-se com as "raparigas em flor de agora", ele, mais uma vez, saiu pela tangente, dizendo que "tempo perdi-

3 *Da preguiça como método de trabalho.*
4 Não é possível, *Porta giratória.*

do não é tempo morto, uma vez que ressuscita sempre e que as raparigas em flor são as mesmas de outrora". Ou seja: nenhuma informação sobre sua vida amorosa. Ainda na mesma entrevista, elencou seus escritores favoritos: Antônio Nobre, Cecília Meireles, Camões, Garcia Lorca, Guillaume Apollinaire, Verlaine, Racine, Shakespeare, Dostoievsky, além de indicar um de seus livros prediletos: o *Novo Testamento*.

Sobre os palavrões – lembremo-nos de que fez um poema sobre eles – Quintana disse que só os usa "quando pisam no meu poncho", como dizem os gaúchos.

Outro texto imperdível para compreendê-lo é mais um de Eloí Calage, no qual a jornalista fala de seu jeito distraído, mesmo quando trabalhava no *Correio do Povo*, olhando as copas floridas das árvores da Praça da Alfândega, de sua mesa junto à janela, no primeiro andar do prédio do jornal. Não guardava datas, números e nomes. Seria "incapaz para as coisas práticas da vida, guichês, formulários, talões, direitos, tudo isso o deixa tonto".

Seu andar talvez fosse uma espécie de distração ao caminhar, pois Eloí escreveu "esse jeito meio trôpego, esse andar à deriva, não é coisa de velho, ele sempre andou assim, meio fora de esquadro, lembrando um pouco o seu Anjo Malaquias", coincidindo com a descrição de Meyer.

Quintana seria recatado, desligado, íntimo. Eloí comentou, "a gente nunca sabe o quanto pode durar uma conversa: está muito presente e, de repente, dá o corte e sai, vai em busca de outros ares". A imagem de Eloí nos remete imediatamente a um passarinho, ciscando aqui e ali, e levantando voo ao menor sinal de aproximação de alguém.

Mario Quintana disse em várias entrevistas que não lembrava o nome do seu primeiro amor, um amor supostamente não correspondido. Pois, ao que parece, Eloí conseguiu obter dele o tal nome: Malsi. Quintana teria feito um trocadilho com o nome: "A vida é um ai que malsoa".

Sobre seus gostos e vícios, teria parado de beber quando percebeu que o álcool estava fazendo ele parar de escrever. Gostava de um café preto bem forte, que ele chamava de "café sentado', pois não aceitava bebê-lo em pé no balcão de um bar. Gostava também de quindins. Adorava filmes, principalmente de terror.

Eloí contou uma história engraçada a seu respeito. Ele costumava atender colegiais para pesquisas escolares. Certa vez, atendeu uma menina de

8 anos. Respondeu tudo pacientemente e a menina se retirou. Horas depois, ligou a professora da menina, sua conhecida, que lhe contou, rindo, o comentário da menina ao chegar na escola: "Professora, ele é tão bonito, mas parece meio pateta...". Mario dava gargalhadas quando contava essa história aos amigos. A menina foi capaz de perceber a beleza da alma de Quintana, bem como seu jeitão distraído, apatetado, desconjuntado, atabalhoado...

Dulce Helfer prestou um longo depoimento sobre Quintana. Quando passou a trabalhar no jornal *Zero Hora*, em 1985, logo recebeu o convite do poeta para um café, ao que respondeu afirmativamente, porém acrescentou "qualquer dia". Imediatamente o poeta emendou: "então é mentira", aduzindo que quando o convidado não marca o dia do encontro é porque intende não aceitar o convite. Dulce respondeu que tinha palavra e que ele podia marcar dia e hora, dando-lhe a mão em sinal de compromisso. Ele a apertou e marcou para cerca de três dias depois. Ele ficava no Royal na época. Dali para frente Dulce passou a visitá-lo no Royal uma vez por semana e logo passou a três vezes por semana, tal a afinidade que se estabeleceu entre eles. Por vezes, as acompanhantes de Quintana ligavam, a pedido dele, e pediam a ela para visitá-lo após o plantão, que terminava por volta da uma hora da manhã, e ela ia. Por isso ele a teria apelidado de "a loira do plantão". Ela também ia à tarde, mas às vezes o encontrava dormindo.

Disse que ele não tolerava adulação, especialmente dos que não conheciam sua obra. Ele os considerava amigos chatos. Quintana teria a característica de olhar para uma pessoa uma vez e gostar ou não gostar dela de pronto. Se gostasse, se abria todo e era amável. Se não gostasse poderia tornar-se ácido e falar pouco, com frases curtas para encurtar a conversa. Ou simplesmente fazia um olhar distraído ou desinteressado para não prolongar o contato. Ele não tinha a menor preocupação de simular que estava gostando da conversa, ou da pessoa, demonstrando logo de cara, literalmente, o que estava sentindo. Quando não era amável com o interlocutor era porque não queria falar mais. Ele selecionava cuidadosamente as pessoas que podiam se aproximar dele. Dulce pensa que essa característica aproximou os dois, porque ela também é assim.

Ela contou que, uma vez, essa reação de Quintana causou-lhe certo embaraço, quando Dulce levou o músico Belchior, seu amigo, para conhecê-lo, esperando que fossem se dar muito bem, mas o poeta não demonstrou nenhum interesse. Outra vez, Quintana ficou muito bravo com uma bolada que recebeu das crianças que estavam brincando na praça, perto do hotel que frequentava muito, e reclamou com as crianças. Dulce tentou atenuar as reclamações do poeta dizendo que certamente as mães das crianças o conheciam e aquela reação era muito feia, ao que ele respondeu que não se importava com o que elas pensariam dele.

Já no final da vida, Quintana costumava pedir-lhe a opinião sobre os seus novos poemas e a perguntar se Dulce já teria visto aqueles versos em poemas anteriores seus, porque, às vezes, ele mesmo tinha dúvida se o verso era original ou se já o escrevera antes.

Dulce guarda uma infinidade de escritos e fotografias de Mario Quintana, mas destaca uma dedicatória escrita num papel gasto, feita para ela: "O fotógrafo tem a mesma função do poeta: eternizar o momento que passa", na qual talvez ele tentasse resumir a afinidade eterna dos dois. Mas o poema de que Dulce mais gosta, dedicado a ela, é este:

> Dulcinéia,
> o meu amor
> é da cor
> do
> arco íris!
> Não tens ideia
> do que acontece
> dentro de mim,
> ao me sorrires...
> Até parece
> Um caso de
> pura magia!

Este é o manuscrito, na letra de Quintana, com a dedicatória na margem lateral direita:

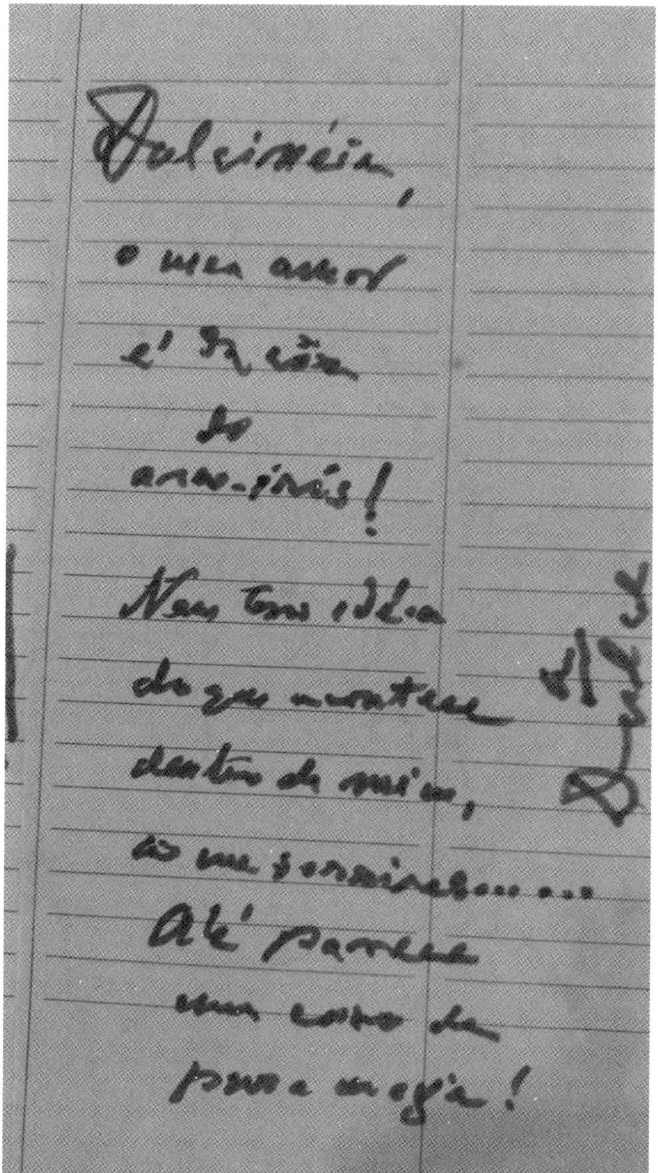

Sérgio Faraco, outro amigo do poeta, escreveu que Mario era distraído, mas não tanto: ele gostava de fingir que se distraía. Era irônico, por vezes, sarcástico, esperto e "danadinho". Explica: "quando começaram a chamá-lo de anjo e de passarinho, ele aceitou, até fez versos para justificar tais apelidos, mas, no fundo, acho que estava dando risada de todo mundo. Neste momento, onde estiver, há de estar rindo de mim, por causa dessa pretensão de conhecê-lo".

Armindo Trevisan conheceu Mario Quintana em Porto Alegre, em 1958, quando foi receber um prêmio literário, menção honrosa num concurso de contos. Aproveitou a viagem para conhecer Érico Veríssimo na Editora Globo, que já lera e gostara de seus contos. Érico pediu-lhe que fosse ao *Correio do Povo* pedir o endereço de Mario Quintana, que ele não dispunha. Armindo, ao cumprir a missão, recebeu informações de que Mario estaria num restaurante. Foi até lá, confirmou com os garçons que se tratava mesmo do Mario e apresentou-se, dizendo que apreciava muito seus poemas. Como a receptividade foi muito boa, Armindo mostrou alguns poemas seus e a conversa se desenvolveu com muita naturalidade, dando início a uma grande amizade.

No entanto, inicialmente, teve dificuldades para aceitar aquela amizade pelo temperamento de Quintana, de certo modo, irregular. Mario não era comunicacional, era retraído, taciturno, solitário. Por achá-lo muito solitário, Armindo passou a chamá-lo para almoçar em sua casa. O convite só foi aceito uma vez e todos os outros foram recusados por motivos estapafúrdios.

Às vezes, Quintana não estava para conversas e respondia suas perguntas sem qualquer expressividade. Armindo chegou a pensar em afastar-se de Quintana, julgando que ele não queria sua amizade. Ao comentar sobre isso com a esposa, ela objetou que Armindo deveria contentar-se em ser amigo de Mario sem cobrar ou pensar se Mario se considerava seu amigo ou não. Só depois desse conselho singelo, Armindo compreendeu que Quintana precisava de uma amizade que não lhe cobrasse nada. Passou a visitá-lo com frequência, levava doce de abóbora, livros, etc. A partir desse momento, a amizade fluiu.

Muitas vezes presenciou quando alguém se aproximava de Quintana e fazia alguma consideração ou pergunta, e ele dava uma baforada no cigarro e ficava olhando a fumaça que saía, absorto, distraído. Armindo acredita que esse comportamento não passava de defesa, quando se sentia invadido. Até achava que, às vezes, ele parecia um adolescente mimado, e presenciou as broncas que levava de Sérgio Faraco – amigo comum – pelas suas idiossincrasias. Por outro lado, Quintana demonstrava grande fidelidade e estima a alguns poucos amigos e amigas, especialmente por elas.

Na verdade, Armindo conheceu dois Marios: um alcoólatra e outro após parar de beber. Até fisicamente ele mudara, perdendo o aspecto abatido e angustiado, "que dava dó na gente". O primeiro livro dessa segunda fase foi *Apontamentos de história sobrenatural* (1976), já próximo dos 70 anos.

Sobre política, Armindo esclarece que Mario era apolítico, nunca fez qualquer comentário político e não tinha uma consciência política muito apurada.

A propósito das broncas referidas por Armindo, Sérgio Faraco explica que não eram bem broncas. Ele conta que, certa vez, combinaram de visitar, juntos, Érico Veríssimo e sua esposa Mafalda. Quando lá chegaram, estava também na casa o editor de ambos, José Bertasso. O fato é que a conversa não fluiu e Mario pediu para irem embora. Faraco narra: "Na saída, o dono da casa nos levou até o portão. Embarcamos no carro, mas não dei logo a partida. Esperei que Érico voltasse para casa e perguntei ao poeta por que falara tão pouco com seu amigo. 'Vou falar do quê', ele disse, muito agitado, 'venho na casa dele pra falar mal do Bertasso. E se chego aqui e encontro o Bertasso!' Tinha razão".

Liane Orzechowsky dos Santos, também conviveu com o poeta, quando foi estudar jornalismo na PUC de Porto Alegre, e lá permaneceu de 1976 a 1980, mas a amizade e as visitas prosseguiram até a morte dele. Conheceu-o quando ela tinha 20 anos: ele foi dar uma palestra na PUC e ela teve a oportunidade de fazer-lhe duas perguntas. A primeira: se o poeta sente tudo que escreve, ao que ele respondeu que não necessariamente; a segunda, de quais poetas ele mais gostava, tendo o palestrante respondido Rimbaud e Apollinaire.

Ao final da palestra, Liane entregou um caderno contendo suas poesias e pediu que Mario o examinasse, deixando seu telefone para uma possível resposta. Muitos meses depois, Quintana telefonou e lhe disse que ela tinha estilo, elogiou seus poemas e a convidou para ir ao seu hotel. Na conversa, Mario associou o estilo de Liane ao de Cecília Meireles, que Liane não conhecia, ao que Mario observou que a poesia unia os séculos.

Depois de alguma convivência, Liane explicou a Mario que, nas primeiras conversas entre eles, ela falava bem devagar porque achava que ele pudesse estar gagá, ao que Mario fez uma cara de espanto e respondeu: "E tu não pensaste que eu estava te achando uma retardada?", e riu muito.

Quando Liane publicou seu primeiro livro de poesia, *Primeiro ato*, em 1977, Quintana fez o prefácio, no qual comentou que o título do livro, "à primeira vista modesto, é todo um compromisso. E a grave compenetração de que poesia e vida são a mesma coisa". Mais tarde, Mario dedicou dois poemas a ela: "Esses eternos deuses" e "Pequeno poema didático". No primeiro, ele repete um verso dela: "todos os encontros são adeuses" e Liane só ficou sabendo da dedicatória, com surpresa, quando o livro *Baú de espantos* foi publicado.

Liane define Mario como um cavalheiro, inteligente e bem-humorado. Nunca o viu destratando alguém, ou não recebendo alguém com atenção e respeito. Mas seria incapaz de "ser casado, ter filhos, ter cachorros", confirmando a versão de que Mario não teria aptidão para as coisas práticas da vida. No entanto, tinha uma enorme capacidade de agregar as pessoas em torno dele. Terminou o depoimento pensativa e declarando: "Mario não era desse planeta... ele era etéreo, mágico... um menino".

Sandra Ritzel também prestou um pungente depoimento sobre Mario Quintana. Como já mencionado, Sandra foi fazer uma pesquisa escolar e acabou sendo contratada como sua acompanhante, regularmente assalariada e pôde cursar a faculdade de Direito paga pelo poeta. Naquele tempo, Mario não queria mais morar sozinho.

Ela descreve sua rotina nos últimos anos: acordava cedo para tomar os remédios e depois voltava a dormir. Não observava muito os horários convencionais para as refeições, pois comia quando tinha fome, sempre no quarto, refeições trazidas por um garçom que falava francês com ele. Costumava pedir canja com frequência e quando as acompanhantes falavam que ele tinha que variar, respondia com humor que os cachorros comem sempre a mesma ração. De tarde, dormia um pouco e quando acordava, escrevia. Alternava períodos em que escrevia mais com outros em que escrevia menos. Quando tinha disposição, passeavam pelos arredores do hotel – o último no qual viveu – e às vezes iam ao cinema. Foi com Quintana que Sandra aprendeu a apreciar filmes e literatura. Quando começou nesse trabalho, ele já não bebia. No máximo, comia bombons com licor trazidos pelos amigos.

Sandra confirma que ele sempre achava que ia morrer e realmente tinha medo da morte, mas tratava o assunto com muito humor. Quando Carlos Drummond de Andrade faleceu, ela desligou a televisão para ele não ficar sabendo. Depois, com muito cuidado, deu a notícia, explicando que desligara a televisão para que ele não ficasse triste. Ele teria respondido que "quem está próximo da morte não tem medo".

Segundo ela, Quintana não sabia se virar sozinho com as coisas práticas da vida, pois só pensava em escrever. Às vezes, perguntava a opinião dela sobre os poemas que fazia, o que a deixava atônita porque ela não tinha, na época, a menor condição de analisar os poemas daquele gênio. Outras vezes, ele ditava os poemas para Sandra escrever, à noite, e, no dia seguinte, os revisava. Apesar de Quintana ter enfermeiras, ela foi a única pessoa que efetivamente morou com ele.

Ele tinha um grande senso de humor e adorava pôr apelido nas pessoas: ela era a Vaquinha porque gostava muito de leite; Dulce era a loira do plantão, porque o visitava depois de seu plantão no *Zero Hora* – sobre Dulce, que era muito esquecida, dizia que ela era muito precoce: porque normalmente são os velhos que esquecem tudo; as viúvas dos amigos Érico Veríssimo e Josué Guimarães – Mafalda e Nydia, respectivamente – eram as Viúvas Alegres; Vera Fedrizzi era a Feiticeira; Liana Pereira Milanez era a Baiana. Todas sabiam dos apelidos e os recebiam bem.

Ela o considerava amável, sensível e muito generoso, acrescentando "se não fosse ele, eu não seria eu". Tinha mau humor com burrice e chatice. Selecionava muito as pessoas e evitava aquelas com as quais não simpatizava. Tinha uma energia apaixonante. Mesmo velho, começou a aprender alemão, mas como ele não ouvia direito, desistiu.

Após a morte do poeta, Sandra ficou sabendo pelo advogado De Rose que Mario, antes de morrer, pedira que ele a orientasse profissionalmente, de modo a prepará-la para a vida profissional futura, porque queria morrer tranquilo com relação a seu futuro. Por isso, De Rose a empregou em seu escritório, até ser aprovada no concurso público para o Tribunal Regional do Trabalho. Sandra sonhou com o poeta no dia do seu sepultamento, ocasião em que ele fazia uma aparição e dizia: "Não estou mais aqui".

Ao finalizar a entrevista, Sandra chorou ao pronunciar essas palavras: "Quintana foi amigo e um pai para mim. Ele demonstrava isso e me deixou um bilhete me chamando de 'filha'... Ele era poesia. Tudo com ele tinha gosto de poesia. Era inocente, tinha o menino dentro dele, uma alma de menino. Muito especial. Era um anjo...".

Um anjo, um mágico, um menino, um passarinho... o passarinho Quintana.

Bibliografia

Acervo

Casa de Cultura Mario Quintana

Instituto Moreira Salles

Liane dos Santos

Depoimentos

Armindo Trevisan

Ciro Motta Leães

Dulce Helfer

Geraldinho Carneiro

Liane dos Santos

Paula Quintana de Oliveira Biazus

Paulo Gasparotto

Roberto D´Ávila

Sandra Ritzel

Sérgio Faraco

Livros

ABREU, Luciano Aronne de. *Rio Grande do Sul ontem e hoje:* uma visão histórica. Porto Alegre: ediPUC-RS, 2018. e-book.

ALMEIDA, Gil. Homens e fatos de uma Revolução. Apud OLIVEIRA, Vera Lúcia de. *Poesia, mito e história no Modernismo Brasileiro.* 2. ed. São Paulo: Editora Unesp, 2015.

CARVALHAL, Tania Franco *et ali. Quintana dos 8 aos 80.* Relatório da Diretoria da SAMRIG – S. A. Moinhos Riograndense: Porto Alegre, 1986.

Coleção Folha Grandes Escritores, *Mario Quintana*, vol. 19.

D'ONOFRIO, Salvatore. *Teoria da lírica e do drama.* São Paulo: Ática, 2001.

DE ROSE, Marco Tulio. Um Poeta para grandes e pequenos. In: FACHINELLI, Nelson. *Mario Quintana vida e obra.* Porto Alegre: Editora Bels, 1976.

DINORAH, Maria. Pilão, farofa... e outras gostosuras... In: FACHINELLI, Nelson. *Quintana vida e obra.* Porto Alegre: Editora Bels, 1976.

FARACO, Sérgio. "Travessura". Crônica publicada no Facebook do autor.

______. "Visita a Érico Veríssimo", crônica inédita, gentilmente cedida.

FACHINELLI, Nelson. *Mario Quintana vida e obra.* Porto Alegre: Editora Bels, 1976.

FONSECA, Juarez. *Ora bolas:* o humor de Mario Quintana. Floresta: L&PM Editores, 2006.

GASTAL, Ney. Mais de oitocentas pessoas foram ontem buscar o autógrafo de Mario Quintana. In: FACHINELLI, Nelson. *Mario Quintana vida e obra.* Porto Alegre: Editora Bels, 1976.

GOMES, Valderez Cardoso. O Eterno Viajante, in *Livros Entreclássicos.* Duetto: SP, s/d, vol. 4, Luís de Camões, p. 11.

GOUVÊA, Paulo de. *O grupo:* outras figuras, outras paisagens. Porto Alegre: Editora Movimento, 1976.

JACOTO, Lilian, in *Livros Entreclássicos.* Duetto: SP, s/d, vol. 4, Luís de Camões, p. 19.

LUFT, Lya. Retratos do Menino Velho. In: *Cadernos de Literatura.*

MEYER, Augusto. *A forma secreta.* Rio de Janeiro: Grifo Edições, 1971.

NASCIMENTO, Nei Leiria. Impactos territoriais na realocação de organizações militares do município de Alegrete – RS. Disponível em: https://www2.faccat.br/portal/sites/-default/files/nascimento_0.pdf. Acesso em: 30/03/2022.

NOBRE, António. *Só*. Porto: Porto Editora, 2015.

OLIVEIRA, Marcelo França de. *Ensaios de história do Rio Grande do Sul*. Porto Alegre: Pluscom, 2010. e-book.

OLIVEIRA, Patrícia Flasmo de. *A construção discursiva da mulher na Revista Hyloea do Colégio Militar de Porto Alegre:* uma abordagem dialógica. 2019. Dissertação de Mestrado – PUC-POA, Porto Alegre, 2019.

OLIVEIRA, Vera Lúcia de. *Poesia, mito e história no Modernismo Brasileiro*. 2. ed. São Paulo: Editora Unesp, 2015.

O Tico Tico. Rio de Janeiro: Publicações D'O Malho.

QUINTANA, Mario. *A rua dos cataventos*. Prefácio de Tania Franco. São Paulo: Editora Globo, 1994.

______. *A vaca e o hipogrifo*. Prefácio de Antonio Carlos Secchin. São Paulo: Companhia das Letras, 2012.

______. *Esconderijos do tempo*. Prefácio de José Eduardo Degrazia. São Paulo: Editora Globo, 2005.

______. *Sapato furado*. Prefácio de Sérgio Faraco. São Paulo: Global Editora, 2005.

RAMOS, José Roberto. In: FACHINELLI, Nelson. *Mario Quintana vida e obra*. Porto Alegre: Editora Bels, 1976.

RICCIARDI, Hélio. Mario responde com poesia. In: FACHINELLI, Nelson. *Mario Quintana vida e obra*. Porto Alegre: Editora Bels, 1976.

RINCÓN, Eduardo. Royal Philarmonic Orchestra. São Paulo: Publifolha, vol. 7, 2005, p. 28.

SANTOS, Emanoelle Patente dos. *A poesia de Mario Quintana:* crítica e atemporal. Dissertação de Mestrado. UFRS, Porto Alegre.

SILVA, Alberto Martins da. *Cândido Manoel de Oliveira Quintana:* herói de Laguna. Brasília: Thesaurus, 2001.

SILVEIRA, Ise Mara. Brincadeira mágica de Mario Quintana. In: FACHINELLI, Nelson. *Mario Quintana vida e obra*. Porto Alegre: Editora Bels, 1976.

SIQUEIRA, Vera Beatriz. *Arte no Brasil:* anos 20 a anos 40. São Paulo: Barléu Edições: SP, 2021.

SSÓ, Ernani. In: FONSECA, Juarez. *Ora bolas:* o humor de Mario Quintana. Floresta: L&PM Editores, 2006.

TOSTES, Theodomiro. *Nosso bairro:* memórias. Porto Alegre: Fundação Paulo do Couto e Silva, 1989.

TREVISAN, Armindo. *Mario Quintana desconhecido.* Porto Alegre: Brejo, 2006.

______; HELFER, Dulce; RUAS, Tabajara. *O melhor de Mario Quintana.* Porto Alegre: AGE Editora, 2014.

UCHA, Danilo. Há também os problemas do homem. In: FACHINELLI, Nelson. *Mario Quintana vida e obra.* Porto Alegre: Editora Bels, 1976.

VERÍSSIMO, Érico. In QUINTANA, Mario. *Pé de pilão.* São Paulo: Ática, 2000.

VIANNA, Carla Cristine Martins. *Augusto Meyer no sistema literário dos anos vinte:* poesia, memória e polêmica. 1006. Dissertação de Mestrado – UFRS, Porto Alegre, 2006.

WOOLF, Virginia. *Orlando:* uma biografia. Tradução de Jório Dauster. Introdução de Sandra M. Gilbert. Penguin/Companhia das Letras, e-book.

Entrevistas e periódicos

Entrevista a Edla van Steen e publicada no livro: *Viver & escrever.* v. 1. Porto Alegre: L&PM, 2008. Disponível em: https://www.tirodeletra.com.br/entrevistas/-MarioQuintana.htm. Acesso em: mar. 2022.

Entrevista a Reinaldo Moraes, *Revista Literária*, Ed. Globo, ano 1, n. 1, abr. 1987, p. 6–7.

Entrevista a Patrícia Bins. Revista *Leia*, out. 1985.

Entrevista a Sérgio Endler. *Jornal do Brasil*, Caderno Ideias, 4/07/1987.

Entrevista a Jussara Porto, *Correio Braziliense*, em 15/06/1986.

Entrevista a Lau Siqueira e Joana Belarmino. Jornal O *Norte*, em 25/01/1987. Disponível em: www.jornaldepoesia.jor.br. Acesso em: mar. 2022.

Entrevista a Jussara Porto. *Correio Braziliense*, ed. de 15/06/1986.

Entrevista a Ivete Brandalise na Rádio FM Cultura, em 2/01/1990. Disponível em: http://www.elfikurten.com.br/2013/02/mario-quintana-entrevistado--por-ivete.-html. Acesso em: mar. 2020.

Entrevista a Nelson da Lenita Fachinelli, em agosto de 1976, in FACHINELLI, *op. cit.*, p. 142.

Entrevista a Raul Moureau, disponível em: https://www.youtube.com/-watch?v=Oo7LyNA9RLU. Acesso em: março de 2022.

Aplauso, n. 72, ano 8, 2006; e n. 77, ano 9, 2006.

Autores Gaúchos, n. 6, IEL – Instituto Estadual do Livro.

Boletim Casa de Cultura Mario Quintana, ano 1, n. 9 (especial), p. 12–14, jul. 1988.

Boletim do Instituto Cultural Brasileiro Norte-Americano, Porto Alegre (RS).

Bric a Brac, Brasília, "Ouvindo Quintana minha alma assovia e chupa cana", por Alice Ruiz; n. 91, 1990, p. 94.

Cadernos de Literatura Brasileira, Rio de Janeiro: Instituto Moreira Salles, n. 25, ago. 2019.

______, BONDINI, Maria da Glória. "O tradutor poeta", p. 129–37.

______, FISCHER, Luís Augusto, n. 25, 2009, p. 10.

______, LUCAS, Fábio. "Máquina de sentidos poéticos", p. 80–81.

______, NEJAR, Carlos. "Quintana e a Posteridade", p. 124.

______, SCLIAR, Moacyr. "Retratos do Menino Velho", p. 25.

Correio da Manhã, "Mario Quintana Sessentão", 2.º Caderno, 23/07/1966.

______, 2.º Caderno, 23/07/1966.

Correio do Povo, edições: 31/07/1966, 19 a 26/11/1968 (entrevista a Evelyn Berg), 14/05/1972, 20/09/1975, 14/10/1977, 28/02/1982, 22/06/1983 (por ocasião do lançamento do álbum *Antologia Poética de MQ*, com Elba Ramalho, Diana Pequeno e As Frenéticas).

______, DILLEMBURG, Sérgio Roberto.

Diário de Notícias, coluna Verso e Reverso, 10/02/1969.

Diário de Pernambuco, 6/10/1982.

Diário Popular, "Quintana, 85 anos de poesia", por Noris Eunice Pureza Duarte. Pelotas, 1/08/1991.

Estado de S. Paulo, Caderno 2, p. 2, 26/12/1989.

Época [revista]. https://epoca.oglobo.globo.com/cultura/noticia/2018/03/o-beijamao-na-academia-brasileira-de-letras.html.

Folha da Tarde, São Paulo, ed. de 29/11/1982.

Gazeta de Alegrete, "Alegrete de Ontem", 2.ª ed., 1993. Edição comemorativa de 111 anos.

Jornal da Tarde, de 7/10/1989.

Jornal de Letras, agosto de 1976, in FACHINELLI, op. cit., p. 140.

Jornal do Comércio, Porto Alegre, 5/05/1995, artigo de Renato Dalto.

______, 25/04/85 e 5/05/1995.

______, artigo de Sérgio Faraco, 25/04/1985.

Jornal do País (1984) e publicado também como "O Depoimento da Eloí", em Da preguiça como método de trabalho, p. 138–142.

Manchete [revista], n. 1790, p. 31 e segs., ago. 1986.

______, Coluna Em Foco, artigo de Marina Wodtke, de 26/12/1981.

O Globo, edições: 1/07/1982 e 5/02/2022.

Revista literária, ano 1, n. 1, abril 1987, p. 6–7.

Veja, agosto de 1991, p. 10 e seguintes.

Zero Hora, edições: 6/11/1983, 29/5/1988, 19/10/1988, 25/10/1988, 1989, 20/06/1993 e 25/07/1993.

Documentos na Internet

https://www.tirodeletra.com.br/entrevistas/MarioQuintana.htm. Acesso em: março de 2022.

https://www.youtube.com/watch?v=1O2Gpba0S54. Acesso em: 5/05/2022.

https://gauchazh.clicrbs.com.br/cultura-e-lazer/almanaque/noticia/2022/01/gilda-marinho-as-faces-de-uma-mulher-a-frente-de-seu-tempo-ckyoteooh-008701889-ddq1ab5.html, por Paulo Cesar Teixeira. Acesso em: 6/09/2022.

https://www.jornalopcao.com.br/colunas-e-blogs/imprensa/a-morte-de-eloi-calage-jornalista-contista-e-quase-biografa-de-mario-quintana-129794/. Jornalopção.com.br, ed. de 19/04/2022. Acesso em: 19/04/2022.

http://www.oexplorador.com.br/tania-maria-franco-carvalhal-1943-2006-fundadora-da-associacao-brasileira-de-literatura-comparada/. Acesso em: 19/04/2022.

https://www.jornaldocomercio.com/_conteudo/cultura/2019/07/691497-morre-elena-quintana-sobrinha-e-herdeira-de-mario-quintana.html. Acesso em: 19/4/2022.

https://www.alegrete.rs.gov.br/?bW9kdWxvPTEmbWVudT0zMiZhcnF1aXZvPW1vc3RyYWNvbnRldWRvLnBocCZtdWRhdGVtcGxhdGU9dGVtcGxhdGUvdGVtcGxhdGVfcHJlZmVpdHVyYTIucGhw. Acesso em: 29/03/2022.

DUARTE, Paulo Araújo. Disponível em: https://planetario.ufsc.br/a-polemica-do-13%C2%BA-signo/. Acesso em: 30/04/2022

BENTO, Cláudio Moreira. O Espírito Militar no Poeta Mario Quintana. http://www.ahimtb.org.br/marioquintana.htm. Acesso em: 7/04/2022.

MERIAN, Jean-Yves. A Belle Époque francesa e seus reflexos no Brasil, p. 135–162. In: A Belle Époque brasileira, 2012, Lisboa. Centro de Literaturas e Culturas Lusófonas e Europeias, Faculdade de Letras da Universidade de Lisboa, dez. 2012. Disponível em: https://www.literaturabrasileira.ufsc.br/documentos/?id=223315. Acesso em: 11/07/ 2022.

O Mago da Arte em Verso e Prosa, Notícias Agrale. Caxias do Sul, n. 52, out. 1989, p. 4, *apud Cadernos de Literatura Brasileira*, op. cit., p. 30.

Associação Brasileira de Epilepsia. Disponível em: https://epilepsiabrasil.org.br/-duvidas-frequentes. Acesso em: 6/09/2022.

https://www.youtube.com/watch?v=Oo7LyNA9RLU. Acesso em: março de 2022.

https://www1.folha.uol.com.br/fsp/1994/5/06/brasil/37.html. Artigo de Carlos Alberto de Souza. *Folha de S.Paulo*, ed. de 6/5/1994. Acesso em: 15/04/2022.

https://www1.folha.uol.com.br/fsp/1994/5/06/brasil/37.html. *Folha de S.Paulo*, ed. de 6/05/1994. Acesso em: 15/04/2022.

https://gauchazh.clicrbs.com.br/cultura-e-lazer/almanaque/noticia/2022/01/-gildamarinho-as-faces-de-uma-mulher-a-frente-de-seu-tempo ckyoteooh-008701889ddq1ab5.html, artigo de Paulo Cesar Teixeira. Acesso em: 6/09/2022.

https://www.youtube.com/watch?v=Oo7LyNA9RLU. Acesso em: março de 2022.

https://www.youtube.com/watch?v=ujJHrfxuwyc. Acesso em: março de 2022.

https://m.facebook.com/prosaversoearte/posts/2660593113995414. Acesso em: 3/05/2020.

https://g1.globo.com/pop-arte/noticia/2021/11/03/quem-quer-ser-imortal-os--bastidores-das-eleicoes-na-academia-brasileira-de-letras.ghtml. Portal G1, artigo de 3/11/2021. Acesso em: 15/04/2022.

https://news.google.com/newspapers?nid=1246&dat=19830117&id=gv-8jAAAAIBAJ&sjid=Kc0EAAAAIBAJ&pg=918,765264&hl=pt-BR. Acesso em: 15/04/2022. Hemeroteca do *Jornal do Brasil*. Ed. de 17/01/1983.

https://www1.folha.uol.com.br/fsp/1994/5/06/brasil/37.html. *Folha de S.Paulo*, ed. de 6/05/1994. Acesso em: 15/04/2022.

https://www.youtube.com/watch?v=ujJHrfxuwyc. Acesso em: março de 2022.

SIRO, Darlan. Disponível em: https://tribunadaimprensalivre.com/vila-mimosa--ii-zona-do-mangue/. Acesso em: 8/08/2023.

https://gauchazh.clicrbs.com.br/cultura-e-lazer/livros/noticia/2020/10/amigos--rebatem-texto-viral-e-esclarecem-como-mario-quintana-foi-ajudado-por--falcao-ckg8b6yyr0032012t06yf0pyp.html. Acesso em: 10/09/2023.

https://www.correiodopovo.com.br/not%C3%ADcias/geral/a-edi%C3%A7%-C3%A3o-que-nunca-chegou-aos-leitores-1.184047. Acesso em: 11/09/2023.

https://www.correiodopovo.com.br/not%C3%ADcias/geral/a-edi%C3%A7%-C3%A3o-que-nunca-chegou-aos-leitores-1.184047. Acesso em: 12/09/2023.

Processos judiciais no Tribunal de Justiça do Rio Grande do Sul

Processo n.º 8846-59, da 2.ª Vara Cível de Porto Alegre.

Processo n.º 01183319233, da 1.ª Vara da Fazenda Pública de Porto Alegre.

Processo n.º 1185087630, da 2.ª Vara Cível. Exequente: Yeda Coelho Gomes.

Processo n.º 01294066178, da 7.ª Vara de Família e Sucessões de Porto Alegre.

Sobre as obras de Mario Quintana citadas

Neste livro usamos as edições da Editora Globo para os títulos *Aprendiz de Feiticeiro, Sapato florido, A rua dos cataventos, A cor do invisível, Baú de espantos, Porta giratória, Canções, Da preguiça como método de trabalho, Caderno H, Esconderijos do tempo, Espelho mágico e Apontamentos de história sobrenatural*; da Editora Alfaguara, o título *Preparativos de viagem* e da Editora Mercado Aberto, *Velório sem defunto.*

Para os livros infantis do poeta, usamos as edições das seguintes editoras: Companhia das Letrinhas, Ática, Moderna, FTD e Global.

Índice